办公室文秘
写作精要与范例
实用全书

文轩◎编著

古吴轩出版社

中国·苏州

图书在版编目（CIP）数据

办公室文秘写作精要与范例实用全书 / 文轩编著
. —苏州：古吴轩出版社，2016. 11（2021.8重印）
ISBN 978-7-5546-0766-4

Ⅰ．①办… Ⅱ．①文… Ⅲ．①公文—写作 Ⅳ.
①H152.3

中国版本图书馆CIP数据核字（2016）第226973号

策　　划：花　火
责任编辑：蒋丽华
见习编辑：顾　熙
装帧设计：润和佳艺

书　　名：办公室文秘写作精要与范例实用全书
编　　著：文　轩
出版发行：古吴轩出版社
　　　　　地址：苏州市八达街118号苏州新闻大厦30F　　邮编：215123
　　　　　电话：0512-65233679　　　　　　　　　　　传真：0512-65220750
出 版 人：尹剑峰
印　　刷：衡水泰源印刷有限公司
开　　本：710×1000　　1/16
印　　张：23
版　　次：2016年11月第1版
印　　次：2021年8月第5次印刷
书　　号：ISBN 978-7-5546-0766-4
定　　价：49.80元

如有印装质量问题，请与印刷厂联系。0318-5728185

前言 《

随着社会现代化、信息化和国家化的加速，各类文书已经成为社会生活中不可或缺的交际工具。无论你正在从事什么职业或者你将来要从事什么职业，都会或多或少接触到公文。随着我国社会主义市场经济的逐步完善，我们的经济生活变得空前繁荣，科学文化事业也日益发达，人们的交际活动也变得更加频繁，因而公文写作的作用也日益突出。

公文是公务文书的简称，是国家行政机关在进行行政管理、处理各种公务过程中形成的具有法定效力和规范体式的文书，是依法行政和进行各种公务活动的重要工具。而规范的文书写作也是企事业单位和行政机关执行规章制度和步入规范化管理的一个重要的依据。要看企事业单位和行政机关能否达到标准化、规范化和高效化，只要看其是否具有一套完备而科学的文书系统做支点即可。

文秘作为最广泛的社会职业之一，对社会发展起着十分重要的作用。在我国，秘书被视为为组织和领导提供辅助性管理服务的工作人员，凭借其对文字的驾驭能力，以文字作品进行组织、协调，并依据领导的指示开展相关活动的工作者。无论是何种类型的秘书工作者，其在工作中都是无法离开文字的，而文秘则更是专职或主要从事文字工作的。办公室文秘工作是综合性的文秘工作，因此文秘必须具有深厚的写作功底，同时还需要掌握各类文书的写作技巧。

本书在编写的过程中，以《党政机关公文处理工作条例》《党政机关公文格式》为依据，积极体现出当前公文学研究的最新成果，因此具有较高的指导价值和现实效用。

本书并未在开篇就介绍不同类型的公文及其具体的写作方法与格式要求，而是先从公文的含义、作用特点、类型以及表达方式等方面切入，让读者能够对公文有一个全面且直观的认识与了解。当读者在掌握了这些内容之后，其思路会变得更加清晰，观念也会因此而得到更新，对夯实自身的公文写作基础有着极大的帮助。

当具备了较高的专业素养之后，再进一步掌握公文写作的基本技巧和写作格式，就是一件轻而易举的事情，写出高质量的公文也就自然而然了。

在本书中，既有公文的基本知识，又有不同类型公文的写作技巧。本书所选的各个实例（注：《党政机关公文格式》国家标准GB/T 9704—2012中要求公文成文日期中的数字用阿拉伯数字，因此本书中的实例的成文日期在2012年7月1日之后的，成文日期中的数字采用阿拉伯数字，成文日期在2012年7月1日之前的，保留原日期格式），都力求体现内容的新颖和对现实的指导意义。本书的所有知识都能即学即用，能够提高读者的公文写作水平。

如果本书能让您觉得实用、有用、能用，那么这将是我莫大的荣幸。

对于书中的纰漏和不成熟之处，恳请读者和专家提出宝贵的批评和建议，以帮助我们在日后完善此书。

目录 《

第一章　公文写作基础知识　/ 001

公文的布局　/ 002

公文的格式和特点　/ 004

公文写作的基本要求及要领　/ 010

公文的表达方式　/ 015

怎样才能写好公文　/ 020

第二章　公务类文书写作　/ 029

概述　/ 030

函　/ 032

命令（令）/ 040

决定　/ 054

通知　/ 066

通报　/ 079

通告　/ 089

公告　/ 096

报告　/ 102

意见　/ 122

请示　/ 145

批复　/ 154

纪要　/ 165

第三章　事务类文书写作 / 175

概述 / 176

计划 / 179

总结 / 187

简报 / 193

讲话稿 / 203

调查报告 / 209

规章制度 / 221

开幕词与闭幕词 / 225

第四章　经济类文书写作 / 231

概述 / 232

招标书 / 236

投标书 / 244

经济合同 / 248

审计报告 / 255

市场调查报告 / 263

市场预测报告 / 270

可行性研究报告 / 277

经济活动分析报告 / 289

第五章　社交类文书写作 / 302

概述 / 303

庆贺词 / 306

祭吊词 / 311

邀聘词 / 317

慰谢词 / 321

迎送词 / 327

介绍信 / 330

证明信 / 333

推荐信 / 335

附录 / 338

第一章
公文写作基础知识

公文的布局

公文的布局就是公文的结构，在对公文进行布局的时候要遵循一定的逻辑，要有规则、有次序地依据公文主题的需要和要求，对手中的材料进行加工，重新对其进行排列组合，以便使公文能成为一个有机的整体。公文的布局要求大致有四个，即严谨性、完整性、连贯性和匀称性。

（1）严谨性

严谨性是指公文的各个部分之间有着十分严密的逻辑关系，公文的前后内容既不能出现互不相干的现象，也不能出现相互矛盾的现象。公文的纲目一定要清晰，而且材料之间的关系一定是缜密又周严的。只有这样，人们才能感受到公文的严谨性。

公文各部分之间会呈现出不同的关系，例如因果关系、主次关系、并列关系或者表里关系，不论彼此之间的关系是什么样的，各部分都必须是相互弥补、相互协助的，而不能是相互矛盾的。

（2）完整性

公文的完整性主要体现在三个方面：

首先，公文要做到开头部分、主体部分和结尾部分齐备，即"有头有尾有中段"。而且文章的开头要有交代，在结尾处要有相应的照应说明，文章的各部分不可无故残缺。

其次，公文在撰写的时候，各个部分都要相对饱满，不仅要有头、有尾，还要有起承转合。这样才能让文章看起来不显干瘪空洞，否则，就会给人一种残缺不全的感觉。

最后，公文的脉络一定要通畅。如果有文气不能串联的地方，那么文章就会给人脱节断气的感觉，不仅影响文章的饱满度，还会影响发文机关的阅读。

（3）连贯性

公文写作的连贯性不仅体现在文章各部分之间，还体现在内容上保持连贯，语言形式上紧密衔接、合理过度。公文是由若干层次构成的，公文的开头、主题和结尾就是公文的三大层次，而主体中通常不会只有一个层次，它通常是由既有区别又有联系的几个部分组成的。这些层次之间，不管是在内容上还是在文风上，都要有内在的联系。而在语言形式上，不论是采用序号衔接，还是采用自然过渡的方式，也都要保证自然流畅。

（4）匀称性

公文的匀称性指文章在撰写的时候要注意疏密相间、详略得当、将主体文字置于中间分多层多段展开，并对其进行详细论述，此谓之密笔。在进行公文写作的时候最忌讳的就是将所有的中心内容都压在一头，这样不仅文章看起来是一团乱麻，而且收文机关也很难读懂公文想要传达的内容。

在大致了解了公文布局的特点之后，我们还需要了解公文布局的方式。通常公文有以下五种布局方式。

（1）并列式

并列式是指在公文一开头的时候就开宗明义，在之后的正文中则使用若干并列的句子，有的句与句押韵，以诗歌或顺口溜等形式表述出来，这种公文布局的方式常见于守则这样的文种。

（2）转发转述式

用批转、转发、转述的方式，把上下级或平级的有关公文转印给下级单位，通常在文首以"现将××转发给你们，望遵照执行"的形式以文载文。通常批转性通知、转发性通知、简报等都是采取这种方式的。

（3）章、条、款分列式

这种形式是把全文分成几章，章下再分条，条中有款，条目清晰，款项明了。通常章程、规定、规则、办法、细则等法规性公文采用此方式者较多。

（4）分列小标题式

全文分若干段，然后根据每段内容归纳出一个小标题。这种布局方式通常应用于指示性通知、调查报告、决定、简报、通报等文种。

（5）分块式

全文分成几大块，然后每一块都能独立成章，块中可有自然段，每块前面正中可以加（一）、（二）、（三）等序号。通常调查报告、工作总结、会议记录等文种会采用这种布局方式。

公文的格式和特点

一、公文的格式

公文的格式相对其他文体而言较为正式，且内容规范，并且有些还具有行政机关赋予的特定的效能和影响力。公文格式基本上可以分为三大部分，即版头、主体和版记。版头是公文首页红色分隔线以上的部分，主体就是公文首页红色分割线（不含）以下、公文末页首条分割线（不含）以上的部分，公文末页首条分割线以下、末条分隔线以上的部分被称为版记。下面我们具体介绍一下公文版式各部分的内容。

1. 版头格式

版头包括份号、密级、保密期限、紧急程度、发文机关标志、发文字号、签发人等。

（1）份号

份号指公文印制份数的顺序号。凡是涉密公文都应当标注份号，份号通常都是由6位3号阿拉伯数字组成，编号从"000001"开始，顶格排在版心左上方的第一行。

（2）密级和保密期限

通常而言，密级和保密期限会标注在发文机关标志的左上方，顶格排在版心左上方第二行。同时根据《党政机关公文处理工作条例》（以下简称《条例》）和国家《中华人民共和国保守国家秘密法》（以下简称《保密法》）的规定，密级可以划分为绝密、机密和秘密三个级别，对于公文密级和解密时间，都需要按照国家的有关规定来进行确定。通常而言，保密公文都要标注保密期限，例如"绝密★3年""保密★3年""秘密★3个月"等，如果没有特殊要求的话，通常会用3号黑体字进行标注。

（3）紧急程度

紧急程度是指公文送达和办理时间的限度。通常分为"特急"和"急件"两种，一般用3号黑色字体标注，并顶格编排在版心左上方。如果一份公文需要同时标注份号、密级、保密期限和紧急程度的时候，那么要按照份号、密级、保密期限和紧急程度这样的顺序，在版心的左上方，自上而下进行排列。还有一些公文可以在标题中标注出紧急程度，例如《关于转发鲁安监发〔2013〕52号文件进一步加强烟花爆竹安全监管的紧急通知》。对于已经标明紧急程度的文件，标题中就不需要另行标注。根据《条例》规定，紧急电报的紧急程度可以分为"特提""特急""加急"和"平急"四种，在电文首页稿头中标注。

（4）发文机关标志

由发文机关全称或者规范化简称加"文件"二字组成，也可以使用发文机关的全称或规范化简称。发文机关的标志居中排列，通常使用小标宋体字，套红，以醒目、美观、庄重为原则，例如"北京市人民政府文件"。在此需要注意的是，联合行文时需要标注联署发文机关的名称，主办机关的名称排在最前面。

（5）发文字号

发文字号简称文号，由机关代字、年份和发文顺序号三者组成，而且年份、序号等都是用阿拉伯数码进行标注。例如"湖北〔2011〕5号"，其中"湖北"是湖北省人民政府的机关代字，"〔2011〕"是年份，"5号"是序号。在发文字号中，年份不能简写，要标全称，并用六角括号"〔〕"括入。此外，发文字号不编虚位，如"5号"不编为"05号"，也不加"第"字。发文字号通常都会排在发文机关标志下方，如果没有发文机关的标志，那么就排在标题的右下方。为了能更加方便地识别，机关代字在选用上最好是选择能直接体现本机关特征的代字，并且能固定使用。如果有几个机关联合行文，那么发文字号就要使用主办机关的。发文字号的作用在于统计发文数量，同时也便于引用和查询。

值得注意的是，上行文的发文字号要居左一字编排，与最后一个签发人的姓名同处一行。

（6）签发人

签发人指核准并签发公文或会签的发文机关负责人。签发人的姓名通常标注在发文字号左侧适当的位置。按照《公文处理办法》的规定，上行文应当注明签发人和会签人姓名。其中，"请示"和"意见"应当在附注处注明联系人的姓名和电话。在上行的公文中注明签发人，是为了督促各级机关负责人认真地履行职责，对行文负全责，有利于提高公文质量。

2. 主体格式

主体包括公文标题、主送机关、正文、附件、发文机关和成文日期、印章和附注等。

（1）标题

标题是公文的眉目。完整的标题由发文机关名称、事由和文种组成，例如《中共中央、国务院关于抗震减灾紧急指示》，"中共中央、国务院"是发文机关的名称，"抗震减灾"是公文的事由，"指示"是文种。

标题在某些情况下是可以省略的，通常标题省略的情况有三种：一是省略发文机关名称，仅由事由与文种组成，如《关于罢免×××市委办公室主任的决定》；二是省略事由，如《中华人民共和国国务院令》；三是省略发文机关名称与事由，如果只有文种名称，如《通告》，在这种情况下，通常就会将发文机关的名称置于正文末尾落款处。

公文的标题在排布的时候应当居中，如有回行的情况，一定要做到词意完整、排列对称、长短适宜、间距恰当，标题排列应当使用梯形或菱形。

（2）主送机关

主送机关即公文的主要受理机关。主送机关应顶格写，并且使用机关的全称或规范化简称或同类型机关统称。应根据受理机关的职能权限与行文目的选准主送机关，这是公文发出后能否得到及时处理的关键。在上行文中，通常只写一个主送机关，切记避免多头主送，以免延误公文处理的时机，同时也要注意，千万不可越级主送。在下行文中，除了普发性公文（如省政府给"各市、县人民政府、省直各单位"的文件）外，一般也只写一个主送机关。有些公文，如公告、通告、纪要等，不需要写主送机关。

（3）正文

正文是公文的主体或核心内容，正文用来说明公文的内容和制文意图。公文的首页必须显示正文内容。不同文种的正文在写作上面会稍有不同，但是整体的结构都是相同的，都是由开头、主体和结尾三部分构成。在公文的开头，要简明扼要地说明制文的根据、目的、原因或重要性。主体是内容事项，或提出解决问题的措施、意见、办法，或请求指示与批准，或询问或答复问题，或商洽和联系工作，要求具体明确、层次分明。结尾主要表述发文机关对公文办理的要求，其形式一般采用尾语惯用式、希望号召式等。

（4）附件

附件是随文附上的有关照片、图表、统计数字以及文字依据材料、参考材料，对正文内容作补充、说明和印证。如果公文要使用附件，那么应当在正文下空一行，左起空两字编排"附件"二字，后标注全角冒号和附件名称。如有多个附件，应使用阿拉伯数字标注附件的顺序号（如"附件：

1. ××××× ），附件名称后不加标点符号。

附件应当另面编排，并在版记之前，与公文正文一起装订。通常"附件"二字以及附件顺序号使用3号黑体字顶格编排在版心左上方第一行。附件标题居中，编排在版心第三行。附件序号和附件标题应当与附件说明的表述一致。

（5）发文机关

发文机关指发文机关的署名，即落款，是公文的法定作者，应写全称或规范化简称。当几个机关联合发文时，主办机关要排在前面；当以机关领导人的名义发文时，要同时冠以领导人的职务。

（6）成文日期

成文日期指公文发文的年月日，通常就是公文的生效期。成文日期是公文生效和查考的重要依据，它通常位于发文机关名称的右下方，年月日的填写必须是完整的，不可简写。成文日期主要是以负责人签发日期为准。如果是联合行文，那么就要以最后签发机关负责人的签发日期为准；如果是电报，那么就以发出日期为准；如果是会议通过的公文，那么就以会议通过的时间为准。

同时，要注意的是日期的编写，当用阿拉伯数字对日期进行标注时，应当标注年月日的全称，在编写的时候不可以编虚位。

（7）印章

通常印章是加盖在公文成文时间的上方，印章主要是起证实公文合法效力和信用的作用，是对公文生效负责的凭证。加盖印章，要用红色，要求上不压正文，下"骑年盖月"。根据《条例》的规定："公文中有发文机关署名的，应当加盖发文机关印章，并与署名机构相符。有特定发文机关标志的普发性公文和电报，可以不加盖印章。"印章一定要与正文同处一页，即不得在没有正文的空白页内盖印章，不得采取"此页无正文"的标志。

（8）附注

附注指需要附加说明的其他事项。附注内容，有的是需要加以解释的名词术语；有的是确定公文发送范围和阅读传达对象，例如"此件发至省军级"；有的则注明使用方法，例如"此件可自行翻印"。

附注都是居左空两个字加圆括号编排在成文日期的下一行。

3. 版记格式

版记格式包括抄送机关、印发机关、印发日期、印制份数、页码等。

（1）抄送机关

抄送机关是除主送机关外其他需要执行或知晓公文内容的机关，应当使用机关全称、规范化简称或者同类型机关统称。抄送机关不宜过多过滥，同时也要注意不要漏报漏送。

（2）印发机关和印发日期

一般编排在末条分隔线之上，印发机关左空一字，印发日期右空一字，用阿拉伯数字将年月日标全，月、日不加虚位，后加"印发"二字。

（3）页码

通常编排在公文版心下边缘之下，数字的左右两方各有一条一字线；单页码居右空一字，双页码居左空一字。公文的版记页前有空白页的，空白页和版记页均不排页码。公文的附件与正文一起装订时，页码应当连续编排。

除此之外，我们再来了解一下公文的用纸规格及印装要求。

（1）用纸规格

公文用纸幅面规格，一般采用国际标准的A4型（长297mm，宽210mm）。不过对于需要张贴的公文，例如通告、通知等，其用纸大小则需要根据实际情况来定。

（2）印装要求

公文排印，文字从左至右横写、横排。在民族自治地方，可以用汉字和通用的少数民族文字（按其书写习惯进行排版）。公文一律左侧装订。

二、公文格式的特点

1. 公文格式的美观和庄重性

格式的美观和庄重性是公文格式的一大特性，它是反映不同层级、不同用途的公文经约定俗成后形成的不同的表述形式。

公文格式的美观和庄重性主要体现在三个方面：第一，公文要素的设置和在公文中的排列位置要体现出美观和庄重性；第二，公文传递所采用的介质纸的质量和印刷质量、装订质量的好坏，都会影响公文的美观与庄重性；第三，公文撰写人员在撰写公文过程中以及办公人员在办公过程中的态度，也会影响公文的美观与庄重性。

2. 公文格式的层次性

在现代社会中，不论哪个国家都会使用公文这种简便快捷的方式进行国家管理。但是每个国家的内部又会分出很多政府部门来进行管理。这样就会形成由国家内部公文构成的国家公文体系，它时刻反映着国家机构的状况。每个内部机关的公文都会成为国家公文的一个子系统，所有的公文子系统汇总到一起就构成了国家行政机关公文体系。这一构成情况就反映出了公文格式的层次性。

3．公文格式的规范化

公文的作用决定了公文写作是一项普遍性和基础性的工作，因此公文的作用和能力不能削弱，只能不断地改革和加强。这样一来，公文格式的规范化和处理工作的制度化就提到议事日程上来了。

所谓规范，是指约定俗成或是明文规定的规格标准。公文格式的规范化就是制定公文的全面系统的规格标准，使人们的工作行动合乎这些规格标准。

所谓制度，就是大家共同遵守的办事规程和行动准则。处理工作的制度化，是对公文处理的全部活动都定出具体的处理规范，并且保证这些规范正确顺利地实施，使公文处理依法进行。

4．公文格式的法定性

在不同的历史时期和不同的社会制度中，公文写作的要求也不完全相同。在封建社会时期，公文是为少数封建统治阶级和官僚资产阶级服务的工具，他们通过公文来巩固自己的统治地位，变相剥削和压迫广大人民群众。公文的这种性质一直到新中国成立以后才得以改变。新中国成立以后，党和国家领导人经过几十年的改革，将公文变成了管理国家，服务广大人民群众，推动社会进步发展以及经济发展的工具。

公文写作的基本要求及要领

一、公文写作的基本要求

1．简练、明确

要想把公文写得简练、明确，首先，要对工作情况，存在的问题，采取的措施和步骤等进行清楚地分析和概括；其次，要会炼字和炼句，学会用最简练的文字进行最准确的说明。当初稿拟定后，一定要进行反复修改，将赘述删除，这样才能尽可能地缩短句子，精简文章。

公文写作的开头切记不要使用形式化、口号化的套语，要遵循"开门见山"的写作原则，即以"根据……""为了……""目前……"等作为开头，这样就能精简语言，能直截了当地提出问题。在首段点明主题后，才便于下文分清段落或列出条目，这样全文的层次才会更加清晰、主题鲜明，便于收文机关阅读。

2．准确、实际

公文是机关或企业解决问题的工具，不论是党和国家各级行政机关还是企事业单位都要用公文来指导工作和处理问题，而公文的这一性质就决定了公文在撰写时必须秉承实事求是的原则，一就是一，二就是二，公文的内容不能凭空想象和捏造，更不能夸大或者缩小事实，讲假大空的话。公文在进行撰写时，用词一定要朴实，贴近生活，贴近群众，而且还要把握用词的分寸。在引用或涉及事实、数字、人名、地名的时候，一定要认真仔细核对，避免出现差错和出入。

3．生动、及时

（1）生动

生动具体包括两个方面。一方面是指公文能够生动地指导实际工作。在运用公文进行指导和推动工作时，既要坚决遵循上级精神，又要善于发现和创造本单位典型经验，指导工作和创新局面，不能只是一味地照抄、照转上级指示，千篇一律地转发通知。

另一方面，是指公文在语言的使用和材料的选用方面也要尽量做到生动活泼，能够吸引人的目光并且具有说服力。公文的语言力求朴实、精确，不过这并不等于呆板枯燥。特别是写工作简报、讲话稿、经验总结等文件，要注意在比较抽象概括的叙述中穿插一些具体的数字、事例和思想反映，选用一些适当的比喻、群众性的语言等，使叙述的语言适当形象化，有感情、有趣味，生动真实，具有说服力，让人读后留下深刻的印象。

（2）及时

无论是反映情况还是指导工作的文件，都得及时发送，否则会影响问题的解决和处理。行文拖沓不仅会耽误时机还会使人们的工作很被动。

4. 符合规定体式

公文在进行撰写的时候要符合统一规定的体式，切不可随意而为，以免使公文看起来不伦不类。

二、公文写作的要领

1. 要规范格式，严密布局

公文是收文机关工作的依据，因此其写作格式必须是规范的。在《条例》和《党政机关公文格式》中，明确规定了不同文种的公文在进行撰写时的格式标准。公文只有严格依照国家规定的格式进行制发才具有法定效力。所以，在进行公文撰写的时候，尤其要注意这一点。

除此之外，在撰写公文之初，选择正确的文种也是十分重要的。在选择文种的时候，要根据不同的公务需要选择最适合的文种，同时也要考虑到参考文件的内容、发文的性质和发文机关的权限等具体情况，结合这些实际的问题最终确定公文文种，一定要避免出现文种混用、乱用的情况。同时，还要明确行文关系。

公文在写作的过程中，讲求布局严密。要在整体布局上确定全文的关系，是总分、对比、并列、因果还是对比，要做到心中有数、层次分明、中心突出。只有这样才能最全面地表达出领导的意图，成为收文机关工作的依据，进而达到制发公文的目的。

2. 明确发文的主题和目的

所谓公文的主题，是公文内容所表达的基本意见和中心思想。公文主题的产生大致有三个途径。一是主题在成文前确定，即"主题先行"。公文的主题并非通过提炼产生的，它是根据领导的意图、上级有关文件精神等预先确定的，这是公文有别于其他文体的主要特征之一。二是主题产生于调研后。在拿到材料后，经过分析、整理和归纳，最终得到的结论即为主题。三是调研后主题的改变。在经过调研后，又得到了丰富的材料，这样一来肯定与既定主题有差别，因此再根据材料重新确定主题。

发文的目的主要包括以下几个方面：

第一，公文的中心内容要写什么？着重抓住哪些问题？而解决这些问题的主要意见和措施是什么？在请示时，应该拟请上级机关主要解决哪些问题？

第二，在进行公文撰写时应选择什么样的文种？公文文种不同，在写法上也会有所不同，所以选对文种十分重要。

第三，发文时的具体要求是什么？例如，制发的公文是要求对方了解、贯彻执行还是仅供对方参照执行。

第四，收文机关的范围是什么？例如，一份工作总结是要上报领导机关还是要向下属单位介绍工作经验？同样一份公文，针对的读者对象不同，在写作的语气和详简程度上也会有所区别。

3. 收集相关材料，表达清晰准确

在确定了发文的主题和目的之后，就要围绕主题收集材料了，不过这一步并不是对每个文种的写作要求，例如通知、请示等就不需要进行材料的收集工作。但是对于较为复杂的公文而言，还是需要进行材料的收集和调研的。一定要尽可能多地收集材料，然后从中挑选出符合所写公文需要的材料进行加工和作文。公文撰写人员主要收集以下三种材料：

（1）理论材料

理论材料的来源多是党和国家的路线、方针、政策和法律法规，或者是名人的言论。在进行公文写作的时候，可以利用这些来源可靠的理论作为文章的主要观点，这样一来文章就会更具说服力，同时也会变得更加权威。

（2）总结材料

这种材料是在众多材料的基础上总结概括出来的，它可以是具有对普遍性事例的概括，同时也可以是对某些数据的统计。总之，这种材料是用来佐证说明观点的。

（3）典型材料

这种材料是极具代表性的，它既具有其他材料的共同性，同时也有自己的个性。在公文写作中，如果选择典型材料，就一定要具体描写，要把事件或事实发生的时间、地点、人物以及经过交代清楚。但是，在选材时一定要注意，不要选择偶发事件作为材料，偶发事件尽管有其独特性却并不具备代表性，无法说明普遍问题。

公文写作在选材方面要遵守以下四点：

（1）真实

在公文写作中所引用的材料，必须全部都是真实的。要用认真严肃的态度多方面、多角度地去核实材料的真实性，例如去征求权威人士的意见、亲自计算甚至现场核对等。

（2）适当

在公文写作中所引用的材料要符合要求，切合主题，这样公文才会具有说服力。

（3）典型

在公文写作中所选用的事例必须具有高度的代表性，一定不能是偶发事件，因为它并不具备代表性，但同时也不能选择千篇一律、毫无特色的事例。公文写作中选取的材料要与全局紧密相连，能够客观地反映事物的本质和规律，具有极强的代表性、说服力和感染力，并且对主题的表现能起到推进的作用。

（4）新颖

当今社会的发展十分迅速，每天都会有新情况、新事物出现。所以，公文在材料选择方面要紧跟时代步伐，体现时代精神。这就要求公文写作者要善于发现和发掘新材料，并且在创新上多下功夫。在公文写作的时候能不用旧材料就尽可能不使用，如果是非得使用旧材料不可的情况，那么也应该试着变换一个角度，争取写出新意，提高公文的可读性和感染力。

4. 拟写提纲，认真起草

公文提纲的拟定需要由公文篇幅的大小来确定。通常来说，较为简短的公文不需要拟提纲，可以直接进行写作，也可以在写作之前安排一下正文结构，先写什么，再写什么，要分几个段落、几层意思等。但如果是篇幅较长的公文，则需要先拟一个写作提纲，包括正文分为几个部分，每部分要讲几个问题，各部分的问题需要用什么材料进行具体说明等，通过这样的方式将公文的主要框架勾画出来，不仅便于公文写作，还能避免因思路不清而返工。对于重要的领导指导文件，在拟出提纲之后，还需要进行反复地讨论修改和补充，以确保无误。如果是几个人共同写的文件，拟定一个提纲能够有效避免前后重复、脱节或相互矛盾等问题的出现。

在提纲拟好之后就可以起草文件了。这其实就是分析主题、确定方向、选取材料和初步着手的过程。文秘在接到一项写作任务以后，要明确领导的意图是什么，把握主题，确定文章的方向，选择适当的文种，然后汇总收集到的资料，从中选取恰当的材料来组织文章。

在起草文件的时候，一定要突出想要表达的观点，同时选取的材料与观点相贴合，只有观点和材料相贴合，才符合公文写作生动性、准确性以及鲜明性的要求。此外，还要注意文字的简练程度，无论什么问题都要交代清楚，但一定不要有所赘述。关于什么机关、什么时间、什么地点、什么问题、什么情况、什么原因、自己有什么处理意见、对对方有什么要求等问题都要写得清楚明白。

5. 反复检查，认真修改

通常而言，拟定好的初稿不可能十分完美，所以还需要反复阅读几遍，不断地对其进行润色、修改，最终完成全文。修改主要从两方面着手：

首先是从整体方面。对于一篇文章而言，修改要先从整体着手。因为公文写作的主题是确定的，所以，通常情况下，只要领导或机关不要求更改，一般就不会被彻底推翻。既然主题不需要有所顾忌，那么就要检查文章是否清晰明确地传达出了领导的意图，是否紧贴公文主题，语言是否简练等问题。当这些都没有问题的时候，就可以对文章的结构进行调整了。这时候需要关注的重点是文章的起承转合是否自然妥帖、段落方面的安排是否得当、文章的主次结构是否分明等。

此外，选用的材料是否可靠、公文的结构是否完整清晰、公文中语言的使用是否准确都是在修改公文时需要注意的地方。

公文细节方面的修改主要从小处着手，例如检查文章语言是否通顺，有无错别字，耐心仔细地逐字逐句检查修改，甚至连一个标点都不能马虎，一边阅读一边考虑是否需要增删或替换词语。

公文的表达方式

公文既要记述概要，又要发挥议论，同时还要解释说明，提出要求。可以看出，公文的主要表达方式有叙述、议论和说明，其中叙述是基础，议论是手段，说明是目的。由此可知，不能用通常的叙述、议论、说明三大文体的标准去分类公文。在大多数情况下，公文的表达方式是综合运用的。

由于公文的内容制约了表达方式的采用，因此当公文的主要内容不同时，其表达方式的侧重点也不尽相同。如果公文是以反映情况为主的，那么在表达方式上就会侧重于叙述；如果公文是以阐述道理为主的，那在表达方式上就会侧重于议论；如果公文是以提出要求为主的，那在表达方式上就会侧重于说明。

一、叙述

在公文写作中，叙述运用得十分普遍，不论是决议中提供的事实论据还是报告中对事件前因后果的汇报都需要用到叙述。和记叙文的表达方式相比，公文的叙述带有明显的概括性。公文中叙述的事物，不能像记叙文那样进行断面特写、细节刻画等，而是要直接表述其本质，并力求做到准确无误。公文中记述事件不同于记叙文，公文中不会详细描述事情发展变化的具体过程，更不会描绘复杂、曲折的情节，而是概括并反映事件的全貌。公文中关于情感的表达也不同于记叙文的奔放和细腻，而是庄重和鲜明的。

叙述有六要素，分别为：时间、地点、人物、事件、原因和结果。在公文写作的过程中，要对这些要素进行灵活把握。

叙述的人称有两种，分别是第一人称叙述和第三人称叙述。在公文写作中，这两种叙述人称都会被使用到。通常情况下，报告、请示、总结等文种多采用第一人称叙述，而下行文、调查报告等多用第三人称叙述。根据不同的分类方法，叙述的类型可以分为很多种。

1. 按照叙述次序分类

按照叙述次序的不同，叙述可以分为顺序、倒叙、分叙和插叙四种类型。

（1）顺序

顺序又称正序，是叙述的手法之一。顺序就是指按事件发生、发展的时间先后顺序来进行叙述的方法，讲究"先来后到"，即先发生的先说，后发生的后说。顺序是叙述中最常见、最基本的叙述方式。这种叙述方法的优点是能将事件从头到尾梳理清楚，文章次序井然，文气自然贯通，文章条理清楚。缺点是容易平铺直叙，文章呆板、平淡、缺乏新意。

不过，公文中的叙述，只求能将事件表述清楚和完整，对于新鲜、生动并没有要求，而且顺序合乎人们认识事物的习惯，便于掌握和理解，所以在公文写作中，大部分的叙述都是顺序。

（2）倒叙

倒叙并不是将事件的时间顺序完全倒过来叙述，而是根据表达的需要，把事件的结局或某个最重要、最突出的片段提到文章的开头，然后再从事件的开头按事情的发展顺序进行叙述的方法。其实，倒叙只不过是顺序的局部变异或调整，其事件的整体叙述顺序还是按照顺序的方式进行表述的。倒叙的优点是能够突出结果，进而造成悬念，引人入胜。但这同样也是它的缺点，因为如果把握不好的话就会给人造成故弄玄虚的感觉。倒叙在文学作品中的运用十分广泛，但是在公文写作中极为少见。在此提出这一叙述方式是为了规避它的出现，以免给公文的文体本性造成伤害。

（3）分叙

分叙法是根据文章内容和表达中心思想的需要来确立叙述线索的，它是对同一时间发生在不同地方或单位的事件，先后分别进行叙述的方法，不仅要交代清楚每个事件发生的时间，还要明确事件发展的时间。分叙的优点是将头绪纷繁、错综复杂的事情，写得眉目清楚、有条不紊。在进行分叙的时候，可以先叙述一件事，再叙述另一件事，也可以几件事情同时进行，交叉叙述。

在公文写作中能用到分叙的情况也并不多见，但是需要使用的时候也不得不用。例如，表彰性通报在叙述不同单位在事件中的积极作用时，就可以用分叙来呈现。

（4）插叙

复杂的事件往往都是事件牵起事件，此物引出彼物。因此，要把所有的内容都贯穿在一条线索上进行有条不紊地叙述是一件非常困难的事情。那么，此时就需要中断原来的叙事线索，插入对另一事件的交代或对另一事物的介绍。这种中断对主要事件的叙述而插入另一段相关事实的叙述，就是插叙。在叙述完插入的相关内容后，通常还是要回到原来中断的主线索的地方继续向下叙述。

在公文写作中，叙述只需要交代清楚事件的基本情况就可以了，而且主要线索单一，因此插叙在公文写作中使用的频率也并不是很高。

2. 按详略程度分类

按照详略程度的不同，叙述又可以分为概叙和细叙两种类型。

（1）概叙

使用简练的语言介绍事件梗概的叙述就叫作概叙。概叙的特点是篇幅不长，语言简明扼要，事实完整但缺少细节。

如果把事件发生所占的时间长度和叙述所占的时间长度进行比较，事件时间要远远长于叙述时间，这是概叙的本质特征。有时，两者之间的差距会大得惊人，例如，事件的发生经历了很多年，但是在叙述的时候却只用十几秒钟。

概叙是公文写作中较为常用的手法。因为公文不是记叙文，更不是文学作品，不需要制造氛围、渲染细节，叙事的目的只是为了让读者了解有关情况或者为议论提供论据，概叙完全可以担当这些职责。

（2）细叙

所谓细叙就是详细叙述，和概叙相比它所叙述的不仅仅只有事件的梗概，同时还有更多的细节。细叙的特点是篇幅较长，内容详尽具体。

在细叙中，事件发生所用的时间和叙事的事件比例较为接近，也就是说，事件发生用了多长时间，叙述这件事情大概也用了这么久的时间。这种叙述在公文中并不常用，多会在表彰或惩戒性的决定和通报中采用。

二、议论

议论就是对某件事或者某一问题发表意见和见解，表明自身的观点和态度，并佐以充分的材料来证明自己观点的正确性。这种表达方式在议论文中运用得十分普遍，在公文中的运用也极为广泛。不过与议论文的表达方式相比较，公文中的议论带有直接的目的性。不论是什么方式的议论都是为了得出相应的结论、证实某一问题的，它们都带有目的性。不过，议论文的论述并非是针对某一具体事项而提出的，它旨在影响读者，带有泛论的属性。而公文中的论述则是为了解决实际工作中的某一问题而提出来的，所有的议论都会围绕既定的要求而发，不允许偏离目的，更不得放言空论。

下面介绍公文中论证的几种基本方法：

1. 立论的基本方法

（1）例证法

例证法就是通过列举事实来证明论点的方法。由于人们最相信的永远都是摆在眼前的事实，这种方法最有说服力，也最容易被读者接受。所以它也是公文议论中使用最频繁的论证方法。

（2）对比法

对比法就是把两个特征相反的事物或者一个事物截然不同的两个侧面加以比较和对照，目的是使那些彼此不同的性质和特点显现得更加鲜明突出。在公文写作中运用对比，便于肯定先进，否定落后，发扬成绩，纠正错误。

（3）因果推论法

由原因推导结果，或者反过来由结果推导原因的论证方法，就是因果推论法。通常而言，有些原因必然就会导致某种结果；而当某种结果出现时，也不难推断出导致其出现的原因。

（4）引证法

引证法就是运用理论论据时采用的一种论证方法。所引用的多是公认的真理、名言和警句，具有一定的权威性，因此具有很强的说服力。最常见的就是在议论性的文章中引用马列主义经典语录，孔孟、老庄及一些西方哲人的名言的情况，都属于这种论证方法。

（5）类比法

类比法和对比法都是比较法，但是彼此的特点不尽相同。类比法是将性质特点相近的事物放在一起比较，从而达到准确认识事物的目的。在公文写作中，把一些规模、条件彼此相似的单位、企业进行比较的时候，运用得较为普遍。

2．驳论的基本方法

（1）反驳论点

运用以上方法，直接证明所反驳的论点是错误的。在反驳论点的时候，较多采用的是例证、引证、因果推论等具体方法。

（2）反驳论据

不直接反驳对方的论点，而是指出对方赖以产生论点的论据不可靠。论据不能成立，它所支持的论点自然就不攻自破。

（3）反驳论证

这种方法也不直接反驳论点，而是寻找对方论证过程中的逻辑漏洞，从而指出对方的推理不能成立。例如，指出对方概念不清、偷换概念、自相矛盾等。

三、说明

说明就是以简明扼要的文字来解说事物、阐明事理，通过对实体事物的解说，或对抽象事理的阐释，使人们对事物的形态、构造、性质、种类、功能、关系或对事理的概念、特点、来源、异同等有所认识。如果说叙述表达的是感性认识，议论表达的是理性认识，那么说明表达的就是知性认识。例如对某一概念进行解释、介绍科学知识等，所运用到的表达方式就是说明。在公文里，说明也是主要的表达方式。

1．说明的类型

说明主要分为事物说明和事理说明两大类。

（1）事物说明

凡是以某一客观存在物为对象的说明，都是事物说明，例如介绍某一产品，介绍某一地区的历史状况。

（2）事理说明

凡是以抽象的概念或科学道理为对象的说明，都是事理说明。例如，通过宣传有关宇宙形成的原理来说明世界上并不存在鬼神。尽管事理说明并不是直接指向某一具体事物的，但是所介绍的知识都是客观事物的基本特征和规律，仍有很强的客观性特点，跟思想和感情等主观认识有明显不同。

2．说明的基本要求

（1）保持客观的态度

由于说明的对象都是客观的事物及其事理，这些都不会以人的意志为转移。所以，说明的内容只具有对客观事物发现认知的性质，而没有主观创造的性质。可是，人的思想和感情会受到客观世界的影响和支配，因此不乏有很多主观创造的因素存在其中，而这也正是议论、叙述和说明的本质区别。如果作者在说明的时候态度不够客观，掺杂有个人感情，那么就会妨碍说明的准确性和科学性。

（2）内容必须科学

所谓科学就是能够准确把握客观事物的本质、特征以及规律，并且这些特征、本质和规律能够经得起时间和实践的检验。

（3）表达精确

表达精确主要体现在两个方面：一方面是对事物的阶段、层次和构造等都要把握精确，这样才能在说明过程中一直保持脉络的清晰、内容结构的层次分明；另一方面是在说明的过程中用词要精确，这样才能明晰、准确地将信息传达出来，并且不会产生歧义，能恰当地表现出客观事物的本来面目。

怎样才能写好公文

一、公文写作的理论知识

写作是一种技能，而技能是需要经过反复实践才能获得的。不过，公文写作也是有理论可以参考的。

1．有写作的基本功

这一点是公文写作的基础。尽管应用文写作有其自身的特点和格式，但是在写作的过程中还要遵守一般文章的写作规律。例如，提炼观点、安排结构、锤炼语言、起草修改，以及根据目的、内容采取记叙、议论、说明等表达方式。如果自身不具备写作基础知识和基本功的话，就会失去写好应用文的基础，因此必须练好写作的基本功才行。

2．具备逻辑思维的能力

要想写好公文就要掌握公文写作的思维特点，这是由公文写作在思维过程中的规定性所决定的。

公文写作是以逻辑思维为主的应用文写作，是在认知的过程中借助概念、判断、推理去反映现实，用科学抽象概念揭示事物本质，表述认识实现的结果。逻辑思维在运动的过程中，会努力把握自身的内在本质，舍弃思维对象的外在感性形态；会积极地把握思维对象之间的必然联系，而舍弃它们的偶然联系。逻辑思维与形象思维既存在差异同时又相辅相成，不过在公文写作的过程中，逻辑思维是占据主导地位的。

3．提高政策水平

从某种意义上来讲，公文的撰写过程就是执行政策、依靠政策、理解政策、表达政策的过程。因此，文秘必须具有较高的政策水平，不仅要了解有关的方针政策，同时还要熟悉有关的法律规定，善于把握政策的动向。否则，是无法写出出色的公文的。

4．精通业务知识

公文的主要作用是为了解决生活和工作中的实际问题。不同的单位和部门有着不同的业务与工作要求，只有熟悉和精通了业务知识，才能在撰写公文的时候将事情叙述清楚，把道理讲明白，把要求提出得更加明确。如果一个文秘对行政机关的实际并不了解，自身又不精通行政管理的规律，很难想象他能写出符合行政实际的公文。

如果上级要求文秘拟定一份购销合同，那么这个文秘就一定要具备以下的素质：

了解《中华人民共和国合同法》，熟悉销售方的情况，例如销售地点、店面分布、价格、库存等情况，同时还要了解生产方的情况，例如产品质量、规格、发货地点、运输情况以及售后等。因此，如果文秘没有丰富的业务知识储备，那么他将很难拟定出一份合格的合同。

5．拓宽知识领域

公务活动涉及社会生活的很多方面，其形成的因素也是复杂多样的，文秘工作者需要具备多方面的知识储备，否则就无法适应公务活动的需要。这就要求文秘工作者要尽可能地通晓政治、经济、哲学、管理等各方面的知识，甚至还要对社会学、心理学、公关学、行政学等较为深奥晦涩的知识有所了解。如果文秘工作者的知识面过窄，那么就不要期望他能写出出色的公文。当然，要求文秘具备多方面的知识储备并不是说要让他们成为各方面的专家，只要对其有所涉及和了解就可以。文秘工作者要从实际出发，尽量拓宽自身的知识储备，打好并打牢知识基础，构筑合理的知识结构体系。

6．学以致用

公文写作的主要目的是为了解决实际存在的问题，换言之，公文写作的主要目的其实是在于"用"。在学习公文写作时，既要掌握应用文写作的理论，又要联系现实生活中实际存在的问题，进行思考、研究和探讨，迅速找到解决问题的最优办法，学以致用。

尽管公文写作的理论是指导公文写作的基础，但是最重要的还在于实践。只有实践才能让理论转化为技巧。要想写出出色的公文一定要多加练习，在练习时可以结合日常遇到的事情进行写作，例如会议记录、会议简报、演讲稿、学习计划等。只有多加练习，掌握公文写作的技巧，才能成为一名合格且出色的文秘。

二、公文写作的语言特点及要求

语言既是表达思想的工具，也是构成文章的基础。所有的文章，从内容到形式，都需要通过语言对其进行支撑，可以这样说，如果没有语言，就不会有文章。对于公文而言,其语言的运用是否实在是行文目的能否达到的决定因素。公文与文学作品不同,文学作品如果出现问题,讲究的是"文责自负",受损的只是作者的个人声誉,可是如果公文的质量出现问题,那么受到损害的是发文机关的声誉。所以,公文用语一定要慎之又慎。

1. 公文语言的特点

公文语言是一种规范化的使用语言,而且公文的特点及其作用,要求公文的用语必须具有以下几方面的特点:

（1）公文语言具有客观性与规范性

公文语言的客观性是由公文内容的客观性决定的。公文的性质决定了其具有现行的指导性和效用性,公文内容不能含有虚假成分,用来表述这些内容的语言也必须是客观真实的,不能虚构和杜撰。

公文语言不同于文学作品,文学作品因其"来自生活但高于生活"的特点,其语言可以适当夸张,表述方式也可以是极具个性化的。但是公文语言因其特性,必须使用规范的书面语,并且要严格地遵守语法规则和组合规则。为了使行文更具庄重性,不得使用口语、方言和俗语,也不能像文学作品那样使用个性化的语言。

（2）公文语言具有模式性

公文本身就是模式化的作品,因此其语言也具有模式性。可以说,模式性是公文语言最显著的标志之一。公文语言与结构的模式性是由公文作为办理公务的书面工具这一性质决定的。公文的模式性主要体现在以下三个方面:

①每个公文文种都有相对固定的结构层次以及写作方法。例如,事务性通知通常由发文缘由、具体任务以及执行要求三部分组成,请示通常由请示缘由、请示的事项以及尾语三部分组成。

②公文拥有一套适用于不同情况和身份地位的专门用语。例如"遵照执行""特此通知""请批示""原则同意""收悉"等。

③公文具有一些较为常用的固定句式。例如"为……特作如下通知""经研究,现……如下""以上报告,如有不当请指正"等。

（3）公文语言具有严肃性与庄重性

公文,尤其是党政公文具有反映发文机关的意志及承担社会管理的职能,特别是下行文,还具有规范下级及公众行为的作用。因此,公文必须具有鲜明的权威性,而公文的权威性离不开公文内在的严肃性与庄重性。

公文语言的严肃性,是指公文在述说事理时一定要做到严密周全、合乎逻辑，并且要前后连贯，内容无懈可击。要预防疏漏并防止自相矛盾的现象出现。

公文语言的庄重性，是指公文在遣词造句的时候要保持端庄持重，摒弃虚饰浮华。公文是处理公务所用，其代表某一机关立言，具有法定权威性和行政约束力。因此，公文的用语一定要做到严谨庄重。

公文的严肃性和庄重性主要体现在以下几个方面：

①适当使用文言词语及简洁凝练、寓意深刻的成语。在公文中较为常见的使用文言词语的情况有很多，例如用"拟于"代替"打算在"，用"收悉"代替"收到并了解"，用"业已"代替"已经"。公文中使用成语的情况就更为常见了，公文写作中较为常用的成语有"发人深省""责无旁贷""行之有效""欲盖弥彰""身体力行"等。

②使用严谨的书面语言，摒弃儿化音、叠音后缀、拟声词、感叹词等，尤其要注意的是，在公文写作中一定不要使用方言。在公文写作中常会用"届时"取代"到时候"，用"与会"取代"参加会议"，用"无视"取代"不认真对待"等。而且在公文中，像"一会儿""米粒儿""金灿灿""黑乎乎""稀里哗啦""噼里啪啦""哈哈""哎呀""旮旯""糖油粑粑"等词，是不允许出现的。

③公文的语气是坚定严肃的，具有威严的。例如，国务院在批复城市的总体规划时，都会强调指出"任何单位和个人不得随意更改"，以此表明城市总体规划的严肃性，同时也表现了批复语言的庄重性。

（4）公文语言具有明确性

公文语言的明确性主要体现在以下三个方面：

①体现在公文内容上。每篇公文的事由都必须交代得十分明确清楚，例如需要转发什么文件、部署什么工作、请示什么事项、解决什么问题等，都必须能让收文机关在看完公文后一目了然。

②体现在公文的用语上。公文的遣词造句都要逐字逐句地斟酌，以确保表述明确无误，在用语上不可出现模棱两可、含糊不清的现象。而且公文中所用的词语概念及其内涵，是能被社会群体共同认可和统一理解的，它所指的含义即实际事物的含义，具有词典上的意义。公文语言并非文学语言，所以它并不具备文学语言上的"能指性"特点，无法传递出丰富多样的审美信息。

③体现在收文对象和发送范围上。一旦确定了公文的行文关系，那么收文对象以及发送范围就会以主送机关、抄送机关以及附注等形式标注出来。

2. 公文语言的基本要求

由于不同体裁的文章写作目的不同，因此对语言的要求也不尽相同。为了能使公文更好地体现其语言特点，确保公文用语的规范化，在运用公文语言的时候一定要达到以下要求：

（1）用词要得当

词语作为构成句子的最小单位，使用得是否得当，直接关系到语言的表述是否得体，公文语言也不例外。在公文中，遣词造句要注意与公文的语体风格、行文关系、行文目的以及语言环境保持一致。公文的用词要想做到得体就必须注意以下几个方面：

①用词要符合公文的语体风格。语言的使用是与语体密切相关的，公文不同于文学作品，不需要通过或华丽或标新立异的辞藻来凸显文章的特点。公文用语需要的是简明精确、符合公文语体风格的词语。

②用词要符合行文关系和行文方向的需要。实际上符合行文关系和方向的需要就是行文语气的问题，这就要求文秘在行文用词的时候一定要符合发文机关的身份和地位，要能正确体现出发文机关与收文对象之间的特定关系。在制发上行文时，尽量选择使用谦辞和敬辞，以表示对上级机关的尊重。在制发平行文时，应尽量使用谦虚和商量的口气，以表示对收文机关的礼貌与客气。在制发下行文时，用语通常多为严厉的、不容置疑的语气，要体现出上级机关的严肃和郑重。

③用词要符合行文内容和目的需要。公文的内容和行文目的不同，在制发公文时选择的语言也不相同，因此公文的语言色彩一定要符合特定的行文目的及文章内容的性质。例如，颁布政令要庄重严肃，通报错误要义正词严，申请、请示等则要平和委婉。再如，同样是下行文，在制发命令时，用语要坚定严肃；在转批下级机关文件时，用语就要平缓慎重一些；制发公告时，语气要平和谨慎。

④用词要与语言环境相协调。随着社会的进步，时代的发展，语言中的词也在不断地更新和发展，即便有些词仍保持原貌，但是其内涵及社会评价已经发生了极大的变化。公文用词要与时俱进，与周围的语言环境相协调。就目前的语言环境而言，改革开放之前的很多词都应该摒弃，例如"大搞""大办""打倒""走资派""阶级斗争""投机倒把"等。这些词因带有鲜明的时代色彩，已经不适用于现在的社会情况。对于那些在新形势下被赋予新意的老词，应站在不同于以往的角度去选用，例如，"私营业""雇工""包产到户""自留地"等。而对于那些带有时代色彩的新词，如"房改""低保""扫

黄打非""反腐倡廉"等，要大量吸纳和采用。公文主要针对的是当前的事项和当前的现实问题，这就决定了公文不能使用过时的公文语言的特性。因此，公文语言要与周围的语言环境相协调，具有时代特色。

⑤用词可以使用婉曲等表现形式。公文写作虽然倡导直述直白，但是这并不代表公文写作不讲求语言艺术。而"婉曲"就是公文语言艺术的体现。婉曲是一种修辞方式，它所指的是不直截了当地表达本意，而是通过委婉曲折的方式、含糊闪烁的言辞，流露或暗示想要表达的本意。在公文中，必要而妥帖的婉曲既得体地表达了发文机关的观点或看法，又让对方易于接受。在公文写作时，有以下两种情况会经常使用婉曲的表达方式：

第一，不宜直白的情况。在公文写作的过程中，经常会遇到出于某种原因而不宜直接表述的词句，此时就可以采用婉曲的表达方式。此种情况在公文中常见的表达有很多，例如"低收入者"（贫困者）"民营企业"（私营企业）"鼓励留学人员以适当的方式为祖国服务"（难以细分类）等的表述，都是在不宜直白的情况下，采取的婉曲的表达方式。

第二，对外交往的公文。外交公文经常会使用婉曲词语来表达一些众所周知、不便或无须再述的情况。其中较为常见的婉曲表述有"发展中国家"（指经济发展相对落后的国家）"众所周知的原因"（指不便于直说的原因）"缩小南北差距"（指缩小国家间的贫富差距）"双方就……坦率地交换了意见"（指双方意见存在严重分歧，并未达成一致）等。

（2）语言要准确

语言准确是公文语言的基本要求。这里所指的准确是意思表达真实、明确，没有含糊不清、言过其实和褒贬不当的地方。公文语言准确，才能将事情表述清楚。不确定的语言会带来理解上的错误，这样就无法达到制发公文的目的。准确在词语的运用方面主要体现在以下几点：

①区分词意的大小和轻重，准确选词。汉语词汇丰富，同一个词语的同义词、近义词有很多，它们的意义存在细微的差别。同一个意思，即便可以使用很多词语进行表达，但是只有一个词语是最为准确的。在进行公文写作时，遇到这种情况时一定要再三斟酌，如果不严加区分，就极易造成表意不准确的现象。例如，在公文中常会看到"损失严重"和"损失惨重"，这两者看起来意思相近，但还是有一定的差别的。"损失严重"表示财产或经济损失程度较重，而"损失惨重"表示的则是财产或经济损失的程度十分严重。在下行文中，时常会看到"请认真贯彻执行"或"请参照执行"的字样，两者看起来似乎差别并不大，但是如果仔细阅读就能发现其中的不同。"贯彻执行"就意味

着必须按照公文中的要求执行，不可走样；而"参照执行"则允许收文机关结合本地的实际情况，在执行的范围和程度上可以较为灵活地掌握。再如，"逐步"与"深入""进一步"之间，"工作"与"活动""运动"之间都存在着不同程度的差别，在选用的时候一定要认真推敲，仔细琢磨。

②讲究语法，合乎逻辑。如果语法和逻辑上出现问题，必然会影响语言的准确表达。为避免此类错误的出现，要做到以下几点：

第一，保证句子结构的完整性。汉语的句子成分主要有主、谓、宾、定、状、补六种，在表达的时候，可以省略其中的某些成分，但是必要的成分不能欠缺，否则句子的结构就不完整，这样不仅影响阅读，有时还会造成歧义。

第二，保证句中词语搭配适当。在写每一个句子的时候，都要考虑词语之间在意义上、逻辑上以及习惯上是否搭配得当。例如"有待解决的任务有很多，我们要努力工作"，这句话中的"有待解决"和"任务"在使用习惯上并不搭配，按照正常的搭配应当是"有待解决的问题"或"有待完成的任务"。在公文写作的时候，如果忽略了词语的搭配问题，那么在阅读公文的时候就会感到十分拗口，在表达上也显得十分怪异。

第三，注意语言的逻辑关系。一旦语句出现逻辑错误，在事理上就会讲不通，有时甚至会使判断出现错误。正确的语言逻辑关系，不仅可以使语言条理清晰，而且能够反映出事物的内部规律，将事物的概念表述得清清楚楚，使判断准确无误。

第四，注意关联词语的使用和句式的选择，以使句子间关系紧密，语气贯通。同时还要注意避免句式杂糅。通常来讲，一个完整的句子只用一种句式。如果一个句子同时使用两种不同的句式，就会造成句子结构的混乱。

③表达准确，避免歧义。一词多义是汉语的一大特点，为了确保作者意思表达的正确性，并且最大限度地减少读者的误解或曲解，在遣词造句方面，要注意定语、状语和补语的使用，以使句子中心词的意思更加明确、具体，避免产生歧义。以下几种情况在表达上极易引起歧义，应当加以重视。

第一，"以上""以下"范围的表示。通常我们在表述"……以上"或"……以下"的时候，其含义一般都包括所提到的事物，例如"县级以上""25岁以下"，是包括县和25岁的。不过，为了保证准确无误，在公文写作时应当写成"县级及县级以上单位""25岁以下（含25岁）"等形式。

第二，增减及倍数的表示。在写作中，常会出现歧义的是"增加了"与"增加到"，"减少了"与"减少到"。其中"增加了"和"减少了"的数目不包括原有的数目，指的是额外增加或减少的数目；而"增加到"和"减少到"的数目是包括原有数目的，是指在原有数目的基础上的增与减。例如，"收益从每天100元上升到400元"，则可以表示为"比原收益提高了3倍"或"提高到原收益的4倍"。在此要注意的是，倍数的表示方法通常只用于增加而不用于减少。

第三，公文上时间、地域以及解释权的表示。通常而言，法规性的文件都应明确标注施行日期和解释权的归属；涉及行政区划方面的文件，要有相应地域名称的说明。

（3）语句简洁

所谓语句简洁就是语句简练、干净、言简意赅，即以最少的文字表达尽量多的内容。对公文来说，要用最精炼的书面语言表述清楚行文事项。简明的前提是准确明白，在明白的基础上越简单越好，这样可以提高收文机关的办事效率，减轻机关工作的压力。要做到语句简洁，应当注意以下几点：

①叙事直截了当。公文与文学作品不同，属应用文的范畴，讲求的是直截了当的表达方式，不需要设置悬念，重在能让读者一目了然。而要想做到直截了当的表述，应把握如下几点：

第一，拒绝文学笔法。在文学创作中经常会用到很多不同的表达方式，而这些表达方式通常都不会出现在公文写作中。只有拒绝文学笔法，公文在写作的时候才能够直截了当。

第二，拒绝套话。有些文秘经常会在公文开头处这样写："根据……的部署，按照……安排，在……的领导下，取得了……成绩"。这些话除了显示出理解上的周全之外，对于公文中的行文事项根本没有实质性的作用。因此，要想叙事直截了当，就一定要摒弃套话。

第三，拒绝怪僻生涩的词语。在写作公文的时候，使用的语言应当浅显易懂，而不应选用生僻难懂的词语。例如"魑魅魍魉""葳蕤"等词语就不宜出现在公文中。

②句式长短适宜。一篇好的公文其句子应当是精炼的，公文中最常用的句子，是结构较为简单的陈述句。通常而言，这种句子可以多用短句，少用长句、复句，以求简洁明快之效。如果需要用到长句和复句，那么应恰当使用标点符号来表示停顿，以免出现句式拖沓的现象，令读者费解。

③词语力求精练准确。为使行文简洁，公文中可以使用在其他语体中极少使用的单音词、文言词等，如"速""盼""悉""均"等；同时，还可大量使用四字格词组，如"关停并转""一国两制""军民共建"等，这样可以将复杂

的东西简化，不仅没有缩减原意，还使文章显得十分紧凑精炼。

④公文篇幅力求简短。公文篇幅力求简短是指在保证行文事项明白的前提下，尽量压缩文字，缩短公文篇幅。在公文写作中，最忌讳的就是短话长说。只有尽量缩短公文篇幅，才能适应机关工作的快节奏和高效率的需要，同时这也是保证公文质量和效用的实际需要。

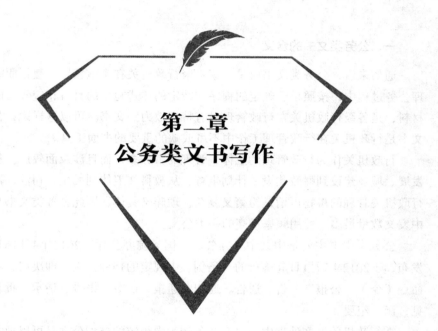

第二章
公务类文书写作

概述

一、公务类文书的含义

通俗来讲，公务类文书就是国家各级行政机关在实施领导、履行职能、处理公务过程中，按照早已确定的程序和特定的体式写就的具有相应效力的文字材料，是各级行政机关在行政管理时有特定效力的文书。可以这样说，公务类文书是行政机关在行政管理工作中不可或缺的重要的书面工具。

行政机关作为行政管理的主体，管理的事务多，而且涉及面较广。从经济发展、城乡建设到财政建设、计划生育，从教科文卫体到民生、司法、监察，行政机关管理的事物可谓是纷繁又复杂，琐碎又具体，因此公务类文书是公文中发文数量最多、使用频率最高的一类公文。

公务类文书主要是中共中央办公厅、国务院办公厅于2012年4月16日联合发布，于2012年7月1日起施行的《条例》中规定的15种公文，即决议、决定、命令（令）、公报、公告、通告、通知、通报、议案、报告、请示、批复、意见、函、纪要。

在行政机关发文处理中，只有《条例》中规定的15种公文是可以独立行文的，而且它们也是最为常用的文种，所以从事行政管理工作的人员要熟练掌握它们的用法和写法，以便能更好地适应实际需要。行政机关还有一些较为常用的文种不在《条例》规定的范围内，这些文种通常被称为行政机关常用公文或日常事务性公文，这类公文主要包括计划性公文、会务性公文、交际性公文等几类。需要注意的是，一般情况下，这类公文不会独立行文，如果有需要可以作为法定公文文种的附件，和法定公文并行。

公务类文书是依法管理和进行公务活动的重要工具，同时也是传达和贯彻党和国家的方针政策，公布法规和规章，请示和答复问题，指导、布置和商洽工作，报告、通报和交流情况的重要工具。因此，学习公务类文书的写作知识不仅能推进公文写作、处理工作科学化、规范化和制度化，还能提高公务类文书的质量，提高办公室综合服务的能力和效率。

二、公务类文书的特点

公务类文书除了具有公文的特点，还具有一些普通公文不具备的特点。

1．宗旨的政治性

公务类文书的政治性具体有两方面的体现。

一方面，公务类文书本身就是一种政治。公务类文书是中国共产党和国家行政机关处理公务的产物，其根本的宗旨是为人民服务，它体现的必然是人民群众的普遍意愿和根本利益。公务类文书的这一宗旨就决定了它具有高度的政治性。

另一方面，公务类文书制发的目的是为了制定、宣传和执行政策，而政策性正是政治性的一项重要内容。公务类文书不仅是表述发文机构的立场和观点，带有鲜明的政治色彩，还要求人们对其进行贯彻落实。公务类文书的政策性，实际上体现出它鲜明的政治性。

2．处理程序的特定性

公文的处理活动是党和国家行政管理工作的一部分，它的处理质量、过程和处理的结果都直接关系到国家和人民群众的利益。因此，公文的处理程序具有高度的政治性、权威性、周密性和机密性。而且公文具有执行效用。为了保证有效性，国家有关机构规定了各种公文的处理程序，公文的拟定者和处理者要严格遵守这个程序。

三、公务类文书的作用

公务类文书除了具有公文的作用，还具有另外一项特殊的作用，那就是法规依据作用。这一点也是公务类文书和普通公文的区别。

党和行政机关的管理工作，需要有各种法规为依据和保障，而这些法规都是以公文的形式制发的。在制发公文的时候，面对不同的情况会选择不同的文种，最常用的有法令、规定、办法等，这些公文作为各项管理工作和活动的规范和依据，一旦生效，就必须严格遵守或执行，它们通常没有明确的有效期，但是会在修订或废止之后自动失效。党和行政机关制发的命令、决定等，尽管不属于严格意义上的法规性公文，但都要求下级机关和有关人员遵守和执行，因此具有一定的强制力和约束力，同样能起到法规依据的作用。

函

一、函概述

1. 函的概念

函是平行机关或不相隶属的机关之间商洽工作，询问和答复问题，请求批准和答复审批事项时使用的公文文种，基本上属于平行文。

函对发文机关的要求比较宽松，无论是高层机关、基层单位，还是党政机关、社会团体、企事业单位都能制发函这一文种。函的内容和格式也相对灵活，而且并不仅仅局限于平行文，因而运用得十分广泛。

通常而言，函的适用情形主要有三种：一是相互商洽工作，比如调动干部，联系参观、学习，联系业务，邀请指导等；二是询问和答复问题；三是向有关主管部门请求批准。需要注意的是，有关主管部门是指与发文机关没有直接的行政隶属关系，但是业务管辖范围涉及发文机关的"有关"业务。

2. 函的特点

函具有以下几个特点：

（1）灵活性和宽泛性

从使用的主体看，函对发文机关的资格要求比较宽松，高层机关、基层单位、党政机关、社会团体、企事业单位均可以发函。从受文对象来看，函虽然主要用于平行机关、单位或团体，以及不相隶属的机关、单位或团体之间的交往，但有时也可以用于上下级机关之间的交往。

函的制发不受内容繁简、字数多少的限制。除了国家高级机关的主要函必须按照公文的格式、行文要求进行写作外，其他的函较为灵活自便，除了按照公文的格式进行写作外，也可以省略文字头版，不编发文字号，甚至可以不拟标题。

函在很多情况下都可以使用，具有很强的适应性。例如一些一般性、事务性的询问和答复，可以不使用规范性很强的请示和批复，而是使用形式简单灵活的函。

（2）单一性和务实性

函的内容必须是单一的，一份函只能写一件事项。函在撰写的时候不需要在原则、意义上进行过多的阐述，只要对询问的事项做出有针对性的陈述和要求即可。此外，函是一种十分方便的公文，有很多机关会选择用函这一文种来解决事情，因为函的制发可以省去很多正式公文的呈送、下发程序，有很强的务实性。

（3）平等性和沟通性

函主要用于不相隶属的机关、单位或团体之间相互商洽工作、询问和答复问题，要求体现双方平等沟通的关系，这是函这一文种最特别的地方，因为这些特点无论是上行文还是下行文都不具备。在向有关主管部门请求批准，但双方又不是隶属关系的时候，不能使用请示和批复，只能用函，而且函的姿态、措辞、口气也与请示和批复有着极大的不同，也要体现平等性和沟通性的特点。

（4）效力性和多样性

函作为公文的一个文种与一般书信有着本质的不同，因为其具有公文的法定效力。

函的多样性体现在多个方面。在公文的格式上，既有正式版头的公函，也有信函格式的便函；在发文形式上，又分为去函和复函两种。

3. 函的格式

一份完整的函通常是由标题、主送机关、正文和结尾几个部分构成的。

（1）标题

函的标题有两种形式：

①二项式，事由+文种，例如《关于商洽委托代培涉外秘书人员的函》。

②三项式，发文机关+事由+文种，例如《国务院办公厅关于羊毛产销和质量等问题的函》。

（2）主送机关

通常情况下，函的主送机关只有一个，在写作的时候，要顶格写出机关的全称或规范简称。有时也会出现多个主送机关的情况，这就要求文秘人员在撰写的时候一定要写得明白、具体，不能出现遗漏。

（3）正文

函的正文主要由缘由和事项两部分组成。不过，就其写作特点而言，发函与复函之间略有不同。

①发函的缘由通常是交代商洽、请求、询问或者告知事项的目的、依据、背景、原因等。发函的事项，是函的核心部分，此时应明确表述发函意图，是将有关信息告知对方，或是请对方协办有关事项，或是向对方询问有关问题。

无论是什么都一定要在写作上体现清楚，同时也要向对方提出希望或要求，或希望对方给予合作，或请求对方提供情况，或请求对方批准等。

②复函的开头先引述来函，写明回函缘由，并用"经研究，函复如下"过渡到下文。其核心部分主要是针对来函提及的事项或问题做出具体且明确的答复，回答对方的希望和要求时，要做到条理清楚。最后在结尾处可写上"特此函复""此复""特此回复"等。复函的用语要求朴实，不可使用便函中的"此致敬礼"或其他的祝颂语作为结语。

（4）结尾

结尾部分除了与其他公文一样需要有成文时间，加盖公章之外，如果是请求批准的函，那么应该在主题词之上、落款日期之下加上"附注"，此处常用来标注联系人的姓名和电话，以便受文机关工作人员遇到问题时方便联系。此外，函在结尾处的其他内容，如主题词、抄送机关、印发机关等，与其他公文相同。

4.函的分类

按照行文主体的主动性和被动性以及发函的目的来分，可以分为发函和复函两类。

（1）发函

发函也叫去函，是发文主体主动向对方发出的或商洽工作，或询问问题，或指导有关情况，或向有关主管部门请求批准事项等的公函。

（2）复函

复函是受文者收到来函后，就来函中的有关问题做出答复的函。对于不相隶属的机关来说，收到来函，发出的就应是复函。

对于领导机关的办公部门或职能部门来说，经常要按照领导的意旨去处理下级机关呈送的上行文，比如请示或者上行意见，并以本部门的名义复函。因为本部门与呈送上行文的下级机关之间的级别相同，在回复公文的时候要谨慎：

①如果是回复请示，那么在复文中就不可以使用批复，只能使用复函，这就是所谓的"函复请示"或"函代批复"。

②如果是回复下级机关要求批转的上行意见，而且上级机关同意并责成办公部门或职能部门转文，那么办理部门要用"转发"文件的通知而不是"批转性"通知；如果上级机关不同意转文，那么办理部门就只能以复函回复，而不能选用其他的文种，这就是所谓的"函复意见"。

由此可知，复函所对应的文种并不一定就是对方发来的函，即复函与函并非是一一对应的。

按照内容与作用主要可以分为商洽函、答询函和请批函三类。

（1）商洽函

商洽函即发文机关为商洽解决问题而使用的函，通常用于不相隶属的机关之间，主要目的为商洽工作，联系参观、学习、邀请讲学或业务指导，干部、人才调动等。

【范例】

福建省人民政府关于商请出台
支持海峡西岸经济区信息化建设的意见的函

闽政函〔2008〕12号

国务院信息化工作办公室：

福建省委、省政府立足于发挥福建优势、服务全国发展大局和祖国统一大业，于2004年提出了建设对外开放、协调发展、全面繁荣的海峡西岸经济区的战略构想。海峡西岸经济区发展战略提出后，得到了党中央、国务院和国家各有关部门的高度重视，特别是2006年初胡锦涛总书记视察福建，对海峡西岸经济区建设寄予厚望。支持海峡西岸经济发展，相继写入党的十六届五中全会《建议》、六中全会《决定》、国家"十一五"规划纲要和党的十七大报告，建设海峡西岸经济区已成为中央决策和国家战略的重要组成部分。

长期以来，国务院信息化工作办公室十分重视和关心海峡西岸经济区建设，对我省"数字福建"建设工作给予了指导和支持。此次，钧办专门研究制定支持海峡西岸经济区信息化建设的意见，是贯彻落实党中央、国务院重大战略部署，服务对台大局、促进区域经济协调发展的重要举措。日前，钧办综合组就拟定的支持海峡西岸经济区信息化建设的意见稿，发函征求我省数字福建领导小组办公室的意见。省政府高度重视，专门组织有关部门认真研究，赞同钧办拟定的支持海峡西岸经济区信息化建设的意见，特商请钧办印发实施。对此，我们对国务院信息化工作办公室给予海峡西岸经济区建设的极大关心与支持表示衷心的感谢！

福建省人民政府

二〇〇八年二月一日

（2）答询函

主要用于机关和部门之间相互询问和答复问题。就某些不明确的问题向有

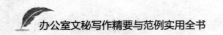

关部门和机关询问时,需要使用询问函;对有关部门询问的问题做出解答时,则使用答复函。此处需要注意的是,当下级机关对上级机关的询问,如涉及内容重大,那么应该使用报告文种,而不是函。

【范例】

湖北省科学技术委员会关于询问
贯彻全省科学技术工作会议情况的函

各市科协:

全省科技工作会议自今春召开至今,已有半年。为了互通情况,并为使我省科技事业更好地为改革开放、为发展社会主义市场经济服务,希针对下列所询问题,将你市有关情况于9月底前报我委办公室。

一、省科学技术工作会议后,采取了哪些措施进行贯彻?

二、在此半年中,有何科学发明和科技革新?

三、在开展科学研究和科技交流方面曾遇到过哪些问题?现在存在哪些问题?哪些问题需要我们帮助解决?

特此函达

湖北省科学技术委员会

××××年×月×日

(3)请批函

这是向有关主管部门请求批准和答复审批事项的函。

请批函与请示的区别在于:向上级机关请求批准时使用请示文种,向不相隶属的机关和主管部门请求批准时使用请批函。

【范例】

陕西省人民政府办公厅关于
陕西省临潼疗养院增挂陕西省临潼康复医院名称的函

陕政办函〔2006〕148号

省编办:

陕西省临潼疗养院创建于1955年,原名"中国煤矿工人临潼疗养院",原国家煤炭部直属事业单位。1992年，经省卫生厅核准同意中国煤矿工人临潼疗养院增挂"中国煤矿工人临潼康复医院"名称（未报请编制部门核准）。

2000年9月，中国煤矿工人临潼疗养院划归地方管理。2001年4月，省机构编制委员会研究决定，中国煤矿工人临潼疗养院划归省政府办公厅管理，更名为"陕西省临潼疗养院"，为办公厅下属处级事业单位，经费实行财政差额拨款（陕编发〔2001〕17号）。但未提及"中国煤矿工人临潼康复医院"名称的确认及变更事宜。

2005年1月，省卫生厅已将"中国煤矿工人临潼康复医院"的执业证书变更为"陕西省临潼康复医院"的执业证书。

为方便工作，现申请批准陕西省临潼疗养院增挂"陕西省临潼康复医院"名称，实行一套机构，两块牌子的运作模式，单位性质、编制和隶属关系不变。

陕西省人民政府办公厅
二〇〇六年十月十一日

二、函的写作要求

1. 语言简洁明了

在进行撰写的时候，一定要以最简要的文字将需要商洽、询问、答复、申请或知照的事项明确具体地交代清楚。

2. 用语谦和，讲究分寸

函主要是运用于平行机关之间，用来协商、配合与互通信息的。因此，用语要讲究礼节，不要使用告诫、命令性的词语，语气应当委婉得体。对于涉外公函或者是不相隶属机关之间的公函，必要时需要考虑使用尊称与致意性词语。但是公函与私人信件有严格区别，机关之间的诚恳致意是必要的，但是要注意的是诚恳并不代表客套，尊重对方是应当的，但是千万不可过分。

3. 开门见山，直接入题

函在开头的时候就直接写发函缘由，无须像私人信函一样写一些客套的话。

4. 一函一事

通常而言，一份公函只陈述一件事项，切记一函多事。一函一事，内容单一集中，这样受函单位便于处理，避免因辗转传递而影响公文的处理速度。同时，要把商洽、询问、请求的事项写明确，切记模糊、笼统，以免误解或往来查询，延时误事。

5. 注意公函的时效性

函这一文种也是有时效性的，因此在复函的时候应该迅速、及时。像对待

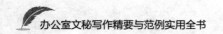

其他公文一样，及时处理函件，保证公务等活动的正常进行。

函属于正式公文的一个文种，具备正式公文的规范格式，因此在撰写时一定要注意使用印有发文机关名称的信纸，拟定标题，编制发文字号，结构完整等问题。

三、与函有关的问题

1. 函是否是唯一的平行文

就函的本质来讲，在党政公文所规定的主要文种中，函可以被视为唯一的平行文。

2. 因函呈不分而用错文种的表现

公文中函指公函，呈代表报告和请示两种上行文。一般来说，函和报告、请示在行文目的和主送对象以及公文内容等方面的区别是很明显的，然而，函呈不分的现象一直十分普遍。通常，错用文种的表现有以下几种：

①不相隶属的机关之间在进行商洽工作、询问和答复问题时不用函，而是选用请示或报告文种。

②向无隶属关系的有关主管部门请求批准不用函而是错用请示或报告文种。

③在答复上级机关的询问时不使用报告，而是错用函。

④向上级机关请求指示不用请示，而是误用函。

3. 因函发不分而用错文种的表现

所谓函发不分，主要表现在通知和函不分而错用。通知和函的适用范围以及各自所体现的行文关系本来是很明确的。通知的发文对象通常是自己的下级机关，不相隶属的机关之间则用函行文。但是在实际工作中，经常会出现两者错用的情况。通常，错用文种的表现有以下几种：

①某些单位出于自己工作的需要，把本属于商洽性的函错用成通知，还有一些业务主管部门会超越自己的权限范围，给不相隶属的单位滥发通知，并要求对方遵照办理和执行。这种行为明显违反了有关公文管理法规的规定。

②上级机关把向下级发送的指示性或事项性的通知错用成函。也有个别的会把通告或通报文种错用成函的。

4. 函与批复使用方面的区别

函具有答复问题的功能，但不能代替批复。函与批复是两种不同的公文文种。批复适用于答复下级机关的请示事项，而函只能答复不相隶属机关所提出的问题。

5. 函与请示使用方面的区别

函具有向无隶属关系的主管部门请求批准的功能，但是不能和请示互相代替。请示属于上行文，向隶属的上级机关请求指示或批准，就需要用到请示。函的请求批准的对象是不相隶属的有关主管部门。对于发函单位而言，这里的主管部门是与自己没有直接隶属关系而只有业务管理关系的某职能机构或某业务机构。换言之，主送机关为上级机关时使用请示，主送机关为不相隶属的有关主管部门时使用函。

命令（令）

一、命令（令）概述

1. 命令（令）的概念

命令（令）是国家权力机关或权力机关的负责人颁布的具有强制性、权威性和指令性的文件。命令（令）是国家党政公文之一。其中，令是指内容较为集中单一的命令，是命令的简称。命令（令）是应用文写作中的较为重要的文体之一。

根据《条例》第八条中的规定，命令（令）"适用于公布行政法规和规章、宣布施行重大强制性措施、批准授予和晋升衔级、嘉奖有关单位和人员"。在此需要注意的是，人民团体和企事业单位无权发布命令（令）。

2. 命令（令）的特点

在党政公文中，命令（令）具有以下突出的特点：

（1）有法定的法令机关，作者具有限定性

除军事部门外，并不是所有的领导机关都能发布命令，根据《中华人民共和国宪法》（以下简称《宪法》）以及《中华人民共和国地方各级人民代表大会和地方各级人民政府组织法》等法律法规的规定，能够发布命令（令）的有国家主席、国务院及其各部委、县及县以上地方各级政府、乡镇级人民政府。其中国家主席需要根据全国人大和全国人大常委会的决定发布命令，而且国家主席令涉及的范围十分广泛，有公布令、任免令、嘉奖令、特赦令、戒严令、动员令等。

（2）具有强制的执行效力

命令（令）是行政公文中最具强制特征的文种，它的发布是以法律法规为依据的，而且有些命令本身就是为了颁布和执行法律法规而发布的。命令（令）一经发布，受令者必须无条件地绝对服从，迅速而坚决地执行，不能有丝毫的偏差，更不允许抵制和违反，否则将会受到法律的制裁，而且命令（令）一方面体现着法令机关不可更改的意志，另一方面对受令者具有极强的约束作用，要做到令行禁止。发布命令（令）时，必须严肃慎重，不能滥用和错用命令（令），"令行禁止"反映出了命令的强制性和权威性，命令（令）

之所以具有这种效力是因为有国家的强制力作为后盾。

（3）内容具有稳定性

命令（令）适用于颁布各种法律法规，指挥和处理各种重大事项，宣布实施重大行政措施。命令中的主张与措施必须具有相对稳定性，不能朝令夕改，令下级部门无法执行命令。

（4）发文具有严肃性

由于命令（令）具有不可抗拒、不可变通的强迫执行性，因此使用这一文种时一定要严肃、慎重，要到非用不可时才能使用，千万不可滥发命令（令），以免影响其权威性。而且，命令（令）在行文时的结构必须是严谨的，语气必须是坚定的，文句必须是简洁的，在公文的字里行间中都透露出严肃和果决。

3．命令（令）的格式

命令（令）是由标题，编号，主送机关，正文，以及署名和日期等五部分组成的。

（1）标题

通常，由党政机关发布的命令（令）的标题有四种写法：

①发文机关（机关负责人）+文种，这种写法的标题较多见于公布令中，例如《中华人民共和国国务院令》。不在标题中表明事由是因为命令的正文十分简短，如果将事由写入标题，那么势必会与正文重复。

②发文机关+事由+文种，这种标题的写法多见于行政令、嘉奖令等，例如《国务院中央军委关于给武警部队抗洪抢险先进单位及个人授予荣誉称号和记功的命令》。通常而言，这种文种的篇幅较长，内容也较多。

③事由+文种，这种标题的写法并不常用。

④文种。

（2）编号

命令（令）使用流水号编号发，其编号的书写方法有两种：

①按文种单独编号，多以任期为始终。即从该届政府选举产生或领导人任职开始统一编排一个流水号，直至任届满为止。这种文号不标注机关代字以及年份号，只标注一个法令序号，例如"《中华人民共和国国务院令》第1号"。目前，我国的发布令无论是以发文机关的名义还是以国家主席的名义，都是用这种不需要机关代字的编号。

②在年度内按照流水号编号。例如"《国务院关于在北京市部分地区实行戒严的命令》国发〔1989〕40号"。

（3）主送机关

①如果是面向社会公开发布的公布令，比如，在报纸上公开发布法律法规的普法性命令，通常可以省略主送机关。

②如果是限定发给某些机关单位的命令，要标明主送机关。例如《国务院中央军委关于给武警部队抗洪抢险先进单位及个人授予荣誉称号和记功的命令》，其主送机关就是"公安部、中国人民武装警察部队"。

（4）正文

不同类别的命令（令）的正文表述方式也迥然不同，但是其表述方式主要有篇段合一式、二段式和三段式。

①篇段合一式，这种表述方式主要用于发布令。

整篇公文只有一个段落，其基本内容就是说明发布什么法律、法规、规章或办法等，以及它的施行日期。

②二段式，这种表述方式主要用于行政令和任免令。

第一段主要说明发令缘由，要有选择地写出发布命令的原因、根据、目的、意义以及必要性等。例如"为了巩固退耕还林（草）成果，加快生态环境建设步伐，实现生态、经济、社会可持续发展，省政府决定在全省实行封山禁牧，特发布命令如下"。

第二段写明命令的具体内容，要清楚明白地写出命令何机关于何时何地强制执行何种行政措施，以及说明如何执行。什么该做什么不该做，应在正文中体现得一目了然。

③三段式，这种表述方式主要用于嘉奖令。

第一段主要说明嘉奖的缘由。说清楚为什么进行嘉奖，此时应先清晰扼要地说明被嘉奖对象的事迹，包括时间、地点、时间、原因、过程和结果等要素，让他人知道为什么要对其进行嘉奖，之后还要对被嘉奖对象的表现做出简要适度的评价。

第二段主要说明嘉奖的决定，即说清楚怎样进行嘉奖。可以对嘉奖对象记功、晋级或给予奖金等。通常来讲，嘉奖既要重视精神鼓励同时也不可忽略物质奖励，不过为了维护嘉奖令的严肃性，对物质奖励不宜过细说明，概略提到即可。

第三段主要说明希望与号召，这也是发布嘉奖令的目的。主要是对嘉奖对象给予勉励，同时更注重号召行文对象向嘉奖对象学习。

（5）署名和日期

命令（令）中署名和日期的签署是必不可少的，署名包括签署人的职务与姓名，在此需要注意的是，对于国家主席令来说，命令（令）标题中的发令人与签署人必须是完全一致的。而以法令机关的名义发令时，标题中的法令机关与下款位置的签署人可以不同。在签署日期的时候要写清楚法令的年、月、日，零要写作"〇"。

4. 命令（令）的分类

在公文写作中，命令与令作为同一文种的两种名称，其选用是由发文机关决定的。最常见的选用方法是，如果公文标题是由发文机关加文种构成，或者在文种之前有一个密不可分的用法限定词，如嘉奖、特赦、通缉等，就选择"令"，例如《中华人民共和国国务院令》《中华人民共和国国务院嘉奖令》《××市公安局通缉令》等。如果公文标题在文种前有独立完整的事由和助词"的"时，应当用"命令"，例如《国务院中央军委关于给武警部队抗洪抢险先进单位和个人授予荣誉称号和记功的命令》《国务院关于在我国统一实行法定计量单位的命令》。在分清楚命令和令的选择方式后，让我们来了解一下命令（令）的分类。

按照其内容和作用，主要可以分为以下几类：

（1）公布令

公布令即颁布令，主要是用来公布行政法规和规章的，是命令中属于国家最高权力机关或国家元首根据国家最高权力机关的决定，颁布宪法、法律、法令以及其他法规性文件而采用的一种公文体裁。公布令可以分为颁布法律和其他法规性文件的命令，公布重大事项或必须严格执行事项的命令，此处需要注意的是，公布令通常都带有附件。公布令的行文范围根据发令机关的不同而有所不同，比如法律适用于全国，但是规章仅适用于某个地区或部门。

公布令的正文内容单一，且篇幅较短，多为篇段合一式。通常在批准或公布决定时，一般会使用"现予公布（发布）""现予发布施行"等。

此外，根据《宪法》的规定，公布法律用的公布令必须是以国家主席的名义来发布，即国家主席令，而公布《宪法》则需要以全国人民代表大会的名义，以公告的形式来发布施行。

【范例】

中华人民共和国国务院令

第621号

《机关事务管理条例》已经于2012年6月13日国务院第208次常务会议通

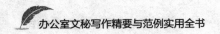

过，现予公布，自2012年10月1日起施行。

总理 温家宝

二〇一二年六月二十八日

（2）行政令

行政令是国家行政机关用于采取重大的政治、军事行动或宣布施行重大强制性整治措施的命令。戒严令、动员令、通缉令也属于此类命令。国务院及其各部委、乡及乡以上地方各级政府，都可以发布行政令，行政令的发文对象是发令者辖区内的所有人甚至是全国人民。

行政令根据实际写作的需要，内容可多可少，篇幅可长可短。行政令的正文一般由发令缘由、命令事项和执行要求组成。发令缘由简要说明发令的原因、目的或根据。在命令事项中要写明采取的重大强制性措施，一般是分条逐项地写，有些内容较少的则可以不分条。语言表述要做到肯定、简练、庄重，不对公文内容进行议论，只叙述规定做什么、怎么做。

在发布行政令的时候，一定要注意一点，就是所宣布施行的必须是辖区内的重大强制性的行政措施，而对于国务院来说，在某地区实行戒严、全国统一施行法定计量单位、国家发行新版货币等措施，都属于这种性质。如果宣布施行的是一般的行政措施，那么就不能使用命令（令）这一文种。

【范例】
青海省人民政府关于保护生态环境实行禁牧的命令

青政发〔2001〕98号

西宁市、各自治州人民政府，海东行署，省政府各委、办、厅、局：

为保证退耕还林还草工作顺利进行，巩固绿化成果，保护生态环境，促进我省经济和社会可持续发展，依照《青海省绿化条例》第三十一条之规定，特发布如下命令：

一、下列地区实行禁牧：

（一）天然林保护区；

（二）防护林建设区、防沙治沙工程治理区；

（三）退耕还林还草地区；

（四）小流域治理区和水土流失重点防治区；

（五）自然保护区的核心区和缓冲区；

（六）水源涵养林（草）区；

（七）草原严重沙化、退化的地区；

（八）边界、草原和林地纠纷易发地区；

（九）旅游景观区；

（十）其他需采取禁牧措施的地区。

二、禁牧区的具体范围由州（地、市）、县人民政府划定，并以州（地、市）、县人民政府逐级下达禁牧令的方式予以公告。

三、禁牧区应建立标示牌。

四、各级林业、畜牧、水利、司法等有关部门以及乡（镇）人民政府，应当积极开展《中华人民共和国森林法》《中华人民共和国草原法》《中华人民共和国水土保持法》《青海省绿化条例》等法律、法规的宣传活动，增强广大农牧民群众的法制意识，自觉保护自然环境，维护生态平衡。

五、禁牧地区的县、乡（镇）人民政府应积极引导禁牧地区的农牧民群众发展多种经济、调整农牧业产业结构，改进生产方式，实行舍饲圈养，逐步提高农牧民群众的生产、生活水平。

六、禁牧地区的乡（镇）人民政府具体负责禁牧令的实施工作，应当指导当地群众制定保护生态环境的乡规民约，保证禁牧令的执行。

七、各级人民政府林业、畜牧等行政执法部门应认真履行职能，加强执法工作并做好监督检查工作，帮助指导禁牧区各乡（镇）、村做好禁牧有关工作，对在禁牧区从事放牧活动的，按照《青海省绿化条例》及有关法律、法规的规定给予行政处罚。

青海省省长　赵乐际

二〇〇一年十月十九日

（3）嘉奖令

嘉奖令是授予荣誉称号、表彰功勋业绩、嘉奖成绩卓著的先进集体和个人时所使用的命令，由此可以看出，嘉奖令的行文对象是做出了特殊贡献的特定人员，其行文对象范围根据嘉奖对象所在的单位部门或者其所做的贡献大小来定。在写嘉奖令的时候要包括优秀事迹，性质和意义，嘉奖决定，号召和希望等内容。

个人或集体的优秀事迹是构成嘉奖令的依据和基础，因此在写作的时候主要写嘉奖对象的英雄模范事迹、贡献或成就。叙述要简要、概括、抓住重点。

在对英雄模范的实际做出评价的时候，其议论一定要恰当，实事求是。

在写嘉奖决定的时候，通常只用一两句话来说明是由谁决定给予什么奖励就可以了，此处不需要写得过于详细。在写号召与希望的时候，要先根据英雄模范事迹的意义和影响的广度，确定号召对象的范围，然后据此写出对受奖者的勉励和对大家的希望。这一部分的写作感情一定要真挚且有针对性，切忌空泛、含糊、不着边际。

使用嘉奖令应该注意两点：

①嘉奖令是公文中规格最高的表彰奖励文种，被嘉奖的对象其事迹必须感人，贡献必须突出。除此之外，决定和通报也可以用作表彰奖励，但是这三者还是有区别的。

②发布嘉奖令的机关必须具有命令（令）的使用权限，而且级别较高。

【范例】

国务院 中央军委关于授予金春明同志
"雷锋式消防战士"荣誉称号的命令

国函〔2006〕31号

公安部：

国务院、中央军委决定：授予辽宁省公安消防总队本溪市支队明山区大队特勤中队一班班长金春明"雷锋式消防战士"荣誉称号。

金春明，男，朝鲜族，1977年12月出生，黑龙江省尚志市人，中共党员。金春明同志1995年12月入伍以来，始终以雷锋同志为榜样，视人民群众的利益高于一切，在平凡的岗位上做出了不平凡的业绩。他忠于职守，英勇顽强，不畏艰险，冲锋在前，共参加灭火救援战斗1500多次，抢救遇险群众65人，先后11次立功，7次被评为优秀士兵，被本溪市公安局授予"忠诚卫士"荣誉称号，被公安部授予"模范消防战士"荣誉称号。他胸怀报效祖国和人民的志向，勤学苦练，奋发有为，练就了过硬本领，曾连续三年获得本溪市公安消防支队技能大比武冠军，先后被评为辽宁省公安消防部队"十大杰出官兵""十佳战斗班班长"和全国公安消防部队执勤岗位练兵"十佳技术能手"。他牢记为人民服务的宗旨，心系群众，爱民为民，以弘扬雷锋精神为己任，长期照顾孤寡老人，全力资助贫困学生，深受驻地人民群众的好评，曾先后8次被评为优秀共产党员，分别被共青团本溪市委员会和本溪市委精神文明建设指导委员会办公室授予"希望工程特殊贡献奖"和"学雷锋标兵"荣誉称号，先后荣获"辽宁省雷锋奖章""辽宁省青年五四奖章"和"中国青年五四奖章"，并被评为全国民族团结进步模范个人、军民共建社会主义精神文明先进个人。

金春明同志忠于党的事业，在生与死的考验中，敢于赴汤蹈火、冲锋陷阵，为保卫人民群众生命财产安全做出了突出贡献。他爱岗敬业，爱警习武，苦练本领，勇攀高峰，是新时期消防官兵的杰出代表。他自觉传承、大力弘扬雷锋精神，从警为民，乐于奉献，为人民抛洒一片爱心，是新时期青年的楷模。

金春明同志以朴实无华、一心为民的高尚情操、勇攀高峰的进取精神、精湛过人的专业技能、冲锋在前的英雄气概、无私奉献的优秀品德，忠实地践行了"三个代表"重要思想和全心全意为人民服务的宗旨，用雷锋精神抒写了新时期革命军人爱民为民的壮丽诗篇。

国务院、中央军委号召全体公安民警、武警官兵和全军指战员以金春明同志为榜样，认真学习邓小平理论和"三个代表"重要思想，牢固树立和落实科学发展观，继承和发扬我党、我军优良传统，不断提高队伍的整体素质和战斗力，全心全意为人民服务，努力完成党和人民赋予的各项任务，为保障人民安居乐业和全面建设小康社会做出新贡献。

国务院总理　温家宝

中央军委主席　胡锦涛

二〇〇六年五月二日

（4）任免令

任免令是用于任免领导干部和其他工作人员时使用的一种下行文。在此需要注意的是，地方政府在任免工作的时候通常都是使用任命通知，而不会使用任免令。

任免令的标题通常有三种组成形式：

一种是标准的行政公文标题，即发文机关+事由+文种；一种是省略发文事由的标题；还有一种是用发文机关及其负责人职务名称与文种构成的标题。

任免令的正文相对简单，一般由发令根据以及任免内容两部分构成。发令根据主要写明决定任免的会议或机关名称，任免内容写清楚被任免人的姓名和被任免职务。

正文的语言要干脆果断，体现"令行禁止"的特点，决不允许出现拖泥带水的现象。正文后在落款处签署法令机关领导人的职务、姓名，并写明发令日期。

【范例】

内蒙古自治区人民政府
关于王政和等同志的任免职令
内政任字〔2005〕1号

内蒙古自治区人民政府根据工作需要，对王政和等同志做出如下任免决定：

任命王政和同志为内蒙古供销合作社联合社监事会主任，免去内蒙古供销合作社联合社理事会副主任职务；

任命杨峦志为内蒙古大学副校长，试用期一年；

任命黄龙海同志为内蒙古工业大学副校长，试用期一年；

任命李保卫同志为内蒙古科技大学校长；

免去郝兆兴同志的内蒙古科技大学校长职务；

免去王振业同志的内蒙古科技大学助理巡视员职务，退休；

任命李成义同志为内蒙古科技大学包头医学院院长（正厅级），免去河套大学校长职务；

任命杨一江同志为内蒙古科技大学包头师范学院院长（正厅级）；

任命徐建平同志为乌海职业技术学院院长，试用期一年；

免去赵丽娟同志的兴安盟职业技术学院院长职务。

此令

内蒙古自治区人民政府
二○○五年四月五日

（5）惩处令

惩处令是特定的权力机关对于违法者进行惩处的命令。惩处令主要用于司法机关，党政机关和社会团体在使用惩处行文时通常是以决定的形式拟文的。

【范例】

××高级人民法院执行死刑命令

×××中级人民法院：

　　根据最高人民法院×××年××月××日依法授权部分死刑案通知的规定，本院已依法核准重大贪污受贿犯×××死刑。现命令你院接到此命令之日起，在7日内，将罪犯×××验明正身，核对犯罪事实无误，讯问有无遗言、信札后，交付执行死刑，并将执行情况报告本院。如发现有《中华人民共和国刑事诉讼法》第××条的应当停止执行或者应当暂停执行的情况即停止执行，并报告本院审定。

××高级人民法院

院长　×××

××××年××月××日

　　（6）撤销令

　　撤销令是用于撤销本级机关或下级机关不适当的决定的命令。

　　撤销令的标题与行政令相同。

　　撤销令的正文一般包括两个部分：

　　一是发令的原因，即说明撤销下级机关不适当的决定的依据。

　　二是发令的事项，即明确指出下级机关有关决定的错误，同时重申必须遵守的有关决定。

【范例】

关于撤销×市擅自改变上级机关对外商
赠送物品的审批权限规定的令

××市人民政府：

　　关于外商赠送物品审批权限问题，外贸部贸进管字〔20××〕××号文件规定，外商赠送物品以及××、××接受外商赠送汽车十辆以下，由省人民政府批准，而且省府已发出××府办〔20××〕××号文件明确了接受赠送物品报批手续。查××市政府×府〔20××〕××号文件通知市属单位，从今年六月一日开始，外商赠送物品由市政府批准，下级机关擅自改变上级机关的规定是不对的。

为此，现重申：凡接受外商赠送国家限制进口的物品，都应按现行规定报省人民政府审批，违背规定越权审批的一律无效。接受汽车的，将加盖省政府办公厅印章的"接受外商赠送物品报批表"和外商赠送书，到经贸部申领许可证，海关一律凭省政府办公厅办理的批件和经贸部许可证验收。

××省人民政府

二○××年××月××日

从命令的外观形式来分，可以分为两类：

（1）带附件的命令（令）

命令（令）之后有附件。通常而言，公布令都属于这种命令（令），前命令后法规，法随令出。

（2）不带附件的命令（令）

命令（令）的所有内容都体现在正文中，行政令、嘉奖令等都是如此。

二、命令（令）的写作要求及注意事项

1. 命令（令）的写作要求

（1）必须按照权限规定行文

命令（令）的使用范围控制较严。通常来讲，除根据国际法律规定的有权使用命令（令）的机关及首长外，其他机关及其负责人不允许使用命令（令）行文；除了某些实行准军事化管理的特殊行业，如铁路、民用航空等企事业单位外，其他单位和个人不能滥用命令（令）。地方各级政府只有在处理特别重大的紧急事务时才可以破例使用命令（令）来实施指挥。

不论是正常使用还是在特殊情况下的破例使用，都要遵守相关的法律法规，并以其为依据，按照法律规定的程序制作和发布，而且其内容和形式都必须在法律许可的范围之内。

（2）要体现其强制性

命令（令）具有极强的强制性和约束力，其一旦发布，受令者就必须严格遵照执行。所以，命令（令）在制发时一定要态度鲜明、要求明确，什么是允许受令者做的、什么是不允许受令者做的都要在公文中有明确的体现，不能有丝毫的含糊，这样便于受令者迅速理解和执行。

（3）语言朴实，文字精练

不论是什么类型的命令（令），其文句都必须简明扼要，语气坚定，内容尽量用简洁凝练而又准确鲜明的文字庄重严肃地表述出来，不需要对其涉及的事项进行阐发说明。

在命令（令）中，只有嘉奖令的语言难度比较大，因此，尤其要处理好介绍表彰嘉奖对象事迹、阐明实际意义以及向有关各方发出号召时的用语分寸问题。

2. 命令（令）写作的注意事项

（1）命令（令）的写作要有高度的责任感

命令（令）是十分重要的指挥性公文。尽管有些命令（令）是以领导人的名义发布的，但是它能代表国家机构的权威，集中体现党和政府制定的方针政策，因而文秘在拟写草稿的时候，必须严肃对待，一丝不苟，高度负责。

（2）要严格制发权限

命令（令）的制发权限是十分严格的。并非所有的机关、团体、企事业单位都可以制发命令（令），只有相关法律法规规定的国家领导机关和领导人，国务院各部委，县级以上各级人民政府在他们的权限范围内，才能制发命令（令）。各级地方政府在遇到紧急的特殊情况，比如抢险救灾时，才能破例使用命令（令）。

（3）行文郑重，结构严谨

命令（令）在撰写的过程中语气一定要斩钉截铁，无讨价还价的余地。此外，命令（令）也不得朝令夕改，这样会使下级无所适从，进而也会影响其权威性。

三、与命令（令）有关的问题

1. 公布令与行政令的区别

公布令和行政令虽然同属命令的范畴，但是在用法和形式表现上还是有所差异的，其区别主要有两点：

（1）用法要求上的不同

公布令适用于发布重要法律、法令、法规等的命令。公布令没有具体的受令对象，其着眼于"知"，公开发布法规性文件，使民众"一体周知"。

行政令则是在采取重大的、较为紧急的行政措施时颁发的命令，行政令有具体的受令对象，其要求"知且行"，在知晓的基础上要施行所宣布的行政措施。

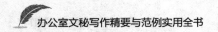

（2）外观形式上的不同

公布令通常都是带有"附件"的，公布令的正文一般都很简短，其具体的执行内容都在附件中，然后写通过和批准的机关和日期。而行政令通常不带附件，其所宣布的行政措施都通过正文来表述。

2．公布令与发布性通知的区别

（1）用法上的不同

公布令是用来公布法律、行政法规和规章的命令，有制发权限的是国家主席、国务院及其各部委和各级人民政府。而发布性通知是转文性通知的一种，是发文机关把本机关制发的不能独立行文的规范性文件下转时使用的通知，这种通知没有使用主体的限制。

在实际工作中，除了相关法律法规规定的有制发命令权限的机关外，那些没有制发命令权限的地方政府工作部门在工作中也是需要发布一些规范性公文的，比如规则、制度、实施细则等，但是这种文种无法独立行文，就必须使用发布性通知予以公布。

（2）写法上的不同

公布令和发布性通知在写法上的相同之处就是要写明被公布或发布文件的完整标题和执行要求，但是也有不同之处，其不同主要表现在以下两点：

①公布令必须标有批准会议名称和时间，而发布性通知则没有如此严格的要求。

②公布令必须明确标明被公布的文件从何时开始生效，发布性通知也有类似要求，印发性通知只有"请认真贯彻执行"之类的宽泛要求。

3．嘉奖令、表彰性决定与表扬性通报的区别

（1）发布机关的层次级别不同

在这三个文种中，只有命令具有发布权限的规定。嘉奖令大都是通过级别较高的机关进行发布；表彰性决定虽然没有明确的使用权限，但是发文机关的层次通常也是较高的，而且其往往是被表彰对象的非直接上级机关；表扬性通报的发文机关不受限，不过其多为被表彰对象的直接上级机关。

（2）被表彰对象的事迹类型及影响范围不同

如果是在完成"急难险重"的任务中，事迹突出，影响广泛，那么就可以使用嘉奖令，例如《国务院中央军委关于给武警部队抗洪抢险先进单位及个人授予荣誉称号和记功的命令》；如果是在长期的艰苦工作中表现突出，成绩卓著，那么就可以使用表彰性决定，例如《国务院关于2007年度国家科学技术奖励的决定》；表扬性通报使用的规格低于前两者，但是其适用范围较为灵活，可大可小。

（3）表彰奖励规格的不同

嘉奖令和表彰性决定的规格要高于表扬性通报。而且，嘉奖令通常会授予被嘉奖对象荣誉称号，表扬性通报则侧重于介绍被嘉奖对象的先进事迹。就规格而言，表扬性通报不及嘉奖令和表彰性决定，不过表扬性通报的及时性往往要强于两者，而且是它的适用范围也是最广的。

决定

一、决定概述

1. 决定的概念

决定是党政军机关、社会团体、企事业单位对重大事项或重大行政公务做出安排，奖惩有关单位及人员，变更或者撤销下级机关不适当的决定事项而制定的一种指挥性公文，多针对全局性、普遍性、倾向性问题做出决策，通常具有法规性或行动约束力，属于下行文。

决定与命令（令）有相似之处，但是命令（令）的级别规格更高，而且内容也相对重要得多。命令（令）的制发机关是人民代表大会和各级政府，而决定则是任何机关、团体、企事业单位在自己的职权范围内都能做出的。

由此可见，决定的适用范围很广，上至党和国家的重大决策和战略部署，下至基层单位的奖惩事宜均可使用。

2. 决定的特点

在党政公文中，决定具有如下特点：

（1）权威性

决定一般是由上级机关制发的，体现的是上级机关的意志，而且决定是上级领导经过认真讨论、反复研究做出的安排，对下级机关提出明确具体的要求，内容涉及国内重大事项和重大行动，要求下级机关和有关人员必须绝对服从和严格贯彻执行，因此决定属于较为严肃、庄重的文种。它一经发布，在发文机关所属范围内或所属系统内具有很强的约束力，任何行文对象，包括个人和机关，甚至包括发文机关在内，都必须遵照执行，不得违抗或抵制。

（2）决断性

决定的这一特点与其权威性是相辅相成的。决定是发文机关在自己的职权范围内根据党和国家的方针政策以及社会的实际情况对有关事项或行动做出的安排，对此必须彻底地贯彻执行，因此决定具有很强的决断性。

（3）周知性

有些决定只需要人们知晓某些重大事项，没有具体的执行要求。例如《中华人民共和国国务院关于授权澳门特别行政区政府接收原澳门政府资产的决定》。

（4）广泛性

决定并非专属于党政机关的公文形式，其适用范围十分广泛，不论是党政机关还是基层企事业单位、群众团体都可以使用。

（5）单一性

通常来说，决定的内容一般只涉及某一事项或某一具体问题，内容较为单一、具体，针对性强，便于公文内容的贯彻执行。

3. 决定的格式

决定的格式一般是由标题、成文日期、主送机关、正文和落款五个部分组成的。

（1）标题

决定的标题有两种形式：

①发文机关+事由+文种，例如《国务院关于进一步推进相对集中行政处罚权工作的决定》。

②事由+文种，例如《关于严惩危害社会治安的犯罪分子的决定》。

（2）成文日期

决定的成文日期有两个标注位置：

①标注在标题下方居中的位置。如果决定是正式会议通过或批准的，其成文日期就要作为题注写在标题下方居中的位置，由"日期+会议名称+'通过'字样"组成，前后加圆括号。如果公文有了题注，那么在正文结束后就不需要再标注成文日期。如果决定并非是正式会议通过或批准的，并且其正文之前的抬头位置没有标注主送机关，那么也可以将成文日期写在标题下方居中位置，前后加圆括号。

②标注在正文结束后的右下方。如果决定的成文日期没有标在标题下方，那么就应该放在正文结束之后的右下方的位置。

（3）主送机关

决定属于下行文，需要简要写明收文机关名称，比如《国务院关于加强节能工作的决定》的主送机关是各省、自治区、直辖市的人民政府，国务院各部委及各直属机构等。如果公文没有特定的收文对象，那么就不需要标明主送机关。

（4）正文

根据所写决定的种类不同，决定的正文可以选择使用基本型、三段型、直叙型三种不同的结构模式。

①基本型：正文由原因和决定事项两部分组成，这种结构模式通常要先说明决定的原因、目的或者根据，然后再陈述决定的内容。如果是内容简单的决定，就可以在原因之后直接写出决定事项，因为前后两部分属于因果关系，这样的布局简单明了又不失结构的完整性。如果是内容较多的决定，那么就可以选择分条列项的方法阐明决定事项，这样不仅能确保条例清楚，而且还便于收文机关阅读和执行。

②三段型：正文由原因、决定事项和号召三部分组成。这一结构模式就是在基本型的基础上增加了号召或提出实施要求的部分。通常而言，知照性决定、指挥性决定的正文都是采用三段型的结构模式。

③直叙型：正文开篇名义，直接阐明决定事项。这种结构模式能体现出决定的决断性和权威性，常见于指挥性决定。

其实，这三种结构模式只是基本的参考模式，在实际写作过程中，正文应该如何进行安排，还要根据具体需要来确定。

（5）落款

通常情况下，决定在落款处注明发文机关和成文日期。如果决定是经过会议讨论通过的，那么发文机关和成文日期可以采用"题注"的形式，在公文标题之下使用括号注明，那么落款处的这两项内容就可以省略了。

4．决定的分类

按照内容和作用的不同，决定可以分为以下五类：

（1）指挥性决定

指挥性决定是发文机关对某些重要事项和重大行动做出的决策部署，针对带有全局性的某一方面工作或某一类问题，统一思想认识，提出工作任务，确定大政方针，提出工作方案、要求和措施。这类决定通常都带有纲领性和规范性，例如《中共中央关于深化文化体制改革、推动社会主义文化大发展大繁荣若干重大问题的决定》，而且篇幅较长，对下级有着明确的执行要求。在使用中，一定要把指挥性决定和指示性通知相区别。通常而言，前者是立足于全局的，事由重大而且内容相对有原则；而后者内容可重可轻，但是要求具体，更具有可操作性。

指挥性决定的正文主要包括三个部分：

第一，简要说明做出决定的意义、目的、背景和依据等。如果是部署一项新工作，那么就一定要说明进行这项工作的意义和目的；如果是对一项十分重要的工作进行再次部署，那么就要对这一段时期以来的工作情况进行简要评价，然后再宣布决定内容。

第二，决定的内容、事项。这一部分包括了对这项工作具体详尽的安排和部署，因此篇幅会显得比较长。在写作的过程中，可以把这项工作的组成部分及相关内容分成若干个小部分来写，但是一定要注意各部分之间的逻辑顺序，并且巧妙地利用小标题以及中心句来突出重点。

第三，决定的结尾。会利用最后的自然段强调这项工作的重要性、艰巨性或有关单位的相关责任，同时对各有关方面提出执行要求。

【范例】

国务院关于进一步深化化肥
流通体制改革的决定
国发〔2009〕31号

各省、自治区、直辖市人民政府，国务院各部委、各直属机构：

1998年以来，各地区、各有关部门认真贯彻落实《国务院关于深化化肥流通体制改革的通知》（国发〔1998〕39号）精神，积极稳妥地推进化肥流通体制改革，化肥产业得到持续快速发展。为进一步深化化肥流通体制改革，调动各方面参与化肥经营的积极性，不断提高为农服务水平，满足农业生产发展需要，现做出如下决定：

一、放开化肥经营限制

取消对化肥经营企业所有制性质的限制，允许具备条件的各种所有制及组织类型的企业、农民专业合作社和个体工商户等市场主体进入化肥流通领域，参与经营，公平竞争。申请从事化肥经营的企业要有相应的住所，申请从事化肥经营的个体工商户要有相应的经营场所；企业注册资本（金）、个体工商户的资金数额不得少于3万元人民币；申请在省域范围内设立分支机构、从事化肥经营的企业，企业总部的注册资本（金）不得少于1000万元人民币；申请跨省域设立分支机构、从事化肥经营的企业，企业总部的注册资本（金）不得少于3000万元人民币。满足注册资本（金）、资金数额条件的企业、个体工商户等可直接向当地工商行政管理部门申请办理登记，从事化肥经营业务。企业从事化肥连锁经营的，可持企业总部的连锁经营相关文件和登记材料，直接到门店所在地工商行政管理部门申请办理登记手续。

二、规范企业经营行为

化肥经营者应建立进货验收制度、索证索票制度、进货台账和销售台账制度，相关记录必须保存至化肥销售后两年，以备查验。化肥经营应明码标价，化肥的包装、标识要符合有关法律法规规定和国家标准。化肥生产和经营者不得在化肥中掺杂、掺假，以假充真、以次充好或者以不合格商品冒充合格商品。化肥经营者要对所销售化肥的质量负责，在销售时应主动出具质量保证证明，如果化肥存在质量问题，消费者可根据质量保证证明依法向销售者索赔。化肥经营者应掌握基本的化肥业务知识，并应主动向化肥使用者提供化肥特性、使用条件和方法等有关咨询服务。

三、鼓励连锁集约经营

国家鼓励大型化肥生产、流通企业以及具备一定实力和规模的社会资本通过兼并重组等方式，整合资源，发展连锁和集约化经营。对建设和完善区域性化肥交易市场以及化肥储备、经营与现代物流设施的，各级政府要积极予以扶持。化肥交易市场要建立健全化肥产品质量管理制度，不断完善交易规则，有效保护客户的合法权益。

四、强化市场监督管理

各地区和有关部门要切实加强对化肥经营放开后的市场监管工作。农业部门应当定期对可能危害农产品质量安全的肥料进行监督抽查，并公布抽查结果。质检部门要加强化肥生产源头质量监管，加强检查，严厉查处有效含量不足、掺杂使假、标识欺诈、计量违法等行为。工商部门要加强化肥经营主体监管，加大对销售假冒伪劣化肥、虚假广告等坑农害农行为的查处力度，督促经营者建立和完善购销台账、索证索票制度，开展化肥市场信用分类监管，推进化肥市场信用体系建设。价格部门要加强对哄抬价格、串通涨价、价格欺诈以及不按规定明码标价等行为的查处。海关系统要严厉打击化肥走私。各有关部门要加强信息共享，协同开展农资打假，提高行政效能。要大力普及化肥知识，提高农民群众维权能力，畅通举报投诉渠道。要建立健全有关法律法规，依法加强监督管理工作。地方各级人民政府要维护公平竞争的市场秩序，坚决破除地方保护主义。

国务院

二〇〇九年八月二十四日

（2）知照性决定

知照性公文是发文机关用来布置安排重要事项或重大行动，并告知全社会或有关方面的决定。

一般来说，知照性决定的写作目的只在于发布某一消息，对于收文对象的要求只是了解相关内容，没有直接的执行要求。在写作方面，知照性公文的篇幅较短，文字相对简练，知照性决定的发文机关包含在标题之中，例如《国务院关于开征石油特别收益金的决定》。

知照性决定的正文写法有两种：一种是开门见山地宣布决定内容；另一种是先写决定的理由、根据、目的，再写决定的事项。

【范例】

国务院关于开征石油特别收益金的决定

国发〔2006〕13号

各省、自治区、直辖市人民政府，国务院各部委、各直属机构：

石油是关系国民经济和社会发展全局的重要战略资源。2004年以来，由于国际市场石油价格持续大幅度上涨，国内原油采掘业利润增加较多，其他行业和社会用油成本加大，造成各行业利益分配不平衡，影响经济平稳运行。为妥善处理各方面利益关系，推进石油价格形成机制改革，加强国家调控，促进国民经济持续健康协调发展，国务院决定对石油开采企业销售国产原油因油价上涨获得的超额收入征收石油特别收益金。

石油特别收益金属中央财政非税收入，纳入中央财政预算管理，具体征收管理办法由财政部制定并公布施行。

国务院

二〇〇六年三月十五日

（3）变更性决定

变更性决定是发文机关用来变更或者撤销下级机关不适当的决定事项时使用的决定。

按照《宪法》规定，人大常委会有权撤销同级政府及下级人大不适当的文件；政府有权改变或撤销下级机关不适当的文件。其标题通常写成三项式，即"发文机关+事由（撤销……）+决定"，如《××市人民政府关于撤销"×政发〔2013〕26号"文件的决定》。

变更性决定的正文要体现三层意思：

第一，撤销缘由。要向下级机关说明他们制发的文件错在哪里，通常被撤销的文件不外乎有以下情况，或是与法律法规相抵触，或是与上级文件的精神相违背，或是违背了客观实际、损害了人民群众的利益等。需要注意的是，被撤销文件的错误之处以及做出撤销决定的文件依据都要引用原文才可以。

第二，撤销决定。要向收文机关说明撤销的是文件的全部内容还是部分内容，语气要严肃、郑重。

第三，尾语。通常变更性文件有专用尾语"特此决定"。

【范例】

桃源县人民政府法制办公室
撤销规范性文件决定书

县卫生局、财政局：

你两单位2009年3月30日共同发布的桃卫发〔2009〕7号《关于印发〈桃源县农村孕产妇住院分娩补助项目实施方案（试行）〉的通知》，属涉及群众切身利益的重要规范性文件，发布前未经县人民政府批准，且未经我办统一登记、统一编号、统一公布，属于规范性文件制定程序不合法，违反《湖南省行政程序规定》第四十六条第二款、四十九条的规定。现依据《湖南省行政程序规定》第一百五十九条第一款（三）项之规定，决定予以撤销。

二〇〇九年四月一日

（4）法规性决定

国务院及各部委、有权限的地方政府在公布施行某些法规、规章类的公文后，如果需要对它们进行局部修改，那么就应该由发文机关撰写修改决定，在文中一一说明需要修改之处，然后再用公布令予以公布；如果需要废止，那么也需要由发文机关制发废止决定，并且要列出废止的法规规章目录，并用公布令来公布。这种修改或废止法规、规章类文件的决定，自身其实具有一定的法规性质。需要注意的是，国家权力机关及其常设机关不仅可以使用决定修改或废止有关法规性文件，还可以使用决定来直接发布有关法规，例如《全国人民代表大会常务委员会关于维护互联网安全的决定》。

法规性决定的正文通常有三个层次：

第一，修改的原因、目的、依据以及修改文件的标题，此处也可以直接将被修改文件的标题写出来。

第二，修改条款的具体内容。在写作的过程中，要按照条款来划分自然段，每一项条款都要标示得清楚明晰，让阅读对象一眼就能看明白究竟是"删去""增加"还是"修改为"。

第三，结尾。在此处一定要写明修改文件生效施行的日期。

【范例】

中华人民共和国国务院令

第648号

现公布《国务院关于废止和修改部分行政法规的决定》，自2014年3月1日起施行。

总理 李克强

2014年2月19日

国务院关于废止和修改部分
行政法规的决定

为了运用法治方式推进政府职能转变，进一步放宽市场主体准入条件，激发社会投资活力，依据2013年12月28日第十二届全国人民代表大会常务委员会第六次会议通过的修改公司法的决定，落实《注册资本登记制度改革方案》关于注册资本实缴登记改为认缴登记、年度检验验照制度改为年度报告公示制度，以及完善信用约束机制的内容，国务院对涉及的行政法规进行了清理。经过清理，国务院决定：

一、对2部行政法规予以废止。（附件1）

二、对8部行政法规的部分条款予以修改。（附件2）

本决定自2014年3月1日起施行。

附件：1. 国务院决定废止的行政法规

2. 国务院决定修改的行政法规

（5）奖惩性决定

奖惩性决定是发文机关用来表彰先进或者处理错误的正式决定。通常，被表彰对象的事迹必须是突出的，而被处理对象所犯错误的后果都是严重的。发文机关在制发此类公文的时候，行文内容或是树立榜样，或是警示吸取教训，避免今后再犯类似的错误。

需要注意的是，在使用奖惩性决定这一文种的时候，一定要注意与表扬性通报、批评性通报相区别。尽管两者在内容上十分相近，但是决定的规格要比通报高一些。

奖惩性决定包含两类：

一类是奖励决定，另一类是惩戒决定。

奖励决定的正文包括三个方面：

第一，表彰奖励的根据、目的。如果被表彰的对象是一个时，需要先介绍其先进事迹再给予评价；如果被表彰的对象有多个时，那么直接写明表彰目的就可以了。

第二，表彰奖励的决定。在此需要写明给予表彰对象何种名目、何种等级的奖励。

第三，结尾。这一部分通常都是表达希望与号召的，希望被表彰者再接再厉，号召广大人民群众向先进学习。

惩戒决定的正文也包括三个方面：

第一，惩戒处理的根据、原因及目的。通常会在这一部分简要介绍故事或者错误事实及其原因、后果和危害。

第二，处罚决定。在此处要写明处分、惩罚的名称。

第三，结尾。在这一部分可以向公文的阅读者们提出普遍性的要求。

【范例】

国务院关于2011年度国家科学技术奖励的决定

国发〔2012〕7号

各省、自治区、直辖市人民政府，国务院各部委、各直属机构：

为全面贯彻党的十七大和十七届六中全会精神，深入贯彻落实科学发展观，大力实施科教兴国战略和人才强国战略，促进科学技术事业发展和综合国力提升，国务院决定，对为我国科学技术进步、经济社会发展、国防现代化建设做出突出贡献的科学技术人员和组织给予奖励。

根据《国家科学技术奖励条例》的规定，经国家科学技术奖励评审委员会评审、国家科学技术奖励委员会审定和科技部审核，国务院批准并报请国家主席胡锦涛签署，授予谢家麟院士、吴良镛院士2011年度国家最高科学技术奖；国务院批准，授予"流体力学与量子力学方程组的若干研究"等36项成果国家自然科学奖二等奖，授予"有机发光显示材料、器件与工艺集成技术和应用"等2项成果国家技术发明奖一等奖，授予"后期功能型超级杂交稻育种技术及应用"等53项成果国家技术发明奖二等奖，授予"青藏高原地质理论创新与找矿重大突破"国家科学技术进步奖特等奖，授予"玉米单交种浚单20选育及配套技术研究与应用"等20项成果国家科学技术进步奖一等奖，授予"高性能移动分组核心网智能化技术创新及应用"等262项成果国家科学技术进步奖二等奖，授予德国数学家德乐思等8名外国专家中华人民共和国国际科学技术合作奖。

全国科学技术工作者要向谢家麟院士、吴良镛院士及全体获奖者学习，自觉弘扬求真务实、勇于创新的精神，以科教兴国为己任，坚持科学技术为经济社会发展服务、为人民服务，切实增强自主创新能力，为建设创新型国家、推动经济社会又好又快发展做出新的更大贡献。

国务院

二〇一二年一月二十七日

二、决定的写作要求

1. 要做好调查研究

在草拟决定之前，要针对决定所涉及的问题认真查找法律条款和政策规定，并广泛听取各方意见，然后在此基础上深思熟虑，考虑做出的决定是否切合实际情况。

2. 根据事实写精神

事实材料是提炼、概括出理论原则、基本精神的前提和基础，因此要忠于实际情况，在进行材料概括的时候从客观实际出发，切记不可随意发挥和主观臆断。

3. 切合实际写要求

制发决定的主要目的是为了让下级机关能贯彻执行，便于上级能更好地指导工作，所以，一定要从当前党政机关和部队工作的实际出发，有针对性地提出要求和措施。

4. 慎重使用

决定有着相当的权威性和约束力，因此它安排的对象应该是重要的事项或重大的行动。与决定的权威性相适应，级别越高的机关使用决定的频率也就越高，通常情况下，基层机关不使用决定这一文种。而且，如果是针对一般事项就使用决定的话，会显得小题大做，有损决定的重要性和郑重性。因此，要想使用决定这一文种，一定要慎重考虑，只有确定必须使用的时候，才可以动用。

5．有据可依

由于决定是对重大行动或重大事项做出的安排，在制发时除了依据国家的有关法律、政策等，还需要了解相关的历史背景，掌握具体的现实情况。只有这样才能抓住问题的实质和焦点，做出正确的决定，并且在实践中能行得通，做得到。否则，极有可能制发带有随意性的有违国家政策的甚至是错误的决定。

6．详略得当

决定尽管内容重要，但是在具体操作上比较灵活。有些篇幅很长，能达到万余字，例如《国务院关于基础教育改革与发展的决定》；有些篇幅很短，只有几十字，例如《中华人民共和国国务院关于授权澳门特别行政区政府接收原澳门政府资产的决定》。所以文秘工作者应当根据不同种类的决定的写作要求来安排内容，该详尽的地方一定要详细，该省略的也要省略。例如，指挥性决定重在阐明决定事项，所以决定事项部分要写得较为详细，决定根据就可以相对简略一些。

7．行文严肃，语言明确

决定的显著特点就是带有指令性、规定性和约束性。有关单位和个人在收到决定后，都必须彻底地贯彻执行。因此决定的观点必须是明确的，要体现出领导机关的一致看法。此外，决定事项一定要写得明确、决断，用语要坚决肯定，不能含糊其词、模棱两可。还要注意用好习惯性或程式化语言，例如"特做如下决定""一致决定"等。

三、与决定有关的问题

指挥性决定、指示性通知和下行意见在使用上有以下区别：

决定适用于对重要事项或重大行动做出安排，通知适用于传达要求下级机关办理的事项，而意见适用于对重要问题提出见解和处理的办法。由此可以看出，不论是决定、通知还是意见都有向下级机关布置安排工作，提出工作的原则、要求和做法的共性，所以在写下行文时会出现三个文种混淆的现象，为了确保无误地使用公文，就要对它们认真地加以区分。

（1）指挥性决定

在决定中，容易与另外两者混淆的是指挥性决定。指挥性决定往往是发文机关就带有全局性的某一方面工作或某一类问题做出重大安排而形成的明确而有原则的决定。决定通常需要统一思想认识，提出工作任务，确定工作方针，阐述基本原则，或者是提出工作的方案、步骤、措施和要求。由于决定的事由重大，因此会立足于全局考虑，拟制的内容也十分有原则，一般情况下篇幅较长。例如《国务院关于实行公民身份号码制度的决定》（国发〔1999〕15号）。

（2）指示性通知

在通知中，容易与另外两者混淆的是指示性通知。指示性通知是上级机关向下级机关布置带有普遍性的工作并做出相应指示时使用的通知。通知所布置的工作是对一项已经开展的常规性的工作进行补充完善，或者是对此前通过的指挥性决定提出的具有方向性、原则性的新工作或新举措做出具有可操作性的具体安排。指示性通知的事由可大可小，内容可重可轻，其要求都是明确且具体的，便于下级执行。例如《国务院办公厅关于限制生产销售使用塑料购物袋的通知》（国办发〔2007〕72号）。

（3）下行意见

意见的行文方向十分灵活，它不仅可以上行和下行，也能平行。其中，以独立文件形式独立直发的下行意见与指挥性决定和指示性通知最为相似，因为下行意见也可以向下级机关直接布置工作。

不过下行意见与两者的区别在于，它通常是针对没有先例和经验的新情况或新问题提出见解、方案与处理办法。意见通常具有方向性和指导性，但是没有明确的要求，因此下级机关在贯彻执行的时候有较强的灵活性。

通知

一、通知概述

1. 通知的概念

通知是发文主体向特定的受文对象（一般是其下级机关或下属单位）告知有关事项的知照性公文。它适用于批转下级机关的公文，转发上级机关和不相隶属机关的公文，传达要求下级机关办理和需要有关单位周知或者执行的事项，以及任免人员的情况。通知是使用最多的、用途最广的一种公文，写作灵活自由，使用较为方便。通知主要分为指示性通知、转文性通知、事务性通知以及任免通知。

通知作为下行文，一般向本机关隶属的直接下一级机关行文。通知不能用于泛行文和平行文。但是如果办公厅（室）得到机关的授权，或在办公厅（室）的职权范围内，以自己的名义可以向机关的直接下级机关制发通知，这种通知也属于下行文，而并非平行文。

通知的主要作用表现在三个方面：一是上级机关告知下级机关或有关人员应该知道的事情，二是指示下级机关或有关人员办理某些事项，三是同级机关之间传递情况。通知的这三个作用就决定了它具有告知、指示和布置的三大特性。

2. 通知的特点

通知的主要特点有以下几个方面：

（1）一定的指导性

通知这一文体名称，从字面上看并不会显示出其指导的姿态，但是事实上，通知大多都具有一定的指导性。通过通知来发布规章、布置工作、传达指示、转发文件等都体现出了通知的指导功能。受文单位对通知的内容要认真学习，并在规定的时间内完成通知布置的任务。不过，个别知照性的通知，尤其是其作为平行文发布的时候，可以没有指导性或只有微弱的指导性。

（2）功能的多样性

在下行文中，通知的功能是最为多样的。通知可以用来布置工作，传达指示，告知事项，发布规章，批转和转发文件，任免干部，等等，下行文的主要功能，通知几乎都具备。

尽管通知的功能十分多样，但是它在下行文中的规格要低于命令、决定、决议、指示等文体。通过通知发布的规章，多是基层的，或是局部性的、非要害性的；通过通知进行工作的布置、传达指示时，文种的级别和行文的郑重程度远不如决定和指示。

（3）使用的广泛性

在所有的公文文种当中，通知是使用最为广泛的，其广泛性具体体现在三个方面：第一，发文主体的广泛性，通知对发文主体的级别没有任何要求，上至国家机关，下至基层单位，都可以使用通知行文；第二，行文内容的广泛性，不论是全国性的大事，还是机关单位中的小事，都可以使用通知行文；第三，行文路线的广泛性，通知的行文路线十分灵活，它主要用在上级机关对下级机关、组织对所属成员的下行文，不过平行机关之间有时也可以通过通知来知照有关事项。

（4）较强的时效性

在所有的公文中，通知的时效性是最强的，无论是告知事项还是要求办理事务，往往都有很强的时间要求，即便是规定通知，也不像其他规范性文件一样具有较长期的时效性。例如会议通知，其时间要求很明确，同时也很严格。

3. 通知的格式

通知一般采用条款格式行文，内容简明扼要，收文机关在收到文件后一目了然，便于其遵照执行。通知的格式一般包括标题，主送机关，正文，落款和日期。

（1）标题

如果是非正式文件处理的一般性通知，标题一般写在第一行的正中，可以只写"通知"二字，如果是遇到重要或是紧急事情时，则可以在"通知"前加"重要"或"紧急"二字，这样能引起收文机关的重视，也可以在"通知"前面加制发机关的名称或者通知的主要内容。

（2）主送机关

主送机关多位于标题下方左侧顶格处写，通常要标明主送机关的名称。如果是在机关内部行文，或者因通知事项简短，内容单一，主送机关明确的，在书写时就可以省略主送机关的称呼，直起正文。

（3）正文

正文应当在主送机关下方另起一行，空两格书写。

通知的正文通常包括通知缘由、通知事项和通知要求。正文因其性质不同，内容也不同。下面分别进行说明。

①指示性通知。指示性通知的正文包括三部分：

第一，通知缘由。简要说明为什么要发布这一通知布置工作。通常先写明原因，其中包括这项工作的重要性、以往的成绩、现存的问题，由此引出解决问题的必要性；再写目的，其惯用句式为"为……现就有关问题通知如下"，这样一来就能够顺利地过渡到正文的第二部分——通知事项。

第二，通知事项。这一部分是指示性通知的主体，条理一定要清晰，语句一定要准确，这样才能写清楚所布置工作的内容、做法及要求。如果内容较多，就应该逐项列出，每一项的内容都必须明确集中，而且每项之间都要有一定的内在联系。如果篇幅很长，那么还要注意用好小标题或者中心句，以突出重点，方便收文机关阅读。

第三，通知要求。指示性通知通常不会单独结尾，而是以正文的完结而告终。指示性通知在正文结尾时的惯用语大多是"地方各级人民政府要……"或者"各有关部门要……"之类的句式。

②转文性通知。转文性通知的正文有两种写法：

第一种，简式写法。这种写法通常只有一个自然段或者几十个字，其中包括了转文的原因、依据或目的以及转文的要求。

第二种，繁式写法。这种写法是在简式写法的基础上，增加至少两层的意思：一是强调被转文件所涉及工作的重要性；二是对贯彻执行被转文件提出更有针对性、更为具体的要求，如果所提要求内容较多，可以通过分条列项的方式来写。

当然，这种总结只是对一般写法的概括。在写作中，还应该灵活地把一般写法与实际内容结合起来安排结构。

③事务性通知。尽管事务性通知的用途广泛，但是其内容十分琐细，因此为方便收文机关的阅读和了解，文秘工作者在撰写时一定要从实际出发，缜密思考，清晰表达。通常来说，事务性通知的正文由以下几部分构成：

第一，通知缘由。这里主要是写明通知的背景、根据或者目的。

第二，通知事项。如果内容较多，可以分条进行表述。

第三，通知结尾。使用要求、说明式尾语或专用尾语都可以。

④任免通知。任免通知的正文通常包括两个部分：

第一，任免的依据。

第二，任免的事项。

（4）落款和日期

在正文右下方写上发文机关和发文日期。

4．通知的分类

按照通知的内容及作用来分，通知主要有以下四类情况：

（1）指示性通知

指示性通知是上级机关宣布要求下级机关办理或执行的事项，但限于发文机关的权限，或因其内容不宜用命令（令）或决定的，可以使用指示性通知。其实，指示性通知是由指示形式演变和通知功能方法而形成的新的通知类型。这类通知又被称为规定性通知或布置性通知。

尽管指示性通知、命令（令）、决定这三个文种都可以被上级机关用来向下级机关布置工作、安排事项，但是这三者在选用上还是有一定的区别：当事项带有重大强制性时，必须使用命令（令）；当事项属于重要事项或者重大行动时，必须使用决定；指示性通知是上级机关向下级机关布置工作使用频率最高的文种。

【范例】

国务院办公厅关于加强饮用水安全保障工作的通知

国办发〔2005〕45号

各省、自治区、直辖市人民政府，国务院各部委、各直属机构：

饮用水是人类生存的基本需求。党中央、国务院对饮用水安全保障工作高度重视，胡锦涛总书记、温家宝总理多次做出重要批示。近年来，中央和地方加大了城乡饮用水安全保障工作的力度，采取了一系列工程和管理措施，解决了一些城乡居民的饮水安全问题。但是，饮用水安全形势仍十分严峻，不少地区水源短缺，有的城市饮用水水源污染加重，一些农村地区饮用水存在苦咸或含有高氟、高砷及血吸虫病原体等问题，对人民群众身体健康构成严重威胁。为进一步加强饮用水安全保障工作，经国务院同意，现就有关问题通知如下：

一、充分认识保障饮用水安全的重要性和紧迫性

饮用水安全问题，直接关系到广大人民群众的健康。切实做好饮用水安全保障工作，是维护最广大人民群众根本利益、落实科学发展观的基本要求，是实现全面建设小康社会目标、构建社会主义和谐社会的重要内容，是把以人为本真正落到实处的一项紧迫任务。各地区、各部门要从实践"三个代表"重要

思想和执政为民的高度，充分认识保障饮用水安全的重要性和紧迫性。地方各级人民政府要加强领导，把这项工作纳入重要议事日程，建立领导责任制，切实抓好各项措施的落实。各有关部门要各司其职，密切配合，加大工作力度，共同做好饮用水安全保障工作。

二、认真组织规划编制工作

国务院有关部门要按照城乡统筹、合理布局、防治并重、综合治理、因地制宜、突出重点的原则，尽快组织编制全国城乡饮用水安全保障规划，进一步明确我国饮用水安全保障的目标、任务和政策措施。通过合理保护和配置水资源、大力防治水污染、开展城乡供水工程建设、建立合理水价形成机制、推行节约用水和加强监督管理等措施，优先满足饮用水需求，确保城乡居民饮用水安全。各地区要根据规划编制的统一部署和要求，认真研究解决本地区饮用水安全问题，结合实际提出切实可行的目标和任务，并纳入本地区经济和社会发展规划。

三、加强水资源保护和水污染防治工作

各省、自治区、直辖市要以保障饮用水水源安全为重点，进一步加大水资源保护和水污染防治工作力度。要依法严格实施饮用水水源保护区制度，合理确定饮用水水源保护区，严格禁止破坏涵养林和水资源保护设施的行为，因地制宜地进行水源安全防护、生态修复和水源涵养等工程建设。要大力治理污染，严格实行污染物排放总量控制，严厉打击违法排污行为，积极推进循环经济，加快推行清洁生产。各地区要结合实际，定期开展对集中饮用水水源保护区的检查，对查出的问题要进行专项整治并挂牌督办。对违法违规建设的项目，要责令停建并限期治理整顿或拆除；对排污超标的企业和单位，要责令限期达标排放或搬迁。要积极开展农业面源污染防治，指导农户合理施用化肥、农药，严禁使用高毒、高残留农药，推广水产生态养殖，推进畜禽粪便和农作物秸秆的资源化利用。

四、加大农村饮用水工程建设力度

进一步加大解决农村饮用水安全问题的工作力度，采取集中供水、分质供水、分散供水以及农村卫生环境整治等工程措施，重点解决高氟、高砷、苦咸和污染水以及严重缺水地区的饮用水安全问题。中央继续安排农村饮用水工程建设投资，对中西部地区重点扶持。地方各级人民政府要积极筹措资金，加大投入力度。东部较发达地区要率先解决农村饮用水安全问题，有条件的地方尽早实现城乡统筹区域供水。要强化农村饮用水工程项目管理，切实做好前期工作，并严格按照规划要求和建设程序实施。要建立良性循环的供水管理体制和运行机制，确保工程项目充分发挥效益。

五、加快城市供水设施建设和改造

各地区要加快城市供水设施的建设和技术改造，提高供水能力，扩大供水范围。要按照多库串联、水系联网、地表水与地下水联调、优化配置水资源的原则，加快城市供水水源的建设，提高城市供水安全的保障水平。凡饮用水水源水质不符合标准的，应当提出强制性的技术措施，制订水厂技术改造规划，采用先进适用技术，改进水处理工艺。要把城市供水管网改造作为重点，优先改造漏损严重和对供水安全影响较大的管网，改善供水水质。各地区要加快城市污水处理设施的建设，加强污水处理厂的运行管理，逐步实现污水深度处理，不断提高再生水利用率。

六、加强饮用水安全监督管理

各地区要加强对饮用水水源、水厂供水和用水点的水质监测，对取水、制水、供水实施全过程管理，及时掌握城乡饮用水水源环境、供水水质状况，并定期检查。对检查不合格的供水单位，要严格按照有关规定进行查处，并督促限期整改。各供水单位要建立以水质为核心的质量管理体系，建立严格的取样、检测和化验制度，按国家有关标准和操作规程检测供水水质，并完善检测数据的统计分析和报表制度。国务院有关部门要尽快制定既符合我国国情，又与国际先进水平接轨的饮用水水质国家标准，积极开展相关检测方法和标准的制（修）订工作。

七、建立储备体系和应急机制

各省、自治区、直辖市要建立健全水资源战略储备体系，各大中城市要建立特枯年或连续干旱年的供水安全储备，规划建设城市备用水源，制订特殊情况下的区域水资源配置和供水联合调度方案。地方各级人民政府应根据水资源条件，制定城乡饮用水安全保障的应急预案。要成立应急指挥机构，建立技术、物资和人员保障系统，落实重大事件的值班、报告、处理制度，形成有效的预警和应急救援机制。当原水、供水水质发生重大变化或供水水量严重不足时，供水单位必须立即采取措施并报请当地人民政府及时启动应急预案。

国务院办公厅

二○○五年八月十七日

（2）转文性通知

所谓转文，就是将现有的文件转给下级机关，使其便于了解与执行。转文性通知附在被转公文之前，多数是下行文，是上级机关向下级机关转发公文，为确保准确，必须标明主送机关，说明转文目的，并对受文机关提出执行要求。根据被转文件制发机关的不同，转文性通知又可以分为三种：

①转发性通知。如果被转的是上级机关、同级机关或不相隶属机关的公文，那么这种转文就被称为转发文件。附在被转公文之前的通知，则被称为转发性通知。被转发的文件必须是对本地区、本系统的工作具有直接指导或参照作用的文件。

【范例】

海南省人民政府转发国务院关于进一步加强防灾抗灾救灾工作的通知

琼府〔2006〕45号

各市、县、自治县人民政府，省政府直属各有关单位：

现将《国务院关于进一步加强防灾抗灾救灾工作的通知》（国发明电〔2006〕4号）转发给你们，请认真贯彻执行。

我省是灾害性气候多发地区，台风、暴雨、洪涝、干旱等自然灾害对经济社会和人民生命财产安全产生极大的影响，加强防灾抗灾救灾工作极为重要。国务院就防灾抗灾救灾工作提出了一系列措施和要求，有很强的针对性和指导性，我省各级政府和各有关部门要认真学习，深刻领会，并结合实际，研究制定有效的防灾抗灾救灾措施和办法，明确责任，强化管理，狠抓落实，努力减少灾害造成的损失，保证我省经济社会的稳步发展，保护人民生命财产的安全。

附件：关于进一步加强防灾救灾工作的通知（略）

二〇〇六年九月十二日

②批转性通知。如果被转的是一个或几个下级机关的文件，那么这种转文就被称为批转文件。附在被转文件之前的通知，被称为批转性通知。通常而言，批转性通知主要用于以下两种情况：

第一，领导机关"被动"批转。主管某方面业务的工作部门时常提出需要下级机关贯彻执行的意见或建议。依照行文规则，部门通常不得向下一级政府正式行文。因此，业务主管部门只能将自身的意见上报给自身与主送机关之间共同的领导机关，以求其同意与批转。

第二，领导机关"主动"批转。如果下级机关上报的某一公文具有十分普遍的指导意义，那么领导机关为了能推动全局工作可以将这一公文批转给其他的下级机关，以便他们能在工作中有所学习和参考。

【范例】

国务院、中央军委批转
全国拥军优属拥政爱民工作领导小组民政部总政治部
全国拥军优属拥政爱民工作会议纪要的通知
国发〔2004〕15号

各省、自治区、直辖市人民政府，国务院各部委、各直属机构，各军区、省军区、各军，各军兵种、各总部、军事科学院、国防大学、国防科学技术大学，武警部队（军级以上单位）：

现将全国拥军优属拥政爱民工作领导小组、民政部、总政治部《全国拥军优属拥政爱民工作会议纪要》批转给你们，请结合实际，认真贯彻执行。

拥军优属、拥政爱民是我党我军我国人民的优良传统和特有的政治优势，军政军民团结是中国革命和建设事业取得胜利的重要保证。进一步做好新形势下的双拥工作，加强军政军民团结，对于维护国家安全、统一和社会政治稳定，保证改革开放和社会主义现代化建设的顺利进行，实现全面建设小康社会的宏伟目标，推进国防和军队建设，具有重大而深远的意义。《全国拥军优属拥政爱民工作会议纪要》系统总结了十多年来双拥工作的经验，对新形势下开展双拥工作的指导思想、基本任务、创新发展和组织领导提出了明确要求，是当前和今后一个时期开展双拥工作的基本依据。地方各级人民政府和全军各部队，要以邓小平理论和"三个代表"重要思想为指导，站在国家长治久安和民族兴旺发达的高度，把双拥工作作为事关全局的战略任务来抓，不断巩固和发展军政军民同呼吸、共命运、心连心的大好局面，为促进国家改革发展稳定和军队现代化建设做出新的贡献。

附件：全国拥军优属拥政爱民工作会议纪要（略）

国务院
中央军委
二〇〇四年五月十一日

③发布性通知。发布性通知与前面提到的两种通知有相似之处，但是也有一定的区别。

三者的共同点是它们都是在现有文件的基础上加一则通知，然后下发给下级机关。

三者的不同点在于转发性通知和批转性通知都是转发的下级的其他单位制发的文件，而发布性通知大多是转发的本机关内使用非法定公文文种制发的带有规范性、计划性的文件。

需要注意的是，在发布性通知的标题中，常会采用"印发""发布"等说法，除此之外，有时还会使用"公布""颁布""下发"等。

【范例】

河南省人民政府
关于印发河南省单位生产总值能耗统计指标体系
实施办法等六个办法的通知

豫政〔2008〕8号

各省辖市、有关县（市）人民政府，省人民政府各部门：

现将《河南省单位生产总值能耗统计指标体系实施办法》、《河南省单位生产总值能耗监测体系实施办法》、《河南省单位生产总值能耗考核体系实施办法》、《河南省主要污染物总量减排考核办法（试行）》、《河南省主要污染物总量减排监测办法（试行）》、《河南省主要污染物总量减排统计办法》（以下简称"六个办法"）印发给你们，请结合本地、本部门实际，认真贯彻执行。

根据省政府与国务院签订的"十一五"期间节能减排目标责任书，"十一五"期间必须确保我省单位生产总值能耗降低20%左右，主要污染物化学需氧量（COD）、二氧化硫（SO_2）排放总量分别减少15.6%、17.4%。建立科学规范的节能减排统计、监测和考核体系（以下简称"三个体系"），把节能减排目标完成情况作为对各级政府领导干部和重点企业负责人评价考核的重要内容，实行严格的问责制和一票否决制，是强化政府和企业责任，确保实现"十一五"期间节能减排目标的重要基础和制度保障。各地、各部门要从深入贯彻落实科学发展观，加快转变经济发展方式，促进国民经济又好又快发展的高度，充分认识建立"三个体系"的重要性和紧迫性，正确处理经济增长与节能减排的关系，严格按照"六个办法"的要求扎实推进"三个体系"建设。

要逐步建立和完善节能减排统计制度，按规定做好各项能源和污染物指标统计、监测，按时报送数据。要对节能减排各项数据进行质量控制，加强统计执法检查和巡查，确保各项数据真实、准确。严肃查处节能减排考核工作中的弄虚作假行为，严禁随意修改统计数据，杜绝谎报、瞒报，确保考核工作的客观性、公正性和严肃性。要严格节能减排考核工作纪律，对列入考核范围的节能减排指标，未经省统计局和省环保局审定不得自行公布和使用。要对各地和重点企业节能减排目标完成情况和各项措施落实情况进行考核，严格实行问责制。

要狠抓"六个办法"的贯彻落实，切实做到目标明确，责任落实，措施到位，奖惩分明。

各省辖市和6个扩权县（市）政府对本地节能减排工作负总责，政府主要领导是第一责任人；要切实加强节能减排管理、监测和统计队伍建设，充实相应力量，保证资金、人员到位和各项措施落实；加强对本地节能减排责任目标完成情况的自查自纠和重点耗能企业的评估检查工作，按时报送有关报告。各有关部门要根据职能分工，认真履行职责，密切协作配合，抓紧制定配套政策。省发展改革委、统计局和环保局要加强指导和监督，跟踪掌握动态，协调解决工作中出现的问题，重大问题及时向省政府报告。

河南省人民政府

二〇〇八年一月二十三日

（3）事务性通知

事务性通知主要是用于上级机关对于下级机关就某一具体事项布置工作，交代任务。除交代任务外，通常还会提出工作原则和要求，让收文机关贯彻执行，因此具有强制性和行政约束力。

事务性通知包括会议通知、机构变动通知、人事调整通知、启用印章通知、更正文件通知、放假通知等。

在此需要注意的是，会议通知在事务性通知中的使用频率较高，文秘人员应当对其熟悉。

会议通知是召开较大规模的会议之前，告知与会者有所准备、按时参加会议的通知。在写作的时候一般包括召开会议的机关、会议名称、会议的起止

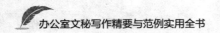

时间、会议的地点、会议的内容、与会人员以及需要携带的文件材料、入场凭证、报到时间及地点等。

【范例】

国务院办公厅关于成立国家中西部农村初中校舍改造工程领导小组的通知

国办发〔2007〕15号

各省、自治区、直辖市人民政府，国务院各部委、各直属机构：

为加强对中西部农村初中校舍改造工程的领导，国务院决定成立国家中西部农村初中校舍改造工程领导小组（以下简称领导小组）。领导小组组成人员如下：

组　长：陈至立　国务委员

副组长：周济　教育部部长

　　　　项兆伦　国务院副秘书长

　　　　张茅　发展改革委副主任

成　员：陈小娅　教育部副部长

　　　　张少春　财政部副部长

　　　　黄卫　建设部副部长

　　　　矫勇　水利部副部长

　　　　危朝安　农业部副部长

　　　　陈啸宏　卫生部副部长

领导小组办公室设在教育部，办公室主任由陈小娅兼任。领导小组成员因工作变动需要调整的，由所在单位提出意见，经领导小组办公室报请领导小组组长审定。

国务院办公厅

二〇〇七年三月十七日

（4）任免通知

任免通知是上级机关在任免下级机关领导人或上级机关的有关任免事项需要下级机关了解时制发的一种下行公文。

在此需要注意的是，如果一项通知中既有任命又有免职，那么任命事项应当在前，免职事项应当在后。例如"任命×××同志为××省人民政府办公厅主任，免去其××省人民政府办公厅副主任职务"。

【范例】

关于香港特别行政区政府陈国基、
白韫六职务任免的通知

国人字〔2011〕27号

香港特别行政区政府：

依照《中华人民共和国香港特别行政区基本法》的有关规定，根据香港特别行政区行政长官曾荫权的提名和建议，国务院2011年3月21日决定：任命陈国基为入境事务处处长，免去白韫六的入境事务处处长职务。

国务院

二〇一一年三月二十一日

二、通知的写作要求

1．通知事项要具体明确

事项是通知的基本内容，特别是指示性的通知，要明白无误地提出工作的任务和要求，切忌泛泛而谈，以免使收文机关在阅读公文的时候不得要领。

2．开门见山，直陈其事

会议通知在写作时无须过多的理论分析或意义阐述。

3．文字精练

篇幅力求简短。用词要准确、规范。

4．内容要详略得当

指示性通知和会议通知的内容要尽量详细周到；而发布性通知、批转性通知内容则要相对简要。

5．标题避免冗长

批转与转发性通知的标题通常都是由发文机关、批转或转发、被批转或转发的公文标题、文种四个要素组成。一旦遇到多层转发的情况，如果不对标题加以省略，那么它就会变成一个介词结构的句子套一个介词结构句子的情况，这样一来标题就显得极为冗长。如果被转发或批转的文件是法规、规章时，一般应加书名号。如果是对依法通知的内容作补充或具有禁忌执行要求的，要在

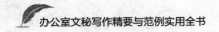

标题中标明。

6. 写好正文内容

批转性与转发性通知的正文一般都是由三部分内容构成的。批转或转发的文件的内容或精神，批转或转发文件的机关对批转或转发的文件的看法，批转或转发文件的机关对贯彻、执行被批转或转发文件的要求这三方面的内容，通常都是以"编者按"或者"批语"的形式出现在公文中。在写作的时候，批转性通知与转发性通知的侧重点各不相同。批转性通知强调"批"字，要重点写明批转机关对所批转的公文的看法、态度和贯彻执行文件的意见、要求。转发性通知则要突出"转"字，即写明为什么要转发该文件，以及如何结合实际去贯彻、执行所转文件的补充性的意见、规定等。

7. 注意语体色彩

通知所使用的语言属于事物语体，这种语体有两个特点，一是文书习惯用语较多，例如通知的起首语，常常习惯用"根据""按照""由于"等，说明其制发的原因或依据。而且注意语言的准确性，掌握近义词词义之间的轻重，以及范围和程度上的不同。重要的文件在执行时用"遵照"，较为重要的文件在执行时用"按照"或"参照"。

三、与通知有关的问题

发布性通知与公布令同属下行文，并且都能发布规范性文件，可是两者在使用上有一定的区别：

（1）制发机关不同

按照公文处理权威性文件的规定，党的机关在发布党内法规时，必须使用发布性通知；而国家行政机关在公布行政法规和规章时，应当使用公布令。对于那些没有权力使用命令（令）的机关来讲，发布规范性文件时则需要使用发布性通知。

（2）被发布文件的文种不同

公布令所制发的公文不外乎法律、行政法规和章程，而发布性通知制发的公文文种包括规定、办法、制度、规程、意见、计划、规划、方案等。

（3）签署的情况不同

如果两者都是以行政机关的名义发布的，那么公布令必须由行政机关的首长签署方能生效，而发布性通知则不需要。

通报

一、通报概述

1．通报的概念

通报是国家机关、社会团体、事业单位用以表彰先进、批评错误、传达精神或交流重要情况的一种公文文种，属下行文。通报的形式较为灵活，应用范围也比较广，可以用于表扬好人好事，也可以用于批评错误、总结教训，因此使用频率很高。

2．通报的特点

通报具有如下特点：

（1）真实性

真实性是通报的生命，通报的内容具有真实性。任何通报内容都是客观存在的具体事实生发而成的，因此在写作通报之前，需要对事物正反两方面的事实进行认真核实，使通报内容准确无误。通报的任何情况、事实都必须是真实的，不能有丝毫的差错，更不能随意捏造，如果通报失去了客观真实性，那么通报的作用就会适得其反。

（2）典型性

并不是任何人和事都能作为通报的对象进行写作的，通报中的任何事必须具备一定的典型性，这样才能反映和揭示事物的本质规律。而且制发通报，主要是通过正反两方面的典型去勉励或告诫群众，进而达到宣传先进思想，克服不良倾向、改正缺点错误、搞好工作的目的。通报的指示性与指导性没有其他公文文种那样突出，但是它在交流情况、宣传教育以及鞭策激励等方面的特点十分显著。

（3）时效性

通报的行文要具有时效性，通报所涉及的事实一般都比较具体，它们都是在特定的时间、地点发生的，与当时的情况或普遍存在的问题和现象是有密切联系的。

对于先进事迹、重要情况、典型经验，只有及时通报才能更好地推广，让更多人学习，更好地发挥其作用；对于反面典型，坏人坏事，只有及时通报，才能及时地起到警示作用，以杜绝类似事件再次发生。因此，通报在写作上要注意时效性，不能拖拖拉拉，否则，通报就会失去其时效性，变得毫无意义可言。

（4）教育性

通报的目的不仅是让人们知晓内容，它的主要任务是让人们知晓内容之后，能接受其中先进思想的教育，或警戒错误，引起注意，接受教训。这就是通报的教育性。通报的这一特点并非是靠指示和命令方式来达到，而是靠正、反面典型的带动。

3．通报的格式

通报的格式主要由标题、主送机关以及正文三部分组成。

（1）标题

通报的标题通常有两种写法：

①发文机关+事由+文种，这是通报标题最规范的写法。例如《××市人民政府关于表彰计划生育先进集体和先进工作者的通报》。

②事由+文种。例如《关于2003年上半年全国建筑施工事故情况的通报》。

（2）主送机关

通报也需要标明主送机关。

如果是采取公开张贴或是媒体发布等形式的周知性通报，则可以省略主送机关。

（3）正文

通报的正文一般包括事实、决定和要求，不同类型的通报的写法各不相同。

①表扬性通报。表扬性通报的正文通常由三部分组成：

首先，表彰缘由。其中又分为两个层次：

一是先进事迹介绍。如果被表彰的是个人或集体的具体行为，那么应该将他们的事迹介绍清楚，要写清楚先进事迹发生的时间、地点、经过、结果以及造成的影响等问题。如果被表彰的对象是多个，而且事迹相似，那么就可以将他们的事迹进行归纳，概括集中地进行介绍。在介绍先进事迹时，一定要注意准确客观、简明扼要。

二是要简要评价。适度评价是对先进事迹所含精神的提炼和升华，也是进行通报表扬的必要铺垫。在进行评价时，一定要注意措辞的准确性，千万不可言过其实。

其次，表彰决定。要写清楚是什么机关决定授予被表彰者什么样的表彰奖励，需要注意的是，对被表彰对象的表彰决定究竟是"表彰"还是"嘉奖"需要写清楚。

最后，希望号召。在前两个部分的基础上，具体提出希望和要求，这既是表扬性通报的出发点同时也是其落脚点。之所以会对先进事迹进行表扬，是因为希望能带动大家向其学习。这里提出的"希望"是希望被表彰者能够再接再厉，而"号召"则是倡导人民群众学习先进。

②批评性通报。批评性通报的正文包括以下三个部分：

首先，批评缘由。其中又分为两个层次：

一是主要错误事实。如果被批评的对象是个别人员，那么就应该先说明其基本情况，具体包括姓名、工作单位、职务等，然后将其所犯错误简明扼要地表述出来。如果被批评的对象是某一单位，那么就要说明是在什么时候违反了什么规定，或犯了什么错误。如果被批判的对象是多个单位，若错误相同则可以合并说明，若错误不同则需要分别说明。

二是说明错误的性质及其危害。这部分是对错误事实进行深入分析，也是严肃处理的原因，是必不可少的。

其次，处理决定。这部分往往是批评性通报最受人关注的。通常而言，按照其犯错程度的轻重从通报批评到具体处分或处罚措施。无论是何种处罚决定，都一定要将对违纪者或事故责任者给予惩戒的类别写清楚，比如通报批评、警告、留职查看、经济处罚等。

最后，普遍性要求。这也是批评性通报的结尾部分，发文机关之所以会发文对错误事件进行批评处理，是因为想要引起下属机关和相关人员的注意，并以此为戒，避免类似的错误再次发生。所以，在结尾处就要对下属提出明确的希望和要求。

③传达性通报。传达性通报的正文包括三部分：

首先，通报缘由。使用精简的语言说明为什么要对这种情况发出通报。如果是对具体对象的某种情况进行通报，那么应当先简要地介绍这种情况，说明其性质及严重性，表明通报的目的。如果是对普遍存在的某种问题或现象进行通报，也要在开头先说明为什么要通报这一问题，其惯用语为"在某种背景下进行了检查（验收、清查、审计……），有一定的成绩，更查出了问题，现将情况通报如下……"。

其次，通报传达的情况。通报要告知读者的情况都集中体现在这一部分。如果是对具体对象的某种情况的通报，那么应较为详细地介绍这种情况，并分

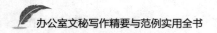

析其原因，说明处理情况。

如果是对综合情况的通报，那么就有两种不同的写法：如果是向下传达某种工作全局进展情况的通报，那么可以先介绍全局工作的进展和成绩，然后再说明工作中存在的问题；如果是集中反映全局存在问题的通报，那么就要对普遍而分散存在的问题进行梳理，将其归纳为几类问题，然后有针对性地提出解决的办法。

最后，对下一步工作的意见和要求。上级机关向下级通报情况，其目的主要在于指导下级机关的工作，必须对下级机关有所要求。如果是对某一具体对象的某种情况所发的通报，通常都会在总结教训的基础上有针对性地提出工作要求；如果是就综合情况所发的通报，往往是针对工作中存在的问题提出解决的措施。

4. 通报的分类

通报按内容分，有以下三种：

（1）表扬性通报

这种通报是对先进单位或先进个人进行通报表扬，介绍其先进事迹，推广其典型经验。目的在于树立学习榜样，指导和推进工作。此类通报会着重叙述先进典型值得人们学习效法的事迹，并分析其精神实质，最后或发出号召，或提出要求，或给出意见，以增强通报的社会效果。

【范例】

长治市人民政府关于表彰计划生育
先进集体和先进工作者的通报

长政发〔2001〕21号

各县（市、区）人民政府，市属各部门：

"九五"计划期间，我市各级党委、政府和有关部门高度重视计划生育工作，认真贯彻省计划生育条例，切实加强对计划生育工作的领导，全面完成了省下达的"九五"人口计划和各项计划生育指标任务。2000年度，全市人口出生率降到5%，平均生育率为0.87，低于全国、全省水平。这是全市各级干部、计划生育工作者和全市人民共同努力的结果。

为了进一步推动我市计划生育工作的深入开展，市人民政府决定授予×县等三十五个单位"全市计划生育先进集体"光荣称号，授予××等四十五位同志

"全市计划生育先进工作者"光荣称号。希望受到表彰的单位和个人，要戒骄戒躁，继续努力，为我市计划生育工作向深层次、高质量发展而做出新的贡献。

2001年，是"十五"计划的第一年，各级政府和广大干部要全面贯彻落实好党的十五届四中全会精神，继续把计划生育工作放在更加重要的地位，坚持不懈地抓下去，切实加强领导，坚持按《条例》规定依法管理，大力加强基层基础工作，力争我市"十五"期间人口出生率控制在5%以内，为本世纪末实现我市人口控制在四百万以下的目标而努力奋斗。

附件：长治市计划生育先进集体、先进工作者名单。（略）

长治市人民政府
二〇〇一年二月五日

（2）批评性通报

批评性通报会选择犯有错误的具有典型性的单位或个人，予以通报批评，其目的在于揭露问题，并通过批评的方式，防止此类问题再次发生，并给其他人员敲响警钟。

批评性通报着重阐述典型的错误或问题的事实，分析其原因和危害，然后做出处理决定，指出人们应当从中吸取的教训。

【范例】

山东省教育厅关于撤销蓬莱市郝斌中学等
三所学校省级规范化学校称号的通报
鲁教基字〔2007〕23号

《山东省教育厅关于开展规范义务教育阶段办学行为自查自纠工作的通知》（鲁教基函〔2007〕9号）下发以来，各地高度重视，认真部署，采取得力措施，不断加强对义务教育阶段学校的监督管理，进一步规范义务教育阶段学校办学行为，取得了显著效果。但是，仍有一些学校存在课程开设不全、加班加点等不规范办学行为。经查，蓬莱市郝斌中学初三年级未按规定开设音乐、美术课程；莱州市三山岛街道西由小学五年级未按规定开设美术课程；莱州市西由镇中学在周六组织初四年级上课。上述三校的行为，违反了《中华人民共和国义务教育法》、《山东省人民政府关于深入贯彻〈中华人民共和国义务教育法>大力推进素质教育的意见》（鲁政发〔2007〕7号）的有关规定。经研究决定，撤销蓬莱市郝斌中学、莱州市三山岛街道西由小学、莱州市西由镇中学的"省级规范化学校"称号。

规范义务教育阶段学校办学行为，按国家规定开齐开全课程，切实减轻学生过重课业负担，是树立和落实科学发展观的具体体现，是深入实施素质教育的基本要求。各级教育行政部门和中小学校必须不折不扣执行。各级教育行政部门要继续加大力度，按照教育部和我厅关于实施素质教育的一系列文件精神，进一步规范义务教育阶段学校办学行为，保证学生全面、健康成长。受到处理的学校要尽快整改，整改情况报我厅基教处。其他学校要引以为戒，努力增强依法办学的自觉性。我厅将继续根据各地自查自纠情况，利用专项督查、暗访抽查、来函来电随查等形式进行复查。对无视上级规定、仍然我行我素者，一经查实，将予以严肃查处，决不姑息。情节严重或限期不能改正的将追究相关负责人的责任。

山东省教育厅
二〇〇七年十二月二十六日

（3）传达性通报

这种通报主要是上级机关为使下级单位能及时了解信息、积极开展工作，而向其传达重要精神和情况的通报。传达性通报也被称为情况通报。通常而言，传达性通报所传递的信息十分繁杂，但是概括起来主要有两种：一是对单一或若干具体对象的某种情况的具体通报，二是对全局范围内普遍存在的某种情况的综合通报。

【范例】
国务院办公厅关于江西省上栗县"3·11"特大爆炸事故情况的通报
国办发〔2000〕43号

各省、自治区、直辖市人民政府，国务院各部委、各直属机构：

今年3月11日，江西省萍乡市上栗县东源乡石岭花炮厂发生特大爆竹爆炸事故（以下简称"3·11"事故），死亡33人，其中在校中小学生13人，未在校的未成年人2人；受伤12人。这是一起重大责任事故。为认真吸取事故教训，进一步加强安全生产工作，防止同类事故的发生，现将"3·11"事故情况通报如下：

一、事故的直接起因和深层次原因

江西省萍乡市上栗县东源乡石岭花炮厂是不具备安全生产条件的企业。该企业违反国家有关法律、法规和花炮用药标准，未建立安全生产责任制，未对从业人员进行安全教育和培训，违章指挥，以及工人违章操作是造成这起重大事故的直接原因。

萍乡市及上栗县政府对安全生产工作领导不力，对社会主义市场经济条件下烟花爆竹行业出现的新情况，未能及时结合实际制定有效的安全生产管理办法，有关职能部门监督管理工作严重失职，使事故隐患严重的石岭花炮厂得以长期违章生产，是造成这起重大事故的重要原因。如上栗县公安局明知石岭花炮厂存在重大事故隐患，仍为其发放了25张《爆炸物品运输证》；上栗县工商行政管理局违反规定，在石岭花炮厂未领取爆炸物品安全生产许可证的情况下，对其营业执照进行了年审；上栗县花炮局和乡镇企业管理局管理松弛，未能履行行业管理职责；上栗县东源乡党委、政府疏于管理，虽然对石岭花炮厂进行了安全检查，但对事故隐患的整改工作未落到实处；东源乡石岭村党支部、村委会对石岭花炮厂存在的事故隐患视而不见、放任自流等等。

二、对有关责任人员的处理情况

对事故直接责任人、石岭花炮厂法人代表沈志明和非法订立产品购销合同的伟丽花炮厂负责人黄伟等4人移交司法机关，依法追究刑事责任；对负有领导责任的萍乡市副市长肖伏芝、桑吉华，上栗县县委副书记、县长王龙章和上栗县政府党组成员、副县长何平基，以及有关行政管理部门的责任人员等28人分别给予行政记过、行政记大过、撤职、降职和党内警告、开除党内职务等处分。

三、认真吸取教训，进一步加强安全生产工作

各地区、各部门要认真学习、贯彻落实江泽民总书记和朱镕基总理对安全生产工作的重要批示，认真吸取"3·11"事故教训，不能允许只要有钱赚，就可以危及人民生命安全，要以对国家和人民高度负责的精神，切实加强安全生产工作。

（一）充分认识安全生产工作的重要性。认真学习江泽民总书记关于"三个代表"的重要论述，从讲政治、促发展、保稳定的高度，处理好安全与生产、安全与效益、安全与发展的关系，时刻把党和人民群众的利益放在首位，把安全生产工作摆上各级领导的重要议事日程，切实保护劳动者的生命安全。

（二）完善和落实各项安全生产责任制。要建立健全安全生产规章制度，并通过组织落实和制度落实来保证工作落实。特别是在地方政府机构改革和企业改革、改组、改制过程中，要层层明确安全生产责任人，安全监督管理工作不能断档。

（三）加大事故隐患整改工作力度，防止重大事故的发生。对重点行业、重点部位要加强安全生产监督检查，加大事故隐患治理的力度，制定切实可行的整改计划，并认真做好落实工作。对新开办的各类企业，要严格审查其安全生产设施情况，对不具备安全生产条件的，有关职能部门不得发放生产经营证照。

（四）大力开展安全生产宣传教育工作。积极宣传安全生产法律、法规和方针政策，普及安全生产知识，引导广大职工依法安全生产。要高度重视和切实加强中小学生的安全教育，努力提高其安全自我保护意识和防范事故的能力。

（五）依法行政，严肃事故处理工作。对事故处理工作要做到：事故原因没有查清不放过，事故责任者没有严肃处理不放过，广大职工没有受到教育不放过，防范措施没有落实不放过。对因漠视人民生命安全和徇私舞弊、贪赃枉法、权钱交易等腐败行为酿成重大事故的责任人，要依法从严惩处。

国务院办公厅

二〇〇〇年六月十三日

二、通报的写作要求

1. 注意事例的典型性

所通报的时间必须具有典型的意义，不管是表扬批评，还是介绍经验或教训，事情只有越典型、越有针对性，才会越具有普遍指导作用。因此，在写作通报时，准确地选择事件是十分重要的，只有如此，才能更好地发挥通报的指导和教育作用。与此同时，还要做到无论是批评还是表扬都要真实准确，情节、数据都应核实无误，不能有丝毫虚假。

2. 目的明确，分寸得当

上级下发通报要求下级学习什么，警惕什么，知道什么，都必须明确。与此同时，应做到分析中肯，评价实事求是，结论公正准确，否则通报不仅会缺乏说服力，还有可能产生副作用。

3. 把握通报的时效性

通报写作一定要迅速及时，无论是批评、表扬还是交流信息、沟通情况都要及时。否则，时过境迁，通报也便失去了其应有的作用。

4. 叙述事实要突出重点

在叙述事件时，一定要突出重点，主次分明。此外，还要注意语言要简洁、庄重。其中表扬性和批评性的通报还要注意用词的分寸，切忌讲空话、套话，更不能讲过头话。

5. 通报所选取的事例应当新颖

在通报写作的时候，应当选择新颖的、有代表性的人和事，要选择与推进当前与国家的中心工作密切相关的重要情况和事项，并对其进行正确且恰当的分析与评述，并在本系统或本机关内印发。这样一来对干部、群众都有普遍的教育意义，同时对工作也有很好的指导意义。

6. 注意定性的准确性

写作通报时，需要经常对事项、问题与情况进行分析与评价，以便提出切合实际的要求与决定。为此，要注意定性问题，尤其是事物的性质以及事物之间的差异性都要把握好。

7. 注意要求的可行性

根据通报事项，制发通报的机关要提出具体的看法与意见，希望与要求，目的是使通报能更好地发挥激励教育、批评警戒和推动工作的作用。但前提是意见与要求要可行。注意意见与要求的可行性就不能离开受文单位的实际，提过高的要求的话，通报不仅难以发挥其应有的作用，还会使受文机关或有关人员产生逆反心理，起到相反的作用。

8. 语言色彩应用得当

通报的语言与其他公文文种的语言是一样的，都要讲究其庄重性，但这并不代表完全排斥情感色彩，关键是要把握好分寸和尺度，做到语言色彩与客观事实相一致。对表彰性的事项进行赞美但不失庄重，对惩戒性的事项严厉批评但不耸人听闻。

三、与通报有关的问题

1. 通知与通报的区别

通知与通报的不同之处在于：通知是通过具体事项的安排，要求下级单位执行或办理；通报则是通过典型事例，指导性地推动下级工作。通知是有事即通知，而通报则具有表彰或批评的作用。通知是下达给特定单位的公文，而通报通常是下发至全体下属单位的公文。

2. 传达性通报与批评性通报的区别

在通常情况下传达性通报与批评性通报容易混淆，这是因为两者都需要对问题或事故的情况进行不同程度的介绍，论述其危害的严重性，并提出处理决定，然后对全局工作提出统一的要求。尽管两者之间的共性有很多，但是在用法和写法上，两者还是存在着细微的区别。传达性通报和批评性通报的不同之处在于：

（1）两者对事故或者错误事项介绍的详略程度不同

传达性通报只是以事故或者错误事项作为切入点，以此来引导人们重视某种具有共性的现象，其对事实的介绍就较为简洁明了；批评性通报则与之不同，这是因为批评性通报的目的是对事实做出处理决定，会在文中对其进行较为详细的表述。

（2）两者对处理决定的表述不同

对处理决定的不同表述是区别两者的突出点。批评性通报会对事实做出处理决定，这一处理决定是所有工作人员在第一时间获取的第一手的书面信息；而传达性通报的处理决定只是对原始处理决定，即实际处理情况，或具体或概括地转述。

（3）两者在此基础上对全局工作提出的要求详略不同

批评性通报主要是以处理该问题或该事故为基本任务，附带提出一些对全局工作的要求，通常这一部分的文字都较为简洁。而传达性通报会行文，其本意是为了借题发挥，因此对于全局的工作提出要求是其写作的重点。

3. 通报与命令（令）、决定之间的异同

通报、命令（令）和决定这三者都能用于表彰和奖励，但是三者在具体的用法上还是有区别的。

（1）发布嘉奖令

首先，发文机关应该有制发命令（令）的权限；其次，被嘉奖的对象大都是在突发事件中留下感人的言行并且影响广泛的先进事迹的集体或者个人；最后，嘉奖令的奖励规格较高，通常都会授予荣誉称号。

（2）发布表彰性决定

首先，发文机关的级别较高；其次，被表彰的对象大都是在长期艰苦的工作中创造出突出业绩的集体或个人；最后，奖励的规格低于嘉奖令，但是高于表扬性通报。

（3）发布表扬性通报

首先，任何机关或企业团体都有权制发；其次，被表扬的对象也没有特别的规定，只要对方是某系统、某方面的典型即可；最后，表彰奖励的规格在这三者中是最低的。不过，表扬性通报的发布范围可大可小，而且其及时性往往优于嘉奖令和表彰性决定。

通告

一、通告概述

1. 通告的概念

通告是发文机关在一定的范围内公布应当遵守或者需要知道的事项。具体来讲，通告是党政机关、社会团体、企事业单位在一定范围内公布应当遵守或者周知的事项时所使用的下行文。通告是使用范围较广的一种公文文种。

执法通告的主体较为广泛，主要包括各级各类机关、企事业单位和社会团体，即国家权力机关和职能部门有制法公告的权力，企事业单位也可以制法。通告的内容主题集中，大多是一般事项，通常是涉及一个行业、系统或者部门，其受文对象常常局限于某一地区、某一系统、某一地段的有关单位或相关人群。

2. 通告的特点

通常而言，通告具有以下几个特点：

（1）周知性

通告要求在一定范围内的人们或特定的人群需要对其内容进行了解，以便使他们了解有关政策和法令，遵守某些管理规定，或知晓某些事项，自觉规范自己的行为，共同维护社会公共管理秩序。

（2）广泛性

通告的广泛性表现在三个方面：一是写作内容广泛，通告是用来公布社会各有关方面应遵守或周知的事项，大到国家政策法令，小到群众生活中某些需要周知遵守的事项，生活中的各个行业、方方面面都可以使用通告；二是使用范围广泛，国家机关单位、社会团体以及企事业单位都可以使用通告；三是公布渠道广泛，通告既可以用公文的形式进行发布，也可以张贴，同时还可以通过新闻媒介进行发布。

（3）局限性

通告的局限性表现在其受文对象方面，使用通告发布的事项其指向都是明确的，其受文对象通常局限于某一地区、某一系统、某一地段的有关单位或者相关人群。

3．通告的格式

通告通常是由标题、正文和落款三部分组成。

（1）标题

通告的标题有四种写作方式：

①发文机关+事由+文种，例如《国务院关于保障民用航空安全的通告》。通常而言，禁管性通告或一些重要的知照性通告常会使用这种标题。

②发文机关+文种，例如《咸阳市电力局通告》。

③事由+文种，例如《禁止贩毒吸毒的通告》。

④文种，由"通告"二字构成。

标题的这四种不同的拟定方式，只有①是完全式标题，②、③、④都是不完全式标题。

（2）正文

通告的正文在结构上与公告相似，但是其内容更为具体、充实，而且篇幅也略长。通告的正文包括通告缘由、通告事项和结语三部分。

①通告缘由。通告发布的缘由多见于第一自然段，主要是写发布通告的目的、依据、背景、必要性等。这一部分提出的依据必须切实可靠、理由充分，其目的一定要交代清楚，这样才能自然而然地引出"应该遵守和执行的事项"。

通常，通告缘由在写作的时候常会用到一个承启句式"为……特通告如下"或者"为……根据……决定……现将有关事宜通告如下"。

②通告事项。通告事项是通告全文的主体，这些事项是具体的规定和要求，是一定范围内有关单位和相关人员应该知晓或遵守的。这一部分的内容紧承缘由部分，用"特通告如下"等惯用语导出。在写作这部分的时候要注意以下几个方面：

首先，公文的层次条理要清晰。如果公告的事项较多，那么在写作的时候就应做到分条列项，对其有规律地进行排列，分条列项往往是依据某一工作的各个组成环节或各个方面。当然，如果事项不多，那么就可以一气呵成，不分段落。

其次，内容要明确具体。通告一般都会要求有关人员知晓并且执行，因此在制发公文时，内容一定要便于理解、易于执行。

最后，措施要全面周详。即在公布某项工作的新规定时，既要说明决策与做法，又要将对违规者的处罚办法公之于众。

③通告结语。结语也是通告的结尾部分，它是对通告内容的强调或要求，通常会用惯用语"特此通告"作为结束语。

（3）落款

正文最后签署发布通告的机关名称和发布日期，并加盖发文机关公章。如果通告的标题中已经标明发文机关，则可将发文机关名称省略，只标注成文时间，并加盖公章。

4．通告的分类

通告一般可以分为知照性通告和制约性通告两类：

（1）知照性通告

所谓知照性通告就是告知受文对象应当知晓或需要遵守事项的通告。知照性通告的内容单一，篇幅短小，对于公众的约束力并不大。

【范例】

北京市人民政府关于2008年北京
奥运会开幕式当天放假的通告

京政发〔2008〕37号

2008年8月8日晚8时，将举行第29届夏季奥林匹克运动会开幕式。经国务院批准，除保障国事活动、城市运行等必要的工作岗位外，在京中央和国家机关、企事业单位和社会团体，北京市机关、企事业单位和社会团体，8月8日放假一天；本市行政区域内其他社会组织，可根据实际情况自主安排。

为让全市人民分享奥运的欢乐，放假前各有关单位要及早做好准备，妥善安排各项工作，保证社会生产生活正常进行。希望广大市民进一步增强"平安奥运"意识，绿色出行，自觉维护社会公共秩序，展现良好的文明素质和精神风貌。

特此通告。

北京市人民政府

二〇〇八年八月五日

（2）制约性通告

所谓制约性通告就是政府部门公布的确保某一重要事项的执行，具有一定制约性和约束力的通告。

【范例】

北京发布国庆晚会期间交通管制通告

10月1日20时在天安门广场将举行首都各界庆祝中华人民共和国成立60周年联欢晚会。为保障联欢晚会安全、顺利进行，根据《中华人民共和国道路交通安全法》的有关规定，决定对天安门广场地区及相关道路分时、分段采取交通管制措施。现将有关事项通告如下：

一、10月1日13时至联欢晚会结束，下列道路（含两侧辅路及停车泊位）及停车场除持有联欢晚会和庆祝大会专用证件车辆外，禁止其他车辆通行和停放：

东华门大街、东安门大街、东交民巷、景山东街、景山后街、大会堂西侧路、南侧路、国家大剧院南侧路、国家大剧院地下停车场、织女桥胡同、东河沿胡同、西交民巷、石碑胡同、兵部洼胡同、西绒线胡同、北海南门停车场、闹市口南街、西铁匠胡同、前门东大街、崇文门西大街、前门东路、前门大街（步行街）、正义路南延路、祈年大街、东打磨厂街、前门西大街、宣武门东大街、煤市街、前门肯德基停车场。

在管制道路内单位和居民的车辆，凭车辆所有人或居民有效身份证件按民警指定的路线和时段出入。

二、10月1日14时至18时30分，宣武区永定门西街，海淀区玉渊潭南路（五棵松场馆路段），除持有联欢晚会专用证件的车辆和公共汽车外，禁止其他车辆通行和停放，公共汽车甩站通过。

三、10月1日14时至联欢晚会结束，下列道路采取以下交通管制措施：

（一）长安街由东单路口（不含）至西单路口（不含）双向，除持有联欢晚会和庆祝大会专用证件的车辆、人员外，禁止其他车辆和行人通行。

（二）北池子大街、南池子大街、北长街、南长街，除持有联欢晚会和庆祝大会专用证件的车辆外，禁止其他车辆通行。车辆可绕行东单北大街、西单北大街。

（三）府右街、北新华街、南新华街、北河沿大街、南河沿大街、正义路，除持有联欢晚会和庆祝大会专用证件的车辆和公共汽车外，禁止其他车辆通行，公共汽车甩站通过。车辆可绕行东单北大街、西单北大街。

（四）前门东、西大街由正义路南口至供电局路口双向，除持有联欢晚会和庆祝大会专用证件的人员外，禁止其他行人通行。地铁二号线前门站甩站通过。

在管制道路内单位和居民的车辆和人员，凭车辆所有人或居民有效身份证件按民警指定的路线和时段出入。

四、10月1日14时30分至联欢晚会结束，前门东、西大街由正义路南口至供电局路口双向，禁止一切车辆和行人通行，前门东、西站路口南北方向准许持有联欢晚会和庆祝大会专用证件的车辆和人员穿行。

五、10月1日18时至联欢晚会结束，五四大街、景山前街、文津街，除持有联欢晚会专用证件的车辆和公共汽车外，禁止其他车辆通行。

六、10月1日20时50分至联欢晚会结束，长安街由建国门桥（不含）至复兴门桥（不含），禁止各种车辆通行。

七、10月1日21时20分至联欢晚会结束，长安街由建国门桥至复兴门桥以内各路口禁止车辆南北穿行。

八、10月1日23时50分至彩车通过后，由长椿街路口经前三门大街、西便门桥、西二环东侧辅路、复兴门桥、西长安街至南长街南口，由西向东方向禁止各种车辆通行。

九、上述管制道路在交通管制时段内，除持有联欢晚会专用证件的车辆外，禁止其他各种车辆停放。在管制道路上停放的居民和单位车辆要提前选择外围停车场地，在管制时间前将车辆移走。

十、交通管制时间和区域内，公交、地铁运营的调整由公交部门发布公告周知社会。

十一、联欢晚会结束后，天安门广场将进行撤场作业和彩车、花坛摆放施工，请市民关注节日期间天安门广场交通秩序维护通告。

请社会单位及各界群众给予理解支持，遵照执行。

特此通告。

北京市公安局

二〇〇九年九月二十五日

二、通告的写作要求

1. 符合政策规定

通告的事项应该符合法律法规和有关政策的规定，要以政策衡量通告事项，确保其不与显性政策相悖。

2. 语言通俗易懂

通告可以用来处理带有一定专业性的公务，在写此类通告的时候就要使用一些专业性极强的术语，在使用专门术语时，一定要尽量选择大多数人熟悉的词语。通告的事项是面对大众的，用词和表述都应当简洁明了、通俗易懂。

3．明确发文目的

发布通告的目的是为了让人们周知或遵守某些事项，尽管发布的事项不一定是重大的，但是也要注意事项的性质，切忌滥发。在撰写通告时，要对通告缘由进行简明扼要的交代，让人对于通告制发的缘由一目了然。

4．注意文种异同

公告与通告既有相似点，又有不同点，在写作时要注意区分。此外，通告与通知、通报等文种也极易混淆，在写作时，一定要弄清楚它们的特点和作用，千万不要用错文种。

5．一文一事

通告在发布事项时，必须遵守"一文一事"的特点，即在一个通告中决定与安排一项社会事务。通告只能公布一个事项，这一事项体现了社会管理的一个侧面，范围是明确的，对象是确定的，不能把社会管理几个方面的工作写入一个通告。

三、与通告有关的问题

1．通告与通知的区别

通知与通告两个文种都可以用于传达或者宣布要求阅读者周知或者遵守、执行的事项，但是两者之间有一定的区别。

首先，两者的适用情形不同。通告适用于在一定范围内公布应当遵守或周知的事项，制成即发，其内容是公开的，不涉及任何秘密。而通知适用于批转下级机关的公文，转发上级机关和不相隶属机关的公文，发布规章，等等。通常是按照组织系统或行业系统逐级下达的，内容极少会公开。

其次，两者的受文对象不同。通告的对象通常是社会公众，行文具有泛向性；而通知的受文对象是机关或者单位，是一种典型的下行文。

最后，两者的行文要求不同。通告的事项只需要受文机关遵守和知晓即可，而通知的事项通常会要求受文机关进行办理和贯彻执行。

2．通告与通报的区别

首先，两者的内容和作用不同。通告所公布的事项具有较强的制约性和约束力，也体现出较为明显的法令性和政策性；通报所公布的事项则具有较强的典型性和褒贬性，其内容大多是由事例或情况构成的。

其次，两者的发文范围不同。通告的发文对象十分广泛，既有群众也有机关团体，甚至对一定范围内的上级机关也同样有效，而通报的发文对象则只限于下级机关和所属单位。

再次，两者的行文方式也不相同。通告多采用张贴或媒体等形式公开发布，而通报通常会按照发动公文严格的成文格式进行下发，偶尔会刊登在报纸上。

最后，两者的写作方法不同。这由内容和功用决定，通告在写作时应当简明扼要，而通报则以叙事为主，会对事实加以分析，进而引出结论，因此其篇幅较长。

公告

一、公告概述

1．公告的概念

公告通常是以国家的名义，向国内外宣布重大事件、重要事项或法定事项时使用的文种。某些部门经授权也可以代表国家对内或对外发布公告。地方的权力机构在公布重要的事项或法定事项时，也可以使用公告。不过，需要注意的是，一般机关和基层单位无权制发公告。

公告的受文机关广泛而笼统，行文关系并不明确，不过在原则上它可以被归为下行文。

2．公告的特点

公告是党政公文中使用主题和发布内容限定严格的一种文体，其特点主要表现在以下几个方面。

（1）制发机关的限制性

由于公告宣布的是重大事项或法定事项，因此发文机构通常都是层次级别较高的国家机关及其职能部门。具体来说，国家最高权力机关（全国人民代表大会），国家最高行政机关（国务院）及其所属部门，各省、自治区、直辖市人民政府，司法机关（人民法院、人民检察院），等等，都具有发布公告的权力。而层次级别较低的国家机关，通常没有制发公告的权力。党团组织、社会团体、企事业单位则无权制发公告。

（2）发布内容的重大性

公告发布的内容都是重大事项或法定事项，无论是对国内还是国外来讲，都能产生巨大的影响，深受海内外人士的普遍关注。而且，这一事项一经公布，必然会在国内或国际上引起不同程度的反响。因此，只要是不属于这性质的事项，尤其是与国外毫无关联、没有必要向国外宣告的事项，就不应该用公告来发布。

（3）发布范围的广泛性

公告的发布范围很广，通常而言，凡是被公告发布的事项，必须是在让国人了解的同时，也有意让海外人士知晓的事项。如果是面向国内发布的公文，通常要发至全国的各个地方，而如果是面向世界发布的，通常要发至世界各地。

（4）方式的单一性

公告的发布方式是由发布事项的性质和发布范围决定的。既然是向国内外公开宣布重要的信息，因此公告多是利用新闻媒体这种快捷、方便且传播范围较广的方式进行发布，这样才能达到国内外在同一时间一体周知的目的。

3．公告的格式

公告通常都是由标题、文号、正文、结尾以及发布时间组成的。

（1）标题

通常情况下，标题的写法有三种情况：

①发文机关+事由+文种，三者齐全的标准式标题。例如《天津市人民政府关于试鸣防空防灾警报的公告》。

②事由+文种，例如《中华人民共和国财政部公告》。

③发文机关+文种，例如《国务院公告》。

（2）文号

通常情况下，公告在制发时不标注文号，但是如果是连续性的公告，可以编序号，放在标题下方正中的位置，可以不标注机关代字等要素，但是文号要用圆括号括起来。

（3）正文

正文通常由公告缘由和公告事项组成。

公告缘由即正文的开头，主要说明制发公告的原因、目的或依据，以彰显发布公告的必要性，在写作上应该简明扼要。公告事项即正文主体，公告发布的事项是要公告国内外的重要消息，多宣布重要事项或者法定事项，其中包括时间、地点、决定、要求等内容，因此在写作时必须用精练、准确、得体的语言进行表述。

（4）结尾

公告一般会以"特此公告"或"此告"等惯用尾语作结尾，也可以不用尾语，但结尾不提执行要求。

（5）发布时间

在正文的右下方署上发文机关的名称和日期，也有的公告成文日期写在标题和编号之下。如果发文机关名称已经在标题中出现过，那么此处可省略不写。如果公告内容重要，那么还要署上发布地点。

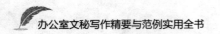

4. 公告的分类

公告一般可以分为三类:

（1）政府机关面向国内外发布的公告，比如公布宪法的实施、公布国家领导人选举结果、公布国家领导人出访、公布重大科研成果等。

【范例】

国务院公告

为表达全国各族人民对青海玉树地震遇难同胞的深切哀悼，国务院决定，2010年4月21日举行全国哀悼活动，全国和驻外使领馆下半旗志哀，停止公共娱乐活动。

（2）公布重大事项的公告，一般是由政府的有关职能部门按程序发布，例如《中华人民共和国专利法》规定，确认发明专利的，要予以公告，《中华人民共和国商标法》规定的申请注册商标的公告等。

【范例】

国家税务总局公告

根据九届全国人大常委会第11次会议的决定和国务院第272号令，从1999年11月1日开始，我国恢复对储蓄存款利息征收个人所得税。按照有关规定，储蓄机构在12月20日对活期存款结息时，应依法代扣代缴储户应纳的个人所得税。为了正确执行我国政府与有关国家政府签订的税收协定，维护协定缔约国居民的合法权益，特公告如下:

一、凡在我国境内各内资商业银行、城乡信用社、邮政储蓄机构、外资银行等储蓄机构（以下简称储蓄机构）存有人民币、外币活期存款的外籍储户，应在2000年6月30日前，持能证明其税收协定缔约国居民身份的有效证件，到开立储蓄存款账户的储蓄机构办理确认税收协定缔约国居民身份的手续，以便在活期存款结息时，按照税收协定规定的税率计算代扣代缴储户应纳的储蓄存款利息所得个人所得税。

二、对2000年6月30日前，仍未到储蓄机构办理确认税收协定缔约国居民身份手续的外籍储户，各储蓄机构在对其活期存款结息时，一律按20%的法定税率计算代扣代缴储户应缴纳的储蓄存款利息所得个人所得税。

特此公告。

（3）向特定对象发布的公告，例如民事诉讼法规定，法院送交的诉讼文书无法送达本人时，可以发布公告。

【范例】

重庆市沙坪坝区人民法院公告

本院定于2013年3月22日上午9时30分在本院第一审判庭公开开庭审理张桂英窝藏、包庇、掩饰、隐瞒犯罪所得罪一案。

二、公告写作的注意事项

1. 注意用词的准确性

公告是严肃庄重的公文文种，在行文时要求其内容准确无误。因此，在写作时，一定要注意用词的准确性，将要表达的事项表述清楚。

2. 写作公告要直陈其事

在进行公告写作的时候要直陈其事，不能发表任何议论，不加说明和修饰。此外，语言要质朴，简洁明快。行文庄重，结构紧凑。

3. 考虑要全面

坚持公告使用的条件，在实际应用时要注意全面衡量，一定不要错用或滥用公告行文。公告宣布的事项都是重大事件，因此要注意区分通告和公告的不同之处，不能将通告的内容以公告的形式发布出去。

三、与公告有关的问题

1. 公告与通告的不同

公告与通告是行政公文中相似的两个文种，无论是内容还是形式，两者的表现方式都相近。因此，公告与通告这两个文种常会被混用，大多数情况下是将通告的内容冠以公告的文种。为了避免类似错误的发生，所以有必要对其加以区别。

通常而言，公告与通告的使用区别主要体现在以下五个方面：

（1）制发机关不同

公告的制发机关层次级别较高，尤其是最高层的国家机关及其职能部门使用此类文种较多；通告的制发机关的层次限制没有公告严格，各级政府的职能部门使用此类文种较多。

（2）发布事项不同

公告发布的事项是国内外人士普遍关注的，并且是有必要让海外人士了解的重大事项或法定事项；通告发布的事项是有关职能部门对负有责任进行管理的社会某方面工作做出规定和安排的一般业务事项。

（3）发布范围不同

公告所宣布的事项是让国内外人士了解的，因此，其发布范围是国内外；通告所公布的内容只是关于社会某方面工作的规定和安排，因此其发布范围仅限于国内与此相关的一定的范围。

（4）发布的方式不同

公告与通告虽然都是公开发布的、一体周知的公文文种，但其在发布途径与方式上有所不同。公告多是通过方便快捷且涉及面较广的媒体来发布；通告也可以使用这些媒体，同时也可以利用发布范围较小的、更易于引起相关范围人士注意的公开张贴、下发等形式。

（5）发布的目的不同

公告发布的内容有要求人们遵守的事项，但是总体而言公告还是以发布事项、传达消息、让人"知"为直接目的；通告虽有单纯知照性的，但是大多是公布事项、要求人们遵守的，其主要目的在于要求读者知晓且遵照执行。

2. 公告与公布令的区别

公告与公布令同属知照性公文，但是在使用上两者有很大的差别。

（1）行文的方向不同

公告的行文方向并不固定，是一种发散性的泛行文；公布令是发布机关在其所属范围内向下发布的下行文。

（2）发布的内容不同

公告主要是向国内外宣布重要事项或者法定事项，公布令主要用来公布行政法规和规章。

（3）发布的方式不同

公告主要采用媒体等较为方便快捷且传播范围广的发布方式；发布令则采用行政公文文件格式发布。

（4）发布效力不同

公告的目的在于发布事项、传达信息，只要众人能够知道即达目的，并没有强制的成分；公布令则不然，一方面它要求人们必须知晓，另一方面，它又要求人们必须遵照执行，带有极强的强制性。

报告

一、报告概述

1．报告的概念

报告是下级机关向上级机关报告工作、汇报情况、反映问题的陈述性文件，属于上行文。同时，向上级机关报送文件、物件、资料或答复上级机关询问时，也可使用报告行文。报告的制发，主要是为了让上级机关、领导同志了解并掌握下情，及时地对下级进行指导和督促，有利于正确贯彻执行党的方针、政策，能更好地开展工作。

报告的适用范围广泛，概括起来有以下几种：

一是按照报告制度的规定，下级机关与单位应当定期向上级机关汇报工作。

二是工作过程中遇到新情况、特殊问题或发生意外事故等，应当及时向上级机关汇报。

三是如果上级机关已交办事情，也要及时报告处理结果。

此外，如果向上级机关报送文件、物品等，也要呈送报告。

2．报告的特点

报告具有如下特点：

（1）行文的单向性

报告是下级机关或单位向上级机关汇报工作、反映情况、提出意见时使用的单向上行文，只需要让上级机关了解掌握基本情况并对下级机关的工作进行指导，通常不需要上级机关给予回答。

（2）表述的陈述性

报告用于汇报工作、反映情况，其所汇报的工作、反映的情况以及答复的问题，都是已经发生的既成事实，下级机关只需要在报告中客观如实地陈述汇报，使上级机关了解掌握有关情况，并综合下属单位的情况对全局工作做出决策，这就达到了报告的目的。上级机关能否较为全面地了解下级机关的情况，在很大程度上取决于下级机关能否适时地汇报工作，全面、真实、具体地陈述本部门、本单位贯彻执行各项方针、政策的情况。因此，报告的写作重在陈述，具体地说就是将事件或工作的起因、经过、结果、优秀以及不足之处等悉数交代清楚，只有这样才便于上级及时、准确地了解情况。

（3）写作时机的事后性

报告是下级机关或单位向上级机关汇报工作、反映情况、提出意见时使用的上行文种，因此大多数报告是在某项工作开展一段时间或完成后，或是某种情况发生后或是向上级机关询问之后才去撰稿行文的，因此报告具有事后性。

3．报告的格式

报告通常是由标题、主送机关、正文和落款四部分组成。

（1）标题

标题的写作形式通常有两种。

①两项式标题，事由+文种。这是报告标题最常用的写法。例如《关于各盟市贯彻落实民族语文政策情况的报告》。

②三项式标题，发文机关+事由+文种。这种标题在报告中很少被使用。例如《平凉市人民政府关于太统林区森林火灾情况的报告》。

（2）主送机关

报告作为上行公文，其主送机关不可省略。主送机关的数量，理论上来讲只有一个，然而在某些情况下，可以不止一个，但是也不能过多。一般情况下，报告不可以越级行文。如果不是上级机关的负责人直接交办的事项，那么报告就不得直接报送给个人。

（3）正文

正文主要由开头、主体和结尾三部分组成。

①开头。报告的开头主要是总述前一阶段的工作情况，其中包括取得的成绩和存在的问题，并以此作为发文的依据或缘由。在总述结束后，通常会使用惯用的过渡性语句，如"现将有关情况报告如下"等引起下文。

②主体和结尾。不同的报告类别对于主体的写作形式也不尽相同。

工作报告：首先，导语要交代清楚报告产生的背景、缘由、根据或者目的等。其次，叙述工作的进展情况与经验体会。这一部分可根据内容的多少决定是整段式写作还是条款式写作。最后，要将工作中存在的问题以及下一步的打算、意见或建议等提出来。这一部分又有两种不同的写法：一是直接写出对下一步工作的想法和意见；二是先分析工作中尚存的问题，然后再谈下一步的打算或解决的办法。此类报告并无尾语，通常随正文完结而自然结束，有时会使用"以上报告如有不当，请指正"或"特此报告"作为结尾。

情况报告：情况报告的写法通常有四个部分。首先，写清楚事件发生的具体情况，主要包括时间、地点、经过、结果以及善后工作等情况。其次，写清楚事件发生的原因，主要包括直接原因、间接原因以及各级领导的责任。再次，将具体的处理意见以及今后的防范措施写清楚。最后，常用惯用语"以上报告如有不当，请指正"或"特此报告，有何指示，请告知"作为结尾。

报送性报告：这种报告的写法简单，只需要说明报送材料的名称、份数，有时可以简要提及材料产生的背景，最后以"请查收""请审阅""请指正"等结尾即可。

答复性报告：答复性报告通常分为三个部分。首先，报告缘由。在报告开头先说明收到了上级的什么文件、要答复上级的什么问题、承办上级交办的什么事项而做此报告。这一部分，经常要引述上级来件的时间、标题、字号等。其次，报告内容。这是答复性报告的主体部分，这一部分在写作时要做到答其所问、语言精练、条理清楚。最后，尾语通常使用"特此报告"或"专此报告"。

呈转性报告：首先，发文机关要在报告的开头说明为何关注这一问题，形成这一报告的根据或者缘由是什么，或者呈送这一份报告的必要性。其次，前段工作的基本情况或问题。这一部分有两种写法：第一种是先简要地肯定前段工作的成绩，再突出地提出存在的问题；第二种是开门见山地列出当前实际存在的问题，并且在提出问题后进行必要的分析，尤其是指出这一问题如果长期存在将会带来的严重后果，由此使人感到解决这一问题的必要性和紧迫性。再次，解决问题的建议与办法。这一部分是呈转性报告的重点所在，是发文机构希望能得到上级机关批准并能批转给相关机构执行的。在写作中要注意三点：第一，要有针对性，即针对工作中出现的主要问题提出行之有效的解决办法；第二，要有可操作性，即提出的解决办法或措施应该详尽具体，便于受文机关实施；第三，要有条理性，解决问题的措施内容往往有很多，在写作的时候要注意条理性。最后，呈转性报告的尾语一般使用"以上报告如无不妥，请批转有关单位（地区、部门）贯彻执行"，这个结尾不能省略。

（4）落款

在正文的后面要写上发文机关和日期。

4. 报告的分类

按照内容和用途的不同，报告可以分为工作报告、情况报告、报送性报告和答复性报告。

（1）工作报告

工作报告主要用于党政机关、企事业单位和社会团体向上级机关或法定团体汇报工作，其行文目的主要是供上级机关了解工作进展的情况，便于下级接受上级机关的指导与监督，并为上级机关制定政策、部署工作提供依据，不需要上级批转。

此类报告汇报的内容大致有过去的工作情况和未来的工作部署、工作意见，或者某一专项工作的开展情况等。汇报工作的报告又可以分为综合性工作报告和专题性工作报告。

所谓综合性报告，指就一个单位的全局工作向上级机关进行汇报而做的报告，其内容涉及本机关单位工作的各个方面，在写作时要将整个工作的步骤、取得的成绩、具体做法、存在的问题及原因、今后的打算等逐条逐项地写清楚。

所谓专题性报告，只是报告某项工作、某个问题，有阶段性工作进展情况报告，也有某项工作结束后的总结性报告。专题性报告在报告类行文中所占的比例较大。

【范例】

关于湖北、湖南、江西、安徽省平垸行洪、
退田还湖、移民建镇进展情况的报告

国务院：

遵照国务院领导关于加强检查督促，认真总结经验的指示，6月1日至13日，我委组织调研组分赴湖北、湖南、江西、安徽省11个地（市）的22个县（区、市），现场考察了平垸行洪、退田还湖、移民建镇情况，走访了已经搬入新居的移民。现将有关情况报告如下：

一、工作进展情况

此次安排平垸行洪、退田还湖的圩垸，基本上是1998年洪水冲溃的沿江或湖区圩垸，其中不少圩垸三年两溃，群众深受水患之苦。去年洪灾过后，党中央、国务院做出平垸行洪、退田还湖、移民建镇的决策，体恤民情、顺乎民意，立足于长治久安，有关省各级政府和广大群众积极响应、狠抓落实，是这

项艰巨工作在短时间内取得明显成绩的关键因素。按照国务院批准的平垸行洪、退田还湖、移民建镇实施方案，经过各方面的努力，目前湖北、湖南、安徽省移民新建住房开工率已达90％，具备入住条件的住房户数占应移民总户数的近80％，其中大多数已搬入新居；江西省任务最重，需迁移户数约占4省总数的一半，目前开工率为77％，具备入住条件的比例为62％。大部分移民安置点基础设施做到简易配套，基本解决了通路、通电、供排水、就医及中小学生就学等问题。移民生计得到初步安排。在退人不退耕的圩垸，绝大部分移民户仍在原地耕种。从既退人又退耕的"双退"圩垸迁移出的农户，大部分在安置地重新承包了耕地；一些有意愿又有能力的移民户已从事养殖业，或转型于第二、三产业，或到城镇务工经商。

二、主要做法和工作体会

湖北、湖南、江西、安徽省（以下简称4省）移民建镇工作能在短短8个月中取得显著进展，有一些成功的做法和经验。

（一）各级党委和政府强有力的领导，保证了移民建镇工作顺利进行。党中央、国务院关于平垸行洪、退田还湖、移民建镇的决策正确，决心大。国务院领导同志在现场调查研究的基础上，与4省协商确定的目标、政策明确，地方各级党委政府高度重视，主要领导亲自过问，对出现的新情况、新问题，及时召开会议专题研究解决。各省均成立了专门领导小组，把这项工作作为全心全意为人民服务的重大政治任务来完成；有关地（市）、县（区、市）和乡镇把这项工作视为讲政治的集中体现，党政主要领导挂帅组建移民建镇指挥机构，确保政令统一、步调一致、任务落实。

（二）有关部门思想统一、密切协作，提高了工作效率。去年汛后洪水尚未退尽，国务院就责成国家计委牵头，会同财政、建设、水利、国土、农业、交通、电力、邮电、卫生、教育、民政、审计等部门，树立一切从大局出发的观念，尽职尽责，形成了部门联动、发挥合力、有事快办、特事特办的工作局面。有关部门领导多次深入基层部署工作。部门间互相扯皮少，相互支持多，促进了平垸行洪、退田还湖、移民建镇工作的有效实施。

（三）群众理解、支持和参与程度高。各地都把这项工作视为"党心工程"、"民心工程"、"德政工程"，也是密切党群、干群关系的一个难得的机遇，努力争取灾区广大群众的理解和主动参与、积极配合。通过发布公布、媒体传播以及召开群众大会、干部上门家访等形式，宣传这项工作的重要意义和国家的优惠政策，详细说明群众可以得到的利益等，群众积极性得到充分调动，移民建镇工作阻力大为减少。在具体实施过程中，情况千差万别。移民户均补助1.5万元，但家庭人口、原居住状况差别大，承受能力也不同，对这些问题，各地放手发动群众深入讨论，出主意、想办法，实行民主决策，充分依靠群众把工作做扎实。由于决策透明度高，群众上访告状的少，做到了绝大多数群众满意。

（四）科学规划、精心组织、严格管理，确保移民建镇质量。为了实现长治久安的目标，在移民建镇选址工作中，各地以有利生产、方便生活、节省耕地、保护环境为原则，并与提高农民生活质量相结合，因地制宜，科学规划，实行多种方式安置移民的方针。把集中安置与分散安置，政府安置与个人投亲靠友结合起来，支持移民户投亲靠友分散自主安置，同样享受国家的优惠政策。湖北省以集中建点、扩建集镇为主；湖南省实行集中与分散结合，分散安置为主；江西省多数是后靠建村；安徽省则注重建设小城镇。

在规划实施过程中，各地都采取了落实领导和部门责任、专人跟踪检查等措施，保证进度和质量。新建村镇房屋的规划和设计，均由建设部门提供图纸并向群众详细宣讲，尽量做到方案安全、适用、节约和群众满意。各地领导对移民住房建设质量也非常重视，建立专门班子，配备专职人员，实行定岗、定奖惩、定期检查督办、终身追究责任等制度，尽最大努力确保工程质量。

（五）及时出台必要的配套政策。为了使受灾群众能够移得出、稳得住、能发展、不返迁，4省都下发了关于平垸行洪、退田还湖、移民建镇工作的专门文件，对移民户迁移建房的宅基地分配、基础设施建设、调整土地承包及今后生计安排等各个方面，出台了一系列扶持政策。各有关市、县、乡镇依据这些政策，结合本地实际，采取具体措施保证国家移民政策兑现。对投亲靠友分散安置的移民，迁入地县（区）、乡镇政府在承包土地、购买或新建住房、迁入户口等方面制定政策，帮助移民解决生产、生活中的实际问题，使移民户有落户之地、有屋住、有田种、有饭吃、有过冬衣被、落户不受歧视、小孩有书读。

（六）严格管理，确保国家补助资金发挥最大效益。国家补助移民建房资金，体现了党中央、国务院对受灾群众的关怀，也是中央对平垸行洪、退田还湖、移民建镇工作的政策引导。各地均按照国家有关的资金管理办法，建立严格的制度保证专款专用。从省到县（区、市）和乡镇，都建立了专门账户，按项目计划和工程建设进度拨款，并加强资金使用的跟踪检查、监督和审计。在资金拨付到户的过程中，坚持"公开、公平、公正"的原则，提高透明度，接受群众和舆论监督，发现问题及时纠正，并对责任人进行严肃处理。不强行规定移民建房标准。到目前为止，未发现大的挪用移民建房补助款的行为。

三、存在的问题和我们的建议

当前4省平垸行洪、退田还湖、移民建镇工作也还存在一些问题，需要在下一阶段工作中认真研究解决。

（一）4省工作进度不平衡，与在今年大汛前基本完成搬迁任务的目标还有差距。主要是江西省移民多、任务重，进度相对滞后。4省要按照经国务院批准的实施方案，总结经验，克服困难，保质保量地完成移民搬迁任务。

（二）移民建镇配套基础设施建设投资不足，造成一些移民安置点存在不同程度的行路难、给排水难、通讯难等问题。建议敦促地方多渠道、多形式筹措建设资金，重点用于移民建镇必要的配套基础设施建设。通电问题可以和农村电网改造建设结合起来，世界银行紧急贷款要用于水毁的学校、卫生院的修复重建和移民安置点基础设施建设。

（三）建新拆旧进度普遍滞后。必须再次强调住进新房，拆除旧房，防止返迁，确保平垸行洪和退田还湖的实施，要求4省继续采取行政和经济措施，加快移民旧房拆除进度。

（四）一些地方移民生计有待进一步安排。水利部长江水利委员会和4省要对退人不退耕的垸子尽快制定具有约束力的分蓄洪管理办法和具体措施，抓紧确定进洪水位、进洪方式及相应的工程和非工程措施。抓紧研究农田淹没补偿机制。对"双退"垸子失去土地的农民要进一步解决好生活、生产条件，特别是承包耕地问题，并尽快清除圩垸阻水堤坝，以利行洪。

（五）对"双退"圩垸集中管理和综合开发考虑不足，有些圩垸已经杂草丛生。各省下一步要切实做好垸内原有耕地的集中管理和综合开发利用，以充分利用资源，避免移民随意返耕、返迁，防止外地盲流和不法分子潜入，影响社会安定。

国家计委
一九九九年六月二十九日

（2）情况报告

情况报告即反映情况的报告，主要用于下级机关向上级机关汇报工作中遇到的重大情况、重要动态、重大问题或工作中遇到的其他情况时使用的报告类公文。其中也包括工作进程报告、今后工作意见的报告、经验总结的报告。其内容有特定的要求，如党和国家做出重大决策后本地区、本部门、本单位、本系统的思想动态，重大改革行动后出现的新情况、新问题，发生的重大突发事件或自然灾害等。

【范例】

贵港市农业局关于我市遭受特大洪涝灾害情况的报告

自治区农业厅：

7月3日以来，由于受3号强台风和4号台风叠加影响，郁江上游大面积降雨，我市境内连日普降大雨到暴雨，日降雨量最高达到188毫米，致使我市郁江水位随着左江、右江、邕江洪水持续暴涨，到10日1时，郁江河段贵港站最高水位达到46.16米（珠江高程），超过警戒线5.70米，比新中国成立以来最大洪水的1994年水位46.02米还高0.14米，桂平市、平南县的水位也超警戒线，出现了严重的外洪内涝灾害，沿江防洪堤部分漫顶、决堤，大部分乡村和大面积农田被洪水淹没，大批民房倒塌，部分乡村公路、输电及通信线路被毁坏，交通、通讯中断，险情灾情十分严重，给我市工农业生产造成了巨大损失，市、县、乡农业部门也遭受了重大损失。现报告如下：

一、洪灾损失情况

据不完全统计，截至7月15日止，全市共有85个乡镇，249.22万人受灾，成灾人口151.63万人，被困村庄122个，饮水困难人口33.59万人，因灾伤病3.942万人，失踪2人；损坏房屋26240间，倒塌房屋4060间；农作物受灾面积121166公顷，成灾面积88157公顷，绝收面积31999公顷；毁坏耕地面积1515公顷；工矿企业因灾停产556家；公路中断226条次，损坏输电线路379.74千米，损坏通信线路242.10千米；损坏堤防220处、37.67公里，堤防缺口27处、2172米，损坏护岸98处，损坏水闸101座，冲毁塘坝261座，损坏灌溉设施510处。全市因灾造成直接经济损失25.268亿元，其中农业直接损失14.483亿元，水利设施损失3.101亿元，工业、交通运输业损失5.283亿元。

在农业直接损失中，种植业因灾损失达3.652亿元。其中粮食受灾面积103200公顷，成灾面积78733公顷，绝收面积29027公顷，减收粮食174365吨，损失1.744亿元，粮食受灾面积中早稻受灾面积最大，达到97267公顷，成灾面积76200公顷，绝收面积26000公顷，损失稻谷160856吨，损失1.608亿元。受淹晚造秧田5000亩，损失种子6万公斤，另外，部分受灾农户浸种后不能播种而损坏种子10.6万公斤，共损失种子16.6万公斤。经济作物受灾25667公顷，成灾10400公顷，绝收4733公顷，损失1.077亿元，其中甘蔗受灾面积10920公顷，减产14.69万吨；水果受灾面积6600公顷，枯萎407公顷，损失0.831亿元。死亡大牲畜10970头，水产养殖受灾面积3050公顷，损失水产品18300吨。

（一）港南区、覃塘管理区和港北区灾情最严重。

1. 港南区有7处堤防决堤，有11个乡镇146个村受灾，受灾人口41.5万人，成灾人口25.21万人；损坏房屋8930间，倒塌房屋510间；受灾农作物13563公顷，绝收面积3071公顷，直接经济损失4.071亿元。其中种植业直接损失0.421亿元（粮食作物受灾损失0.241亿元，经济作物受灾损失0.085亿元，其中甘蔗受灾减产1.43万吨，水果受灾损失0.095亿元）。灾情特别严重的是思怀乡，由于该乡的京屋大堤决堤，两个村庄全部被淹，受灾人口5384人，倒塌房屋103间，造成无家可归700多人；受灾农作物234公顷，绝收面积58公顷。全乡直接经济损失5100万元。

2. 覃塘管理区有11个乡镇受灾，受灾人口39.31万人，成灾人口21.7万人；损坏房屋4820间，倒塌房屋450间；受灾农作物22666公顷，绝收面积4138公顷。全区直接经济损失3.05亿元，其中种植业直接损失1.236亿元（粮食作物受灾损失0.293亿元，经济作物受灾损失0.625亿元，其中甘蔗受灾减产9.3万吨，水果受灾损失0.318亿元）。

3. 港北区有8个乡镇受灾，受灾人口32.4万人，成灾人口14.5万人；损坏房屋1290间，倒塌房屋270间；受灾农作物面积16000公顷，成灾面积12000公顷，绝收面积5300公顷。全区直接经济损失4.88亿元，其中种植业直接损失0.494亿元（粮食作物受灾损失0.242亿元，经济作物受灾损失0.142亿元，其中甘蔗受灾减产1.1万吨，水果受灾损失0.11亿元）。港城镇小江堤闸门被洪水挤压变形破裂，造成三个村庄受灾，受灾人口2.5万人，受淹农作物670公顷，其中绝收面积72公顷，直接经济损失3100万元。

（二）桂平市、平南县也遭受重大损失。

1. 桂平市有30个乡镇均受到不同程度的灾害，其中大湾、下湾、白沙、社步、蒙圩等乡镇40多条防洪堤漫顶、决堤，造成92.5万人受灾，成灾人口48.16万人，损坏房屋6750间，倒塌房屋2240间；受灾农作物面积38730公顷，绝收面积8290公顷。全市直接经济损失7.02亿元，其中种植业直接损失0.857亿元（粮食作物受灾损失0.56亿元，经济作物受灾损失0.15亿元，其中甘蔗受灾减产2.06万吨，水果受灾损失0.147亿元）。

2. 平南县有25个乡镇受灾，受灾人口43.5万人，成灾人口39.5万人，损坏房屋4322间，倒塌房屋590间；受灾农作物面积30207公顷，绝收面积11500公顷。直接经济损失4.8亿元，其中种植业直接损失0.644亿元（粮食作物受灾损失0.408亿元，经济作物受灾损失0.075亿元，其中甘蔗受灾减产0.8万吨，水果受灾损失0.161亿元）。

（三）农业系统受灾损失严重。

根据统计，全市有11个乡镇农技站的房屋被淹损坏，变成了危房，有10个市、县（区）直属场、所、公司受灾，共损失杂交水稻种子8.7万公斤，化肥142.6吨，农药45.9吨，直接经济损失116.16万元。其中：

1. 覃塘管理区农业系统受灾损失20.8万元：

三里、大岭、石卡三个乡镇农技站25间房屋被淹，面积600平方米，损坏种子、农药、化肥一批，直接损失15.8万元，被淹的房屋全部变成危房，工作和生活受到严重影响。

覃塘管理区种子公司、农技中心3间门市部和仓库被淹，面积210平方米，损失种子、化肥、农药价值5.0万元。

2. 港南区思怀、东津、瓦塘三个乡镇农技站房屋22间被淹，面积500平方米，部分种子、化肥、农药被淹损坏，共损失15.9万元。

3. 港北区农业局办公楼被淹4间90平方米，损失办公用具4.0万元。

4. 桂平市农业系统受灾损失16.76万元。

大湾、下湾、社步三个农技站被淹房屋31间530平方米，被淹房屋全部变成危房，直接损失11.46万元。

桂平市农业局被淹办公室2间70平方米，自办生产经营损失5.3万元。

5. 平南县农业系统受灾损失6.0万元：

农业局被淹办公室3间150平方米，损失化肥8吨、农药3.8吨、种子1.2万公斤。

大安、丹竹、赤马3个乡镇农技站被淹宿舍、门市部12间250平方米，部分变成危房；损失种子、化肥、农药一批，自办生产经营损失4.0万元。

6. 市农业局直属场站受灾损失52.8万元：

市种子公司南江种子仓库被淹，损坏杂交稻种子2.1万公斤，损失17.3万元。

市现代农业实验区10个塑料大棚（1800平方米）被台风、暴雨毁坏，拱架、薄膜大部分报废，损失4.0万元。

市蚕种场4间100平方米蚕房倒塌，直接经济损失1.5万多元。

市红壤开发办公室在横岭乡、瓦塘乡的红壤开发区种植的600多亩西瓜，因被洪水围困无法销售，大部分烂在地里，损失24万元。

市综所农药仓库被淹，浸坏纸箱4万个，损失6万元。

二、抗洪抢险救灾的主要措施

面对灾情，市委、市政府召开了全市抗洪抢险紧急动员会，成立抗洪抢险指挥机构，把抗洪救灾作为当前压倒一切的工作来抓。各县市区和市直单位相应成立领导机构，层层落实领导责任制，把所有防洪堤划分地段，落实责任到部门、乡镇、村，坚持24小时值班，日夜奋战，严防死守。

全市参加抗洪抢险军民达72.3万人；投入抗洪抢险救灾资金达2.203亿元，其中各级财政投入700万元；投入麻袋、编织袋153.66万条及其他大批物资。经过全市军民的连续奋战，终于保住了大部分重要地段的防洪堤，把洪灾损失降到了最低程度。

在这次抗洪抢险救灾中，我市农业部门按照市委、市政府的部署，成立了抗洪领导机构和应急突击队，市农业局及县、市、区农业局坚持日夜值班，派出巡查小组，日夜坚守在责任地段察看水情，市、县、乡农业系统共组织650多人到抗洪第一线。7月8日，市农业局负责的鲤鱼江防洪责任地段出现了险情，局领导组织本局及局属场站单位干部职工150多人上堤抢险，冒雨奋战8个小时，加固防洪大堤10米，堵塞涵管3个，确保大堤的安全。

按照市委、市政府的指示，在全市抗洪抢险期间，市农业局坚持一面抗洪、一面组织救灾，市、县（区）农业部门共成立了10个救灾工作组，深入灾区了解灾情，实施技术指导。其中市农业局派出5个救灾工作组分赴灾区，重点调查农作物的受灾情况，制订了水稻、甘蔗、水果和其他经济作物的抗灾复产技术意见以及晚造生产建议，提供给市委、市政府，为党委、政府领导制定抗灾复产决策时提供参考；印发各种农业技术资料12.6万份分发到农户，指导农户开展救灾复产。

同时，根据这次灾害的损失情况，市农业局号召所属的农资经营部门迅速组织了一批水稻、蔬菜种子和肥料、农药等物资供灾区，特别是目前市内杂交水稻种子供应不足，农民受灾严重，市种子部门派出专人到外地组织种子，并请示市政府给予50万元的种子补贴，以减轻受灾农户的负担。

为了指导全市开展救灾复产工作，市农业局建议市政府于7月16日在港南区召开了救灾复产现场会，通过各级政府、部门把救灾复产的各项技术措施贯彻到实处，加大救灾复产力度，力争把灾害损失降到最低程度，让灾区人民早日重建成家园。

三、向区农业厅提出几点请求

1. 我市这次洪水水位高、时间长，受灾面积大，农作物受灾损失惨重，抗灾复产难度大。全市受淹的农作物主要是早稻、花生等，淹死绝收面积大，农民的投资无法收回，已经严重影响了灾民的生活；大部分地方晚造秧苗被淹，需要补播种子，大部分灾民已没有经济能力，救灾复产投入不足，将会严重影响下半年的生产和生活。

目前急需解决化肥5万吨，种子8万公斤，生产救灾款500万元。但我市为抗洪救灾已投入了大量财力、物力，本级财政扶持力不从心，请求区农业厅给予农村灾民化肥、种子或资金扶持，帮助他们渡过难关，恢复生产，重建家园。

2. 我市把抗灾复产的重点放在绝收早稻田的改种上，发动农民改种经济效益高的经济作物，如蔬菜、西瓜等，进行结构调整，减少晚稻面积，通过结构调整增加农民收入，力争灾区农民全年不减产不减收。计划利用绝收早稻田调整改种经济作物10万亩，这项调整需要在技术和资金上加大投入，而目前灾民的资金投入比较困难，希望区农业厅给予大力扶持，以确保调整目标的实现。

3. 全市农业系统共有11个乡镇农技站和10个市、县（区）直属场、站、公司因水灾造成较大的损失，请求区农业厅拨给50万元危房维修经费和30万元救灾复产经费，帮助场站尽快恢复正常工作和生产秩序。

特此报告。

贵港市农业局
二〇〇一年七月十七日

（3）报送性报告

报送性报告即下级机关向上级机关报送计划、总结、会议文件时，随文或随物而写的报告，其主要是说明报送情况，通常会附在文件或物件的前面，属上行文。不过，在实际工作中也可以根据具体的情况选择用函行文。

【范例】

关于呈送《天津市森林旅游发展规划》的报告

津林计〔2011〕128号

国家林业局：

按照国家林业局发展规划与资金管理司《关于编制全国森林旅游发展规划有关问题的通知》（林规发〔2011〕133号）要求，我局组织编制了《天津市森林旅游发展规划》，现将规划呈上，请审示。

附件：天津市森林旅游发展规划（略）

二〇一一年七月十三日

（4）答复性报告

答复性报告即下级机关答复上级机关的询问或完成上级机关布置的工作后进行回复而形成的书面报告。答复性报告实际上也是一种情况报告，其在写法上与情况报告大致相似，只不过答复性报告非主动行文，是一种被动报告。它的侧重点在于上级问什么便回答什么，内容通常不会涉及上级询问以外的情况。

【范例】

河北省人民政府关于县乡机关
事业单位职工工资发放情况的报告

冀政〔2001〕67号

国务院：

收到国务院办公厅秘书局转来的朱镕基总理在全国政协经济委员会《关于确保县乡干部工资按时足额发放的建议》一文上的批示，省政府领导非常重视，立即对我省县乡机关事业单位职工工资发放情况进行认真检查分析。现将情况报告如下：

一、今年我省县乡机关事业单位职工工资发放情况

今年国家增资政策出台后，根据国家关于允许欠发工资的地方推迟出台增资政策精神，我省138个县、35个市辖区中，有92个县、2个区因财力不足不出台调资政策，能够出台增资政策的有46个县、33个区。

按调资前工资标准，今年1—10月份全省只有张家口市的赤城、怀安两县欠发工资1488万元。与今年1—9月份相比，全省欠发工资额减少857万元，下降36.55％。在今年调资部分县不出台的前提下到年底可基本解决欠发当年工资问题。

尽管我省县乡机关事业单位职工工资欠发问题得以基本控制，但这是在上级转移支付大量增加和部分县不出台今年调资政策的基础上取得的。从调查分析看，当前影响工资发放主要有收入增幅低、人员多、债务重等原因。

（一）减收较多，影响收入进度。

一是因灾减收。据统计全省因灾短收总共减少收入31636万元，涉及11个市、82个县，为当年财力的2.85％。其中张家口市农业税减少4100万元、承德市农业税减少1200万元，对当地财政收入影响较大。

二是国家整顿市场经济秩序政策，部分县关闭了一些对环境、安全造成严重影响的小企业，在新的增长点尚未建立起来的情况下，县级财力减少较多。比如，邯郸市磁县关闭了一批安全无保障的小煤矿，在客观上影响当年收入1500万元。

三是市场波动，影响收入完成。保定市顺平县因欧洲疯牛病和口蹄疫流行，影响肠衣出口，减少税收700万元。张家口市崇礼、赤城两县因金价下调，今年分别短收500万元和800万元。

（二）财政供养人员多，财力难以负担。全省县级财政供养人员占总人口的比重为2.4%，超过这一比重的有82个县，其中有18个县超过3%。2001年调资转移支付中央测算我省财政供养人数183.6万人，比我省2000年决算人数少16.8万人，这16.8万人的增资没有来源。

（三）政府债务沉重，影响工资发放。政府债务不仅使财政风险加剧，而且还直接导致可用财力减少、资金调度困难，进而影响到工资发放。据初步统计，当前全省县级债务余额248.9亿元，相当于2000年县级可用财力的1.9倍，平均每县负债1.3亿多元，平均每个县财政供养人员负债1.8万元。全省138个县中，负债总额在2亿元以上的就有30个县。一些县由于还债影响工资发放。

二、保工资发放的有关措施

今年以来，为解决欠发基层机关事业单位职工工资问题，我省采取了有力的保工资措施，省市对困难县实施了保工资转移支付制度，加大转移支付力度，2001年共补助县级25.2亿元（其中省市补10.1亿元，下达调资和保教师工资等中央转移支付补助15.1亿元）。采取因素法等标准化测算方法，确定了80个自有财力不能满足基本支出需要的困难县，制定2001—2003年3年保工资目标，建立保工资发放领导责任制，省市县层层签订责任状，主要保工资措施是：

（一）制定收入增长目标，大力组织财政收入，加大征管力度，积极清理欠税。以保工资为核心，努力通过超收增加可用财力。

（二）制定压编减人目标，结合县乡机构改革压缩超编人员，减轻财政负担。

（三）完善和加强工资发放管理办法。要求各地严格按"一要吃饭，二要建设"的支出顺序安排预算，硬化约束，严禁各种超预算或无预算开支行为；建立并硬化工资专户，集中预算内外财力，增强财政保工资发放能力；进一步完善县乡财政管理体制，对确因财政体制不合理，财力配置不当造成工资欠发的进行适当调整；按中央要求，将乡村两级中小学教师工资全部上划县级财政统管。

在上级加大转移支付力度的基础上，全省各市县积极落实保工资措施，加强管理，取得了明显成效，使部分县实际发放的工资水平得到明显提高。全省138个县中，46个县出台了今年的调资政策，42个县提高了工资发放水平，补足了六项必保工资的不到位部分和中发〔1999〕12号文件规定增资的不足部分；保证了工资的按时发放；欠发面和欠发额大大减少。

三、恳请中央帮助解决几个问题

1. 恳请中央解决增资转移支付测算人数缺口问题。中央增资转移支付补助人数比我省2000年实际财政供养人数少16.8万人。而这16.8万人员没有增资来源。恳请中央按我省实际人数核定转移支付补助。

2. 恳请中央适当考虑我省财政困难的实际情况，加大补助力度。河北省可用财力2000年为338.82亿元，在全国占第11位，但按总人口计算，人均502元，占21位，按财政供养人员计算，人均16334元，占18位。不仅大大低于东部各省市，而且也低于大部分西部省份。明年如果各项增资政策全部兑现，全省财力缺口8亿元。请中央考虑我省财力不足的实际状况，增加转移支付补助。

3. 恳请中央适当延长国债转贷、城市信用社、典当行等部分债务的还款期限。为解决地方金融风险，我省共从商业银行再贷款78.2亿元，还有世行、亚行等外债余额84.9亿元。平均每年需还15亿元左右。不仅增加地方财政压力，不少县还由于还贷影响工资发放。恳请对为解决地方金融风险的再贷款延期还款。

专此报告。

二〇〇一年十二月二十九日

按照性质的不同，报告可以分为呈报性报告和呈转性报告。

（1）呈报性报告

呈报性报告是报告的主体，这类报告以汇报工作、反映情况、答复询问为主要内容。由于向上级机关呈报情况涉及的内容广泛，呈报性报告包括工作报告、情况报告、答复性报告和报送性报告等。在此需要注意的是，呈报性报告不要求转发，其主要作用是供上级掌握和了解情况。

（2）呈转性报告

呈转性报告主要是指下级机关将工作情况、意见、建议等呈报给上级机关后，请求上级机关将公文批转有关部门参考执行的报告。通常在此类报告中，对于工作的安排和问题的处理，都超越了发文机关或部门的职权范围。发文机关只能提出建议性的处理意见，请求上级机关批准。待上级机关批转后，此意见就会成为上级机关的，凡是上级机关权力所属范围内的单位和个人都必须照章遵守、贯彻执行。

【范例】

关于依法清收拖欠银行利息的报告

国务院：

当前，企业拖欠银行利息问题十分突出，严重危害了银行业的正常经营活动。进一步采取措施，集中力量抓紧依法清收拖欠利息，已成为化解金融风险、缓解财政收支压力的一项重要任务。现将有关情况报告如下：

一、企业欠息基本情况

近年来，企业拖欠银行利息问题日益严重，收息率逐年下降。据统计，到1998年底，仅工商银行、农业银行、中国银行、建设银行应收未收利息就高达数千亿元，贷款平均收息率1995年为78%，1996年为73%，1997年为69%，1998年6月底降为59%。企业欠息增加，一方面是企业效益不好，经营困难；另一方面是企业恶意欠息现象日益严重，一些具备还本付息能力、效益较好的企业有意逃避付息。据人民银行的典型调查，目前恶意欠息约占欠息总额的20%左右。

企业大量拖欠银行利息，后果十分严重。一是违反了《中华人民共和国商业银行法》，扰乱了社会信用秩序，破坏了银行同企业之间正常的信用关系，影响了国民经济的正常运转。二是占压了大量的信贷资金，影响银行财务状况，削弱了银行筹集资金支持企业生产经营活动的能力。三是减少了财政收入，影响财政预算平衡。四是加剧了银行业的金融风险。

二、采取有效措施，依法收回企业欠息

为了维护正常的社会信用秩序，防范金融风险，维护金融业的稳健经营，必须采取果断措施，依法收回企业拖欠银行利息，严厉打击各种逃废银行债务的行为。各地区、各部门和各单位要统一认识，齐心协力，切实做好清收欠息工作。

（一）落实清收利息目标责任制，加大收息力度。各金融机构要制定清收欠息的具体目标，确保今年贷款收息率比去年有所提高，并逐步提高到正常水平。要建立健全分行行长和信贷职能部门收息目标责任制，加大收息目标责任制的考核力度。各级银行要把收息率作为考核指标，年终根据贷款收息率情况进行考评、奖罚。人民银行各分支机构要加强对清收欠息工作的指导监督。

（二）建立企业欠息档案和账户查询中心，实行企业欠息大户披露制度。人民银行各分支机构要在当地建立统一的企业欠息档案和账户查询中心，将欠息企业的基本情况输入档案库，并向当地金融机构和经贸委定期通报欠息企业情况。各金融机构要加强计算机联网，强化信贷管理，对欠息企业区别对待，分类管理，防止企业多头贷款和恶意欠息。与此同时，要建立企业欠息大户披露制度。对恪守信誉、按期还本付息的企业要给予奖励，向社会宣传，并在贷款、承兑、贴现等方面给予优惠倾斜政策。人民银行各分支机构要根据商业银行报送的欠息企业情况，编报当地欠息企业清单，并及时将欠息大户在金融业内部通报，在信贷、结算等方面实施统一的同业限制、惩罚措施。对有还款能力，故意欠息的企业，由人民银行列入《恶意欠息企业名单》，在向经贸委通报核实后发布，并通过新闻媒体向社会披露；对其中的上市公司，人民银行要向证监会通报。各金融机构对恶意欠息企业，要在对一般欠息企业制裁的基础上，进一步采取联合停止或收回贷款等形式进行金融同业制裁。

（三）改进金融服务，建立新型银企关系。各金融机构要按照建立社会主义市场经济的要求，把支持企业的改革和发展与加强清收欠息工作结合起来，努力提高信贷资产质量，防范和化解金融风险；要改进金融服务，积极做好开户结算、提供担保、票据承兑、贴现、信息咨询、经营决策和完善财务管理等工作。

（四）强化企业信用观念，规范企业转制行为，严禁违反规定减息免息。企业应当严格按照《中华人民共和国商业银行法》和《贷款通则》等有关规定，履行借款人的义务，按借款合同清偿贷款本息。企业不得违反国家有关规定，借承包、租赁、分立、合资、联营、兼并、破产、股份制改造等途径，逃避银行的信贷监管和偿还贷款本息的责任。各级经贸委要进一步规范企业转制行为，严格执行国家减免息政策，严禁超越范围减息、免息。任何地方和单位无权自行减免利息。各金融机构要认真执行国务院关于在企业转制过程中加强金融债权保护的有关规定，与各级政府部门加强配合，切实保障银行依法收息和银行债权安排。

（五）依靠各方面的力量，切实改善信用环境。各金融机构在加强清收欠息过程中，要取得各级人民政府的支持，依靠社会力量，强化收息力度。要与有关部门充分协商，密切配合，对恶意欠息企业联合采取下列措施：各级工商行政管理部门不予批准新办企业、不通过工商年检并作出相应的处罚，直至吊销营业执照；各级财政部门不予以资金支持；各级外事、公安部门停止审批企业领导人出国出境手续；各级证券管理部门不予批准企业上市，并加强对各上市公司欠息情况的核查，提高上市公司信用度；在分清情况、明确责任的基础上，各级人事部门将企业欠息情况纳入企业领导人业绩考核的重要内容。同时，各级宣传新闻部门要做好宣传报道工作，广泛开展信用宣传，及时公布守信用企业和恶意欠息企业典型名单，努力形成良好的社会信用环境。

（六）加大对违规欠息案件的查处力度。人民银行各分支机构要下大力气检查徇私舞弊、行贿受贿或经营管理严重失职所造成的欠息、以贷收息等行为，为公布一批典型案例，严肃处理有关责任人员。

以上报告如无不妥，建议国务院办公厅转发各地区、各部门贯彻执行。

中国人民银行
国家经贸委
一九九九年一月六日

二、报告的写作要求

1. 重点突出

要根据报告的性质和行文的意图，分清写的是哪一类的报告，然后再选择和组织有关材料，内容要做到有详有略、中心突出。公文内容要坚持一文一事的原则，在搜集材料和组织文字的时候要围绕着报告的重心进行。对于工作中的重要情况或对全局具有普遍指导意义的问题，可以作为重点进行描述，而那些相对次要的内容，则可以一笔带过。

2. 内容真实

无论是哪种类型的报告，也无论它们各自的侧重点如何，其内容都是由叙述情况和提出意见两部分组成的。因此，在进行报告撰写的时候要特别注意情况与意见的结合问题，做到相互联系，相互依存。在向上级机关汇报情况时，要实事求是，切记不能文过饰非，既不能夸大，也不能缩小。要进行客观、真实、确切地表述。对所引用的材料，一定要反复鉴定，对证查实，不能有丝毫的虚假。

3. 条理清楚

与其他文种的公文相比，报告的内容量较大，结构也相对复杂，这一特点在综合报告中尤为明显。因此，在谋篇布局上更要合理搭配，注意各个部分间

的逻辑关系，做到层次分明、结构严谨、条理清楚。

4．不可夹带请示事项

报告与请示这两种文种具有一定的相似性，在进行文种选择的时候，要慎之又慎，不要因选错文种而使工作滞后或延误。报告是下级机关向上级机关汇报工作、反映情况、答复上级机关询问时所使用的公文，只是起到知照的作用，并不需要上级机关批复公文。因此，如果有请示事项的话，要重新制发"请示"公文，不可在报告中夹带请示事项，以免影响请求事项的处理和解决。

5．文字要精练

由于报告内容所涉及的方面宽泛且复杂，在撰写的时候很容易将公文写得冗长且重点不够突出，内容流于泛泛。因此，在撰写公文的时候，要通过精练的文字表达出鲜明的观点，要以极简短的文字反映更多的内容，这就要求将那些可要可不要的材料删除。

6．要注明签发人

国家行政机关公文文种中的请示、报告以及按请示性公文程序和要求办理的意见要注明签发人。

三、与报告有关的问题

1．情况报告与工作报告的区别

在实际工作中，由于情况报告与工作报告都是向上级反映工作情况的上行文，所以二者在使用上经常会被人们混淆，经常会有人说："工作报告中离不开情况，情况报告汇报的也是特殊状态的工作，两者实在是难以区分。"其实，这两类报告无论在写法还是在用法上都有着极为明显的区别。

情况报告主要用于向上级机关及时汇报重大事故、严重灾害、各种重大突发事件、社会上的新动态等在内的重大紧急情况，以便上级机关能够尽快地了解相关的情况，掌握发展动向，做出正确判断，给予及时必要的指示。

工作报告主要用于汇报工作，其汇报的内容可以是全面工作，也可以是某专项工作，其目的是使上级机关了解发文机关该方面工作的进展情况，在必要时给予批评和指导。

总之，工作报告用于常规工作的汇报，情况报告用于突发重大情况的报告。

2．报告与意见的区别

在20世纪90年代前期的行政公文中，经常会看到报告与意见混用的情况，自从国务院颁布了《国家行政机关公文处理办法》后，意见与报告这两个文种的用法才逐渐明确，而最新颁布的《党政机关公文处理工作条例》更是明确了这两种公文的用法。意见的行文目的在于对下一步工作，尤其是某项新工作，提出意见、建议和处理的方法；而报告的目的则是在对以往工作情况梳理汇报时使用的文种。

意见

一、意见概述

1. 意见的概念

意见是上级领导机关、同级机关之间或主管部门，针对当前或者将来要进行的主要工作和亟待解决的重大问题提出原则性的要求和具体的处理办法，直接发至下级机关或转发到有关机关要求其遵照执行，具有指示作用的公文；适用于对重要问题提出见解和处理办法。由此可以看出，意见既可以是上行文，也可以是下行文或者平行文。

意见的制发机关可以是党政机关，也可以是企事业单位、社会团体。意见是党政机关使用频率较高的法定公文。

发文机关在制发公文的时候，就自身职责范围内的重要事项提出相应的见解和处理办法。如果该见解和处理办法需要自己的下级机关执行，那么公文就直接下行；如需同级机关参考，那么就平行（这种行文很少）；如需不相隶属的机关执行，那么就上行呈转。在使用上行的呈转性意见时要注意所提意见如果涉及其他部门职权范围的事项，主办部门应当主动与有关部门进行协商，达成一致意见后才可行文报送给发文机关与执行机关共同的上级机关，并由其转批或责成其办公部门转发给执行机关去执行。

2. 意见的特点

意见作为一种法定公文，具有以下的特点：

（1）行文方向具有多样性

意见既可以是上级机关对下级机关在工作中遇到的问题和情况提出的意见，也可以是平行机关之间对一些问题和事项的看法进行交流，还可以是下级机关在工作中遇到新情况后向上级机关发出的建议性的意见。

（2）内容具有参考性

从各级领导机关制发的意见来看，一般都代表该级领导机关的领导意图，用以表明对某项工作的看法、主张和建议，阐明工作的指导原则和工作方法，提出做好该项工作的要求。因此，上级机关制发的意见，对下级机关的工作具有指导作用。不过这种指导并非硬性规定，而是具有一定的灵活性。文件下行的时候，发文机关应当明确下级机关是照此执行还是参照执行。如果文中明确标有"贯彻执行"等字眼，那么下级机关应遵照执行；如果没有明确要求，那么下级机关就可以参照执行。

当意见的行文方向是上行时，通常分为两种情况：一种是提出的意见需要上级批转或转发；另一种是下级单位和部门认为上级或其他部门处理某些超越了自己职权范围的问题，就会使用意见行文。此时，这个意见就会对上级批准和认可以及其他部门的工作起到建议或参考的作用。

意见作为平行文时，正文的内容仅供对方参考。

（3）使用上具有广泛性

无论是工作中遇到的新情况，还是原有政策中指示不明的地方，都可以用意见来征询相关部门的看法和主张。除了各级政府机关以外，企事业单位、社会团体等也可以使用意见这一文种。

（4）作用性质具有多变性

在上行意见中，如果下级机关的意见被上级机关采纳，那么这个意见就有可能成为决议、决定甚至命令被公布出来，此时它就不再是单纯的意见，而是转变为其他的具有强制性的公文。在下行意见中，如果上级机关的意见符合下级机关的实际工作情况，那么下级机关可能会在讨论之后，将意见的内容转化为决定。

3. 意见的格式

意见的格式主要包括标题、正文和落款。

（1）标题

意见的标题有两种常见的写法：

①发文机关+事由+文种组成，例如《陕西省人民政府关于〈中国教育改革和发展纲要〉的实施意见》。通常作为独立文件下发的意见会采用这种形式的标题。

②事由+文种组成，例如《关于实施城镇居民生活困难家庭救济方案的意见》。通常而言，呈转性意见上行时会采用这种形式的标题，常见于县团级以下的机关公文。

（2）正文

正文是意见的写作主体，包括发文缘由、见解办法和执行要求，这三个部分对应正文的开头、主体和结尾，通常会采用分条的方式安排结构。

①发文缘由。这是意见的开头部分，主要说明意见的行文目的、背景、依据或者缘由等，便于收文者理解或贯彻执行意见内容，篇幅视具体情况而定，可长可短，在最后要以"现就……提出以下意见""特制定本实施意见"等过渡性语句转入下文。

②见解办法。见解办法是意见的核心部分，主要是对有关问题或工作提出相关的见解、建议或处理办法。为方便阅读和执行，这部分的内容在写作时要层次清晰、便于把握。对于内容较简要的，主体部分直接写见解就可以；对于内容繁多的，或涉及重要问题或全局性工作的，既要提出总体的、原则的要求，也要指出具体可行的实际操作办法。

③执行要求。一般的意见以提出号召、希望或要求为结尾，比如"以上意见，望各单位结合本部门的实际情况，制定相应措施，认真贯彻执行"。有些局部性意见可以不专设结尾，在正文结束时，可以用"以上意见如无不妥，请批转……执行"作为结尾。

（3）落款

落款包括成文时间及签署。成文时间可以加括号标注在标题下方，也可以标注在文末的右下方；签署通常在正文右下方标注发文机关；也可以在标题下方标注或直接体现在标题中。

4．意见的分类

意见通常可以分为以下几类：

（1）建议性意见

建议性意见是下级机关就其业务范围内的问题，向上级机关提出建议性意见，供上级机关参考，作为上级机关制定相关政策的依据。该意见一经上级机关批转，就作为上级机关的指导性意见，具有一定的指导性。这类意见是上行文，与呈转性报告类似。

【范例】

济南市农业委员会

关于发展我市观光旅游农业的意见的通知

济南市人民政府：

随着我市农业产业结构调整步伐的加快和人民生活水平的不断提高，发展观光旅游农业已成为农村经济新的增长点。为科学有效地开发利用农业资源，促进农村经济发展，现就发展我市观光旅游农业的有关问题，提出如下意见。

一、指导思想、任务目标与原则

（一）指导思想：以党的十五大和十五届五中全会精神为指导，以农业资源综合开发利用和保护为基础，以提高经济和社会效益为中心，逐步把观光旅游农业培育成具有一定生机和活力的新兴产业，促进农村经济全面发展。

（二）任务目标：力争经过5—10年的努力，在旅游景区周围、交通干线两侧和主要农副产品生产基地，构筑起点、线、面相结合的全市观光旅游农业新格局；建立起一批不同特色、不同层次和规模，具有观光、休闲、体验和科普等多功能的观光旅游农业基地；通过发展观光旅游农业，进一步优化农村经济结构，增加农民收入，加快农村城镇化发展步伐。

（三）遵循原则：

1. 注重实效、循序渐进的原则。观光旅游农业是经济和社会发展到一定阶段的产物。各县（市）区要抓住机遇，因势利导，坚持速度、规模和效益的统一。近期，优先开发生产基地有规模、资源环境好和交通便利的观光旅游项目，积累经验，逐步展开。

2. 全面规划、突出特色的原则。各地要从实际出发，制订科学的发展观光旅游农业规划。要适应回归自然和观光休闲的心理，注重文化品位，突出地方特色，体现乡土风情，展示农业高科技成果。

3. 用市场机制开发建设的原则。发展观光旅游农业，项目建设、资金投入和经营管理要按照市场经济的要求，鼓励多种经济成分参与开发建设。

4. 开发与保护相结合的原则。发展观光旅游农业要正确处理资源开发和保护的关系，防止滥占耕地，加强环境保护，实现观光旅游农业与农村经济的协调发展。

二、区域布局与重点项目全市发展观光旅游农业，按照由近及远，功能配套，点线面连接，依托农业资源，结合旅游景区建设的构思布局。近期抓好以下重点项目：

1. 山东药乡国家森林公园。充分利用1233.2公顷森林资源，营造风景林、特药景观、特花景观、特果景观、瓦岗寨景区、南台景区、天池景区、长城岭景区、幽静谷景区等，建成以森林景观、人文景观、药乡为特色，观光旅游为主体，休闲、度假等多功能的森林旅游基地。

2. 济南农高区观光旅游区。在不断完善现有设施的基础上，开发建设济南泉兴农业公园和观光农业旅游区。农业公园以智能温室、组培等科技项目为特色，兴建自耕园区，让市民及中小学生自种、自养、自管、自收，培养农业情趣。观光农业旅游区规划建设科普展览、垂钓、百花观赏、百果游览和蔬菜观赏等项目，把农高区逐步建成近郊以农业高科技为特色的观光旅游基地，充分展示现代农业的发展前景。

3. 淡水珍品观光基地。利用市淡水鱼研究所的300亩土地，引进、繁育、推广、展示国内外淡水养殖珍贵品种，兴建垂钓基地，建淡水品大世界、人工湖、游泳池、湖边农家乐及珍稀动物观赏项目，开辟近郊观光一日游活动，开发礼品水产品。

4. 美里湖观光农业景区。以美里湖为中心，规划建设美里湖路两侧10个村28平方公里，近期开发2000亩，重点建设兴达养殖园、通达垂钓园、美里度假村、美里湖乐园、舜玉民俗园等，以此带动和辐射周边地区，建成我市西北近郊以垂钓为特色，集垂钓、休闲、娱乐、度假为一体的观光农业景区。与此同时，抓好玉清湖水库周围观光农业的建设，使之形成一个新的观光农业景点。

5. 鹊山观光农业景区。以鹊山自然景观和鹊山调蓄水库为依托，以鹊山林场1.5万亩森林植被景观为主体，建设生态经济苑、森林公园、立体种植、垂钓等水景开发、山景开发项目，整修扁鹊墓等十余处人文景观，建成我市北部近郊以森林旅游和山、湖、河为特色的观光农业基地。

6. 龙洞万亩优质林果景区。以龙洞自然景观为依托，沿龙洞路到市高新区两侧，规划开发10余个村庄1万余亩果品观光采摘园。重点在历下区农业科技示范园，建设上百亩的采摘、休闲、娱乐项目，在草山岭村建设农家乐园1处，开发建设川龙沟大峡谷，建成我市东部近郊集自然景观、采摘、休闲、探险、科考于一体的观光农业景区。

7. 佛峪特色林果采摘区。在市中区井家沟等4个葡萄专业村发展5000亩葡萄基地，在十六里河镇发展6000亩红荷包杏基地和党家庄镇发展油桃、水晶梨等2000亩，形成南部近郊观光农业景点。

8. 南部山区观光农业景区。以交通干线为主，以济南野生动物世界、药乡景区、四门塔景区和七星台庄园等景区为依托，以山水为特色，以农业文明和山区农村文化为主线，以农业景观、农事活动及农村文化习俗为主要内容，开发建设"1个旅游圈、3个观光农业片、20余处观光农业点"。1个旅游圈即以仲宫为起点，向南经高而到药乡林场，从药乡林场经黄巢水库到跑马岭景区、四门塔景区，经柳埠到七星台，沿仲垛公路经绣川到仲宫。3个观光农业片分别是以休闲、赏花、采摘为主要内容的仲宫观光农业片，以娱乐、度假、农家乐为特色的柳埠观光农业片和以观赏、生态、休闲为主的西营观光农业片。20余处观光农业景点是仲宫太甲休闲农庄、菠萝峪森林旅游、刘家峪等赏花采摘区，柳埠千禧乐园、王家峪、大会、曲柳峪及尧庄等果品采摘区，西营西岭角万亩板栗观光旅游、西营革命遗址观光旅游和蟠龙山森林公园观光旅游区，绣川万亩红叶观赏及大佛地区观光旅游区，高而锦阳川观光旅游区等，把南部山区5个乡镇建成观光农业景区和旅游区。

9. 华山景区观光农业开发区。以华山景区为主，沿机场路两侧，开发万亩荷花观赏和垂钓、娱乐项目，开辟以水稻观赏为特色的具有江南风光的观光农业新景区，在遥墙开发温泉浴，在唐王周围建设垂钓、休闲、度假区，在机场周围地区开辟珍稀植物观赏区和绿色观赏长廊。

10. 章丘观光农业景区。在南部山区以垛庄为主，辐射带动曹范等山区乡镇，发展山区观光、旅游和果品采摘项目。在官庄乡以省林木良种培育中心为龙头，建设6处特色农业示范园，开发万亩苗木花卉观赏园及狼窝山小流域观赏区，在中北部开发现代农业一日游观光旅游线路，在白云湖开发建设万亩荷花观赏、垂钓、水上娱乐等项目。

11. 长清104线观光农业景区。以五峰山、灵岩寺、莲台山等景区为衬托，开发建设五峰山小庵观光农业区、徐南山度假区和德王陵万亩杏园观光采摘区；万德镇开发建设6000亩卧龙峪观光生态农业区和灵岩寺周围地区农家乐、采摘等观光旅游项目；张夏镇沿莲台山路两侧开发观光农业景区和八宝峪现代农业景区。

12. 孝里观光农业景区。以大峰山和齐长城为主，大力开发孝里洼垂钓、休闲、度假及民俗旅游，形成现代农业与古文化相结合，名山与黄河相衬托的观光农业格局。

13. 平阴观光农业景区。重点开发独具特色的玫瑰花观赏区，扩大种植规模，提高管理水平，开发玫瑰产品，逐步形成玫瑰农业文明。开发建设大寨山森林公园，辐射带动洪范池镇等周围地区，形成集森林旅游、果品采摘、农家休闲于一体的观光农业基地，建设城西万亩垂钓中心。

14. 济阳观光农业景区。沿220线两侧建设崔寨现代农业科技园、稍门等乡镇10万亩稻藕风景区、2.6万亩红提葡萄长廊和太平万亩西瓜采摘等项目。

15. 商河观光农业景点。规划建设以玉皇庙镇为主的黄冈优质果品基地，以岳桥乡为主的优质大蒜采摘基地及徒骇河风俗旅游基地。

三、几项政策措施

（一）观光旅游农业享受农业税收的有关政策。利用"四荒"资源兴建的项目，执行"四荒"开发的相关政策。

（二）加大对观光旅游农业建设项目的投入。观光旅游农业是农业发展和农民增收的增长点，市、县（市）区要作为扶持的重点，分别列出专项资金，用于项目基础设施的扶持投入或贷款贴息，各级计委、农业、林业、水利、交通、供电、电信等部门，要根据职责分工，对市里规划建设的重点项目给予积极支持。

（三）搞好观光旅游农业的服务设施建设。景区建设是观光旅游农业的基础，必须高起点、高品位规划，高标准、高质量建设，并与农田水利、农村小城镇、旅游景区、农业科技园区以及农业结构调整有机结合起来。根据项目进展情况，适时开辟农业观光旅游专线，为市民出游提供方便。加强导游人员的业务培训，搞好餐饮、娱乐和住宿等服务业的配套项目建设，并尽快开发观光农业产品、生态旅游商品，不断丰富观光旅游农业的内涵。

济南市农业委员会
二〇〇一年一月六日

（2）指导性意见

此类意见用于上级机关或有关主管部门阐述和说明开展某项工作的基本思想、原则、要求，对下级机关的工作给予原则性指导。此类意见一经下发就产生一定的法定效力，大多属于下行文。

【范例】
国家发展改革委关于加强和改进发电运行调节管理的指导意见
发改运行〔2014〕985号

北京市、河北省、江西省、河南省、陕西省、西藏自治区发展改革委，各省、自治区、直辖市经信委，吉林省能源局，国家电网公司、中国南方电网有限责任公司、中国华能集团公司、中国大唐集团公司、中国华电集团公司、中国国电集团公司、中国电力投资集团公司、中国三峡集团公司、中国神华集团公司、国家开发投资公司：

为稳定电力生产供应，保障电力供需平衡，强化电网安全运行，促进节能减排和资源优化配置，根据《电力法》《电网调度管理条例》等有关法律法规的规定和国务院关于行政审批改革的精神，现就加强和改进发电运行调节管理提出以下指导意见。

一、发电运行应坚持的原则

（一）发电运行应坚持"安全第一，预防为主"的方针，促进电网安全稳定运行。

（二）发电运行应坚持连续稳定，服从统一调度，保障电力可靠供应。

（三）发电运行应坚持电力电量平衡，资源优化配置，促进节能减排和大气污染防治。

（四）发电计划安排应坚持市场化改革的方向，逐步缩小计划比例，为市场交易创造条件。

（五）火力发电生产应坚持燃料稳定供应，避免因燃料短缺导致停机或减少发电出力。

（六）建立健全发电运行监督管理制度，并严格执行。

二、统筹电力电量平衡，促进节能减排

（七）年度电力电量平衡方案包括需求预测、供应能力、发电计划、送受电计划及供需平衡分析、保障应对措施等。

（八）国家发展改革委会同国家能源局确定年度电力电量平衡方案编制原则。

（九）各省政府主管部门负责组织编制本地年度电力电量平衡方案，报国家发展改革委备案，并抄送国家能源局派出机构。

（十）在制定年度电力电量平衡方案时，应积极促进售电侧改革，根据市场需要预留直接交易空间，支持用户开展电力直接交易试点，并将交易电量纳入电力电量平衡。

（十一）年度发电计划在确保电网安全稳定的前提下，全额安排可再生能源上网电量，优先安排水电、核电、热电联产、资源综合利用机组发电；在燃煤发电机组中，综合考虑机组参数、脱硫、脱硝、除尘、供热、空冷、中水利用、海水淡化等有关因素，全面推行差别电量政策，确保高效节能环保机组的利用小时数明显高于其他机组。纳入关停规划并按期关停的机组可按规定安排发电量。

（十二）在实行差别电量政策基础上，对严格执行环保排放的燃煤发电机组实行鼓励，燃煤机组排放达到燃气机组标准的，应适当奖励发电量。

（十三）年度发电计划制定后，发电企业可自主协商开展替代发电，需通过电网调度机构校核。具备条件的地区，可跨区跨省进行替代发电。

（十四）各省政府主管部门应积极推动清洁能源发电机组替代火电机组发电，高效、低排放燃煤机组替代低效、高排放燃煤机组发电。在本地区开展替代发电，应保证供需平衡和供热稳定；跨区跨省开展替代发电，对可能影响大气污染防治目标和节能减排任务实现的，应经相关政府主管部门同意。

（十五）送受电应贯彻国家能源战略规划，充分利用水能、风能、太阳能等清洁能源；优化电网运行方式，加强跨区跨省余缺调剂。

（十六）电力企业应根据年度电力电量平衡方案协商签订购售电合同。

（十七）电网企业应制定保障可再生能源全额上网的并网措施。可再生能源发电企业应满足并网运行的标准和要求，加强资源预测，保障运行平稳。

（十八）每年四季度，年度电力电量平衡方案应根据供需情况变化进行调整。方案调整后，电力企业应签订调整补充协议。

（十九）电力调度机构应合理制定年度运行方式，并报送同级经济运行主管部门及国家能源局派出机构；区域电力调度机构还应将其年度运行方式报送区域内相关省经济运行主管部门。

三、强化发电运行调节管理，稳定机组出力

（二十）发电企业应加强机组维护管理，提高机组可靠性，满足稳发满发和调峰、备用的需要。在电网安全和供热受到影响时，可再生能源发电企业也应通过购买辅助服务等方式适当参与调峰。

（二十一）电力调度机构应根据电网结构、发电机组技术条件和性能情况，按照保证安全、经济高效和兼顾公平的原则，安排发电机组参与电力系统调峰、调频、调压、备用。

（二十二）电力企业应根据电力设备检修导则和设备健康状况，向电力调度机构提出检修安排申请。电力调度机构在考虑相关因素后，经与申请单位协商，统筹安排年度检修计划，并报送有关省级经济运行主管部门及国家能源局派出机构。

（二十三）发电企业临时检修或变更检修计划，应向电力调度机构提前申请；电力调度机构应视电网运行情况确定是否安排，并及时反馈。电网企业影响发电的临时检修，应提前与发电企业协商，尽量与相关发电设备的检修有效衔接，减少对电力生产供应的影响。对可能导致供应紧张的重大电力设备临时检修安排，电力调度机构应提前报送省经济运行主管部门。

（二十四）发电企业应保证机组最小技术出力、最大技术出力和调节情况满足电网稳定运行要求，特别是满足电网大负荷运行和调峰需要，并落实调频调压的有关措施，保证电能质量符合国家标准。

（二十五）发电机组实际最大出力超过额定铭牌出力的，必须经电力科研、调度等有关机构按照规程进行运行试验，必要时应通过电网大负荷连续运行试验。经试验合格后的机组最大技术出力，各省经济运行主管部门应纳入电网的电力电量平衡。

（二十六）各省经济运行主管部门应设定年度允许非计划停运次数和时间

的上限。对非计划停运超过上限的，适当扣减下一年度发电计划；对全年没有发生非计划停运的，适当增加下一年度发电计划。

（二十七）各省经济运行主管部门应根据发电机组保证出力、接带负荷和服从调度命令等情况增减下一年度发电计划。

（二十八）国家能源局派出机构及相关政府主管部门应严格组织执行并网运行及安全管理规定。各省经济运行主管部门应和有关部门加大电网公平公正调度的监督，并加强发电运行等相关矛盾的协调。

四、加强燃料供应监管，保障火电正常生产

（二十九）各地应制定火电厂燃料存储标准和考核规则，完善燃料信息报送制度和燃料会商机制，加强燃料供应的监控和协调，及时发布燃料预警信息。

（三十）火电厂及其上级管理单位应认真履行保障燃料稳定供应的主体责任，加强与燃料生产、运输等方面的衔接，按存储标准要求购储燃料，并按有关规定要求及时、准确报送燃料信息。

（三十一）电力调度机构应准确掌握调度范围内火电厂燃料存储信息，对低于燃料存储标准的，应及时对相关电厂发布电煤预警通知，根据电力供应情况合理调整发电出力，并将有关情况及时报送省经济运行主管部门。

（三十二）对于火电厂因燃料短缺造成停机或造成机组长时间不能按核定出力发电的，视同非计划停运。

五、优化安排发电组合，提高发电负荷率

（三十三）电力供需形势缓和时，在优先调度可再生能源和清洁能源的基础上，对燃煤机组生产运行进行优化组合，有序调停部分机组，提高发电负荷率，减少资源消耗和污染物排放。

（三十四）燃煤机组优化组合应坚持保障电网安全、保证年度发电量不受影响和公开公平公正的原则。

（三十五）优化燃煤机组发电组合，启动条件为：

1. 根据发用电平衡预计，全网最小运行备用容量大于最高负荷的一定比例时或系统最小运行负备用容量小于最低负备用要求时。具体比例由各省经济运行主管部门会同国家能源局派出机构组织确定。

2. 根据电力电量平衡预计，后续全网燃煤机组平均发电负荷率较低时。具体数值由各省经济运行主管部门组织确定，但不应低于70%；水电丰富地区启动条件可适当放宽，后续全网燃煤机组平均发电负荷率不应低于60%。

3. 受电网约束，单一火电厂发电负荷率小于65%时。

（三十六）优化燃煤机组发电组合，需对火电厂后续发电负荷率从高到低排序，原则上排序靠后的电厂优先调停机组。火电厂后续发电负荷率计算方法由省经济运行主管部门会同电力企业确定。

（三十七）优化燃煤机组发电组合，原则上不得安排全厂停机，尽可能减少单台机组频繁启停。一般情况下，单台机组调停一次不小于7天、不大于45天。

（三十八）电力调度机构应按照规定条件启动优化程序。

六、定期通报运行信息，加强组织管理

（三十九）电网企业应及时公开电力供需形势预测、电网运行方式、网络约束、发电计划完成情况、可再生能源上网情况、燃煤机组发电负荷率等信息，发电企业应及时反映机组运行状况、检修计划变更等信息。电力生产运行应坚持厂网协商一致，服从调度命令。

（四十）年度购售电合同实际执行情况与调整后计划的偏差应控制在2%以内，因发电企业自身原因造成偏差大于规定范围的除外。

对于因非发电企业自身原因造成个别发电企业偏差大于规定范围的，电力调度机构应做出合理解释。对超出规定范围的电量，由省政府主管部门在制定下一年度发电计划时，予以相应增减。

（四十一）各省经济运行主管部门应和有关部门定期公布发电运行考核结果，并将考核结果报送国家发展改革委及相关单位。

（四十二）国家发展改革委对发电运行情况适时进行通报，根据情况对严重违反发电运行规定的企业提出批评并责令改正。有关部门按照职责分工对电力企业执行国家相关规定进行监管。

七、有关要求

（四十三）各省经济运行主管部门会同有关部门根据本意见制定实施细则。

（四十四）本意见下列用语的含义

运行备用容量：指在规定的时间内，可供电网调度、用以平衡用电负荷波动而进行增减的发电容量。

后续发电负荷率：指发电厂在年度内剩余时间的开机状态下，完成计划发电量所要运行的负荷率水平。

国家发展改革委

2014年5月18日

（3）实施意见

实施意见通常是为了贯彻落实某项重要决定或开展某项工作所制定的实施方案，其重在阐发上级的有关精神，使下级单位对上级的文件精神有更为深入的理解，同时提出较为具体的行动方案和工作安排。

【范例】

关于加快推动我国绿色建筑发展的实施意见

财建〔2012〕167号

各省、自治区、直辖市、计划单列市财政厅（局）、住房城乡建设厅（委、局），新疆建设兵团财务局、建设局：

按照《国务院关于印发"十二五"节能减排综合性工作方案的通知》（国发〔2011〕26号）统一部署，为进一步深入推进建筑节能，加快发展绿色建筑，促进城乡建设模式转型升级，特制定以下实施意见：

一、充分认识绿色建筑发展的重要意义

绿色建筑是指满足《绿色建筑评价标准》（GB/T 50378—2006），在全寿命周期内最大限度地节能、节地、节水、节材，保护环境和减少污染，为人们提供健康、适用和高效的使用空间，与自然和谐共生的建筑。

我国正处于工业化、城镇化和新农村建设快速发展的历史时期，深入推进建筑节能，加快发展绿色建筑面临难得的历史机遇。目前，我国城乡建设增长方式仍然粗放，发展质量和效益不高，建筑建造和使用过程能源资源消耗高、利用效率低的问题比较突出。大力发展绿色建筑，以绿色、生态、低碳理念指导城乡建设，能够最大效率地利用资源和最低限度地影响环境，有效转变城乡建设发展模式，缓解城镇化进程中资源环境约束；能够充分体现以人为本理念，为人们提供健康、舒适、安全的居住、工作和活动空间，显著改善群众生产生活条件，提高人民满意度，并在广大群众中树立节约资源与保护环境的观念；能够全面集成建筑节能、节地、节水、节材及环境保护等多种技术，极大带动建筑技术革新，直接推动建筑生产方式的重大变革，促进建筑产业优化升级，拉动节能环保建材、新能源应用、节能服务、咨询等相关产业发展。

各级财政、住房城乡建设部门要充分认识到推动发展绿色建筑，是保障改善民生的重要举措，是建设资源节约、环境友好型社会的基本内容，对加快转变经济发展方式，深入贯彻落实科学发展观都具有重要的现实意义。要进一步增强紧迫感和责任感，紧紧抓住难得的历史机遇，尽快制定有力的政策措施，建立健全体制机制，加快推动我国绿色建筑健康发展。

二、推动绿色建筑发展的主要目标与基本原则

（一）主要目标。切实提高绿色建筑在新建建筑中的比重，到2020年，绿色建筑占新建建筑比重超过30%，建筑建造和使用过程的能源资源消耗水平接近或达到现阶段发达国家水平。"十二五"期间，加强相关政策激励、标准规范、技术进步、产业支撑、认证评估等方面能力建设，建立有利于绿色建筑发展的体制机制，以新建单体建筑评价标识推广、城市新区集中推广为手段，实现绿色建筑的快速发展，到2014年政府投资的公益性建筑和直辖市、计划单列市及省会城市的保障性住房全面执行绿色建筑标准，力争到2015年，新增绿色建筑面积10亿平方米以上。

（二）基本原则。加快推动我国绿色建筑发展必须遵循以下原则：因地制宜、经济适用，充分考虑各地经济社会发展水平、资源禀赋、气候条件、建筑特点，合理制定地区绿色建筑发展规划和技术路线，建立健全地区绿色建筑标准体系，实施有针对性的政策措施。整体推进、突出重点，积极完善政策体系，从整体上推动绿色建筑发展，并注重集中资金和政策，支持重点城市及政府投资公益性建筑在加快绿色建筑发展方面率先突破。合理分级、分类指导，按照绿色建筑星级的不同，实施有区别的财政支持政策，以单体建筑奖励为主，支持二星级以上的高星级绿色建筑发展，提高绿色建筑质量水平；以支持绿色生态城区发展为主要抓手，引导低星级绿色建筑规模化发展。激励引导、规范约束，在发展初期，以政策激励为主，调动各方加快绿色建筑发展的积极性，加快标准标识等制度建设，完善约束机制，切实提高绿色建筑标准执行率。

三、建立健全绿色建筑标准规范及评价标识体系，引导绿色建筑健康发展

（一）健全绿色建筑标准体系。尽快完善绿色建筑标准体系，制（修）订绿色建筑规划、设计、施工、验收、运行管理及相关产品标准、规程。加快制定适合不同气候区、不同建筑类型的绿色建筑评价标准。研究制定绿色建筑工程定额及造价标准。鼓励地方结合地区实际，制定绿色建筑强制性标准。编制绿色生态城区指标体系、技术导则和标准体系。

（二）完善绿色建筑评价制度。各地住房城乡建设、财政部门要加大绿色建筑评价标识制度的推进力度，建立自愿性标识与强制性标识相结合的推进机制，对按绿色建筑标准设计建造的一般住宅和公共建筑，实行自愿性评价标识，对按绿色建筑标准设计建造的政府投资的保障性住房、学校、医院等公益性建筑及大型公共建筑，率先实行评价标识，并逐步过渡到对所有新建绿色建筑均进行评价标识。

（三）加强绿色建筑评价能力建设。培育专门的绿色建筑评价机构，负责

相关设计咨询、产品部品检测、单体建筑第三方评价、区域规划等。建立绿色建筑评价职业资格制度，加快培养绿色建筑设计、施工、评估、能源服务等方面的人才。

四、建立高星级绿色建筑财政政策激励机制，引导更高水平绿色建筑建设

（一）建立高星级绿色建筑奖励审核、备案及公示制度。各级地方财政、住房城乡建设部门将设计评价标识达到二星级及以上的绿色建筑项目汇总上报至财政部、住房城乡建设部（以下简称"两部"），两部组织专家委员会对申请项目的规划设计方案、绿色建筑评价标识报告、工程建设审批文件、性能效果分析报告等进行程序性审核，对审核通过的绿色建筑项目予以备案，项目竣工验收后，其中大型公共建筑投入使用一年后，两部组织能效测评机构对项目的实施量、工程量、实际性能效果进行评价，并将符合申请预期目标的绿色建筑名单向社会公示，接受社会监督。

（二）对高星级绿色建筑给予财政奖励。对经过上述审核、备案及公示程序，且满足相关标准要求的二星级及以上的绿色建筑给予奖励。2012年奖励标准为：二星级绿色建筑45元/平方米（建筑面积，下同），三星级绿色建筑80元/平方米。奖励标准将根据技术进步、成本变化等情况进行调整。

（三）规范财政奖励资金的使用管理。中央财政将奖励资金拨至相关省市财政部门，由各地财政部门兑付至项目单位，对公益性建筑、商业性公共建筑、保障性住房等，奖励资金兑付给建设单位或投资方，对商业性住宅项目，各地应研究采取措施主要使购房者得益。

五、推进绿色生态城区建设，规模化发展绿色建筑

（一）积极发展绿色生态城区。鼓励城市新区按照绿色、生态、低碳理念进行规划设计，充分体现资源节约环境保护的要求，集中连片发展绿色建筑。中央财政支持绿色生态城区建设，申请绿色生态城区示范应具备以下条件：新区已按绿色、生态、低碳理念编制完成总体规划、控制性详细规划以及建筑、市政、能源等专项规划，并建立相应的指标体系；新建建筑全面执行《绿色建筑评价标准》中的一星级及以上的评价标准，其中二星级及以上绿色建筑达到30%以上，2年内绿色建筑开工建设规模不少于200万平方米。

（二）支持绿色建筑规模化发展。中央财政对经审核满足上述条件的绿色生态城区给予资金定额补助。资金补助基准为5000万元，具体根据绿色生态城区规划建设水平、绿色建筑建设规模、评价等级、能力建设情况等因素综合核定。对规划建设水平高、建设规模大、能力建设突出的绿色生态城区，将相应调增补助额度。补助资金主要用于补贴绿色建筑建设增量成本及城区绿色生态规划、指标体系制定、绿色建筑评价标识及能效测评等相关支出。

六、引导保障性住房及公益性行业优先发展绿色建筑，使绿色建筑更多地惠及民生

（一）鼓励保障性住房按照绿色建筑标准规划建设。各地要切实提高公租房、廉租房及经济适用房等保障性住房建设水平，强调绿色节能环保要求，在制定保障性住房建设规划及年度计划时，具备条件的地区应安排一定比例的保障性住房按照绿色建筑标准进行设计建造。

（二）在公益性行业加快发展绿色建筑。鼓励各地在政府办公建筑、学校、医院、博物馆等政府投资的公益性建筑建设中，率先执行绿色建筑标准。结合地区经济社会发展水平，在公益性建筑中开展强制执行绿色建筑标准试点，从2014年起，政府投资公益性建筑全部执行绿色建筑标准。

（三）切实加大保障性住房及公益性行业的财政支持力度。绿色建筑奖励及补助资金、可再生能源建筑应用资金向保障性住房及公益性行业倾斜，达到高星级奖励标准的优先奖励，保障性住房发展一星级绿色建筑达到一定规模的也将优先给予定额补助。

七、大力推进绿色建筑科技进步及产业发展，切实加强绿色建筑综合能力建设

（一）积极推动绿色建筑科技进步。各级财政、住房城乡建设部门要鼓励支持建筑节能与绿色建筑工程技术中心建设，积极支持绿色建筑重大共性关键技术研究。加大高强钢、高性能混凝土、防火与保温性能优良的建筑保温材料等绿色建材的推广力度。要根据绿色建筑发展需要，及时制定发布相关技术、产品推广公告、目录，促进行业技术进步。

（二）大力推进建筑垃圾资源化利用。积极推进地级以上城市全面开展建筑垃圾资源化利用，各级财政、住房城乡建设部门要系统推行垃圾收集、运输、处理、再利用等各项工作，加快建筑垃圾资源化利用技术、装备研发推广，实行建筑垃圾集中处理和分级利用，建立专门的建筑垃圾集中处理基地。

（三）积极推动住宅产业化。积极推广适合住宅产业化的新型建筑体系，支持集设计、生产、施工于一体的工业化基地建设；加快建立建筑设计、施工、部品生产等环节的标准体系，实现住宅部品通用化，大力推广住宅全装修，推行新建住宅一次装修到位或菜单式装修，促进个性化装修和产业化装修相统一。

各级财政、住房城乡建设部门要按照本意见的部署和要求，统一思想，提高认识，认真抓好各项政策措施的落实，要与发改、科技、规划、机关事务等

有关部门加强协调配合，落实工作责任，及时研究解决绿色建筑发展中的重大问题，科学组织实施，推动我国绿色建筑快速健康发展。

财政部住房和城乡建设部

二〇一二年四月二十七日

（4）规划性意见

规划性意见适用于上级机关或业务主管部门制定开展某项工作的部署、要求、安排、具体措施，并带有工作计划特点的一种公文，具有指导性。

【范例】

国务院关于当前发展学前教育的若干意见

国发〔2010〕41号

各省、自治区、直辖市人民政府，国务院各部委、各直属机构：

为贯彻落实党的十七届五中全会、全国教育工作会议精神和《国家中长期教育改革和发展规划纲要（2010—2020年）》，积极发展学前教育，着力解决当前存在的"入园难"问题，满足适龄儿童入园需求，促进学前教育事业科学发展，现提出如下意见。

一、把发展学前教育摆在更加重要的位置。学前教育是终身学习的开端，是国民教育体系的重要组成部分，是重要的社会公益事业。改革开放特别是新世纪以来，我国学前教育取得长足发展，普及程度逐步提高。但总体上看，学前教育仍是各级各类教育中的薄弱环节，主要表现为教育资源短缺、投入不足，师资队伍不健全，体制机制不完善，城乡区域发展不平衡，一些地方"入园难"问题突出。办好学前教育，关系亿万儿童的健康成长，关系千家万户的切身利益，关系国家和民族的未来。

发展学前教育，必须坚持公益性和普惠性，努力构建覆盖城乡、布局合理的学前教育公共服务体系，保障适龄儿童接受基本的、有质量的学前教育；必须坚持政府主导，社会参与，公办民办并举，落实各级政府责任，充分调动各方面积极性；必须坚持改革创新，着力破除制约学前教育科学发展的体制机制障碍；必须坚持因地制宜，从实际出发，为幼儿和家长提供方便就近、灵活多样、多种层次的学前教育服务；必须坚持科学育儿，遵循幼儿身心发展规律，促进幼儿健康快乐成长。

各级政府要充分认识发展学前教育的重要性和紧迫性，将大力发展学前教育作为贯彻落实教育规划纲要的突破口，作为推动教育事业科学发展的重要任务，作为建设社会主义和谐社会的重大民生工程，纳入政府工作重要议事日程，切实抓紧抓好。

二、多种形式扩大学前教育资源。大力发展公办幼儿园，提供"广覆盖、保基本"的学前教育公共服务。加大政府投入，新建、改建、扩建一批安全、适用的幼儿园。不得用政府投入建设超标准、高收费的幼儿园。中小学布局调整后的富余教育资源和其他富余公共资源，优先改建成幼儿园。鼓励优质公办幼儿园举办分园或合作办园。制定优惠政策，支持街道、农村集体举办幼儿园。

鼓励社会力量以多种形式举办幼儿园。通过保证合理用地、减免税费等方式，支持社会力量办园。积极扶持民办幼儿园特别是面向大众、收费较低的普惠性民办幼儿园发展。采取政府购买服务、减免租金、以奖代补、派驻公办教师等方式，引导和支持民办幼儿园提供普惠性服务。民办幼儿园在审批登记、分类定级、评估指导、教师培训、职称评定、资格认定、表彰奖励等方面与公办幼儿园具有同等地位。

城镇小区没有配套幼儿园的，应根据居住区规划和居住人口规模，按照国家有关规定配套建设幼儿园。新建小区配套幼儿园要与小区同步规划、同步建设、同步交付使用。建设用地按国家有关规定予以保障。未按规定安排配套幼儿园建设的小区规划不予审批。城镇小区配套幼儿园作为公共教育资源由当地政府统筹安排，举办公办幼儿园或委托办成普惠性民办幼儿园。城镇幼儿园建设要充分考虑进城务工人员随迁子女接受学前教育的需求。

努力扩大农村学前教育资源。各地要把发展学前教育作为社会主义新农村建设的重要内容，将幼儿园作为新农村公共服务设施统一规划，优先建设，加快发展。各级政府要加大对农村学前教育的投入，从今年开始，国家实施推进农村学前教育项目，重点支持中西部地区；地方各级政府要安排专门资金，重点建设农村幼儿园。乡镇和大村独立建园，小村设分园或联合办园，人口分散地区举办流动幼儿园、季节班等，配备专职巡回指导教师，逐步完善县、乡、村学前教育网络。改善农村幼儿园保教条件，配备基本的保教设施、玩教具、幼儿读物等。创造更多条件，着力保障留守儿童入园。发展农村学前教育要充分考虑农村人口分布和流动趋势，合理布局，有效使用资源。

三、多种途径加强幼儿教师队伍建设。加快建设一支师德高尚、热爱儿童、业务精良、结构合理的幼儿教师队伍。各地根据国家要求，结合本地实际，合理确定生师比，核定公办幼儿园教职工编制，逐步配齐幼儿园教职工。

健全幼儿教师资格准入制度，严把入口关。2010年国家颁布幼儿教师专业标准。公开招聘具备条件的毕业生充实幼儿教师队伍。中小学富余教师经培训合格后可转入学前教育。

依法落实幼儿教师地位和待遇。切实维护幼儿教师权益，完善落实幼儿园教职工工资保障办法、专业技术职称（职务）评聘机制和社会保障政策。对长期在农村基层和艰苦边远地区工作的公办幼儿教师，按国家规定实行工资倾斜政策。对优秀幼儿园园长、教师进行表彰。

完善学前教育师资培养培训体系。办好中等幼儿师范学校。办好高等师范院校学前教育专业。建设一批幼儿师范专科学校。加大面向农村的幼儿教师培养力度，扩大免费师范生学前教育专业招生规模。积极探索初中毕业起点五年制学前教育专科学历教师培养模式。重视对幼儿特教师资的培养。建立幼儿园园长和教师培训体系，满足幼儿教师多样化的学习和发展需求。创新培训模式，为有志于从事学前教育的非师范专业毕业生提供培训。三年内对1万名幼儿园园长和骨干教师进行国家级培训。各地五年内对幼儿园园长和教师进行一轮全员专业培训。

四、多种渠道加大学前教育投入。各级政府要将学前教育经费列入财政预算。新增教育经费要向学前教育倾斜。财政性学前教育经费在同级财政性教育经费中要占合理比例，未来三年要有明显提高。各地根据实际研究制定公办幼儿园生均经费标准和生均财政拨款标准。制定优惠政策，鼓励社会力量办园和捐资助园。家庭合理分担学前教育成本。建立学前教育资助制度，资助家庭经济困难儿童、孤儿和残疾儿童接受普惠性学前教育。发展残疾儿童学前康复教育。中央财政设立专项经费，支持中西部农村地区、少数民族地区和边疆地区发展学前教育和学前双语教育。地方政府要加大投入，重点支持边远贫困地区和少数民族地区发展学前教育。规范学前教育经费的使用和管理。

五、加强幼儿园准入管理。完善法律法规，规范学前教育管理。严格执行幼儿园准入制度。各地根据国家基本标准和社会对幼儿保教的不同需求，制定各种类型幼儿园的办园标准，实行分类管理、分类指导。县级教育行政部门负责审批各类幼儿园，建立幼儿园信息管理系统，对幼儿园实行动态监管。完善和落实幼儿园年检制度。未取得办园许可证和未办理登记注册手续，任何单位和个人不得举办幼儿园。对社会各类幼儿培训机构和早期教育指导机构，审批主管部门要加强监督管理。

分类治理、妥善解决无证办园问题。各地要对目前存在的无证办园进行全面排查，加强指导，督促整改。整改期间，要保证幼儿正常接受学前教育。经整改达到相应标准的，颁发办园许可证。整改后仍未达到保障幼儿安全、健康等基本要求的，当地政府要依法予以取缔，妥善分流和安置幼儿。

六、强化幼儿园安全监管。各地要高度重视幼儿园安全保障工作，加强安全设施建设，配备保安人员，健全各项安全管理制度和安全责任制，落实各项措施，严防事故发生。相关部门按职能分工，建立全覆盖的幼儿园安全防护体系，切实加大工作力度，加强监督指导。幼儿园要提高安全防范意识，加强内部安全管理。幼儿园所在街道、社区和村民委员会要共同做好幼儿园安全管理工作。

七、规范幼儿园收费管理。国家有关部门2011年出台幼儿园收费管理办法。省级有关部门根据城乡经济社会发展水平、办园成本和群众承受能力，按照非义务教育阶段家庭合理分担教育成本的原则，制定公办幼儿园收费标准。加强民办幼儿园收费管理，完善备案程序，加强分类指导。幼儿园实行收费公示制度，接受社会监督。加强收费监管，坚决查处乱收费。

八、坚持科学保教，促进幼儿身心健康发展。加强对幼儿园保教工作的指导，2010年国家颁布幼儿学习与发展指南。遵循幼儿身心发展规律，面向全体幼儿，关注个体差异，坚持以游戏为基本活动，保教结合，寓教于乐，促进幼儿健康成长。加强对幼儿园玩教具、幼儿图书的配备与指导，为儿童创设丰富多彩的教育环境，防止和纠正幼儿园教育"小学化"倾向。研究制定幼儿园教师指导用书审定办法。建立幼儿园保教质量评估监管体系。健全学前教育教研指导网络。要把幼儿园教育和家庭教育紧密结合，共同为幼儿的健康成长创造良好环境。

九、完善工作机制，加强组织领导。各级政府要加强对学前教育的统筹协调，健全教育部门主管、有关部门分工负责的工作机制，形成推动学前教育发展的合力。教育部门要完善政策，制定标准，充实管理、教研力量，加强学前教育的监督管理和科学指导。机构编制部门要结合实际合理确定公办幼儿园教职工编制。发展改革部门要把学前教育纳入当地经济社会发展规划，支持幼儿园建设发展。财政部门要加大投入，制定支持学前教育的优惠政策。城乡建设和国土资源部门要落实城镇小区和新农村配套幼儿园的规划、用地。人力资源和社会保障部门要制定幼儿园教职工的人事（劳动）、工资待遇、社会保障和技术职称（职务）评聘政策。价格、财政、教育部门要根据职责分工，加强幼儿园收费管理。综治、公安部门要加强对幼儿园安全保卫工作的监督指导，整治、净化周边环境。卫生部门要监督指导幼儿园卫生保健工作。民政、工商、质检、安全生产监管、食品药品监管等部门要根据职能分工，加强对幼儿园的指导和管理。妇联、残联等单位要积极开展对家庭教育、残疾儿童早期教育的宣传指导。充分发挥城市社区居委会和农村村民自治组织的作用，建立社区和家长参与幼儿园管理和监督的机制。

十、统筹规划，实施学前教育三年行动计划。各省（区、市）政府要深入调查，准确掌握当地学前教育基本状况和存在的突出问题，结合本区域经济社会发展状况和适龄人口分布、变化趋势，科学测算入园需求和供需缺口，确定发展目标，分解年度任务，落实经费，以县为单位编制学前教育三年行动计划，有效缓解"入园难"。2011年3月底前，各省（区、市）行动计划报国家教育体制改革领导小组办公室备案。

地方政府是发展学前教育、解决"入园难"问题的责任主体。各省（区、市）要建立督促检查、考核奖惩和问责机制，确保大力发展学前教育的各项举措落到实处，取得实效。各级教育督导部门要把学前教育作为督导重点，加强对政府责任落实、教师队伍建设、经费投入、安全管理等方面的督导检查，并将结果向社会公示。教育部会同有关部门对各地学前教育三年行动计划进展情况进行专项督查，组织宣传和推广先进经验，对发展学前教育成绩突出的地区予以表彰奖励，营造全社会关心支持学前教育的良好氛围。

国务院

二〇一〇年十一月二十一日

（5）参考性意见

参考性意见是平行机关和不相隶属机关之间就某项工作提出的供对方参考的建设性的见解或可行性方案，多属于平行文。

【范例】

共青团中央组织部关于各级团委编制的参考意见

（1980年10月25日）

参照新中国成立以来中央下达给地方各级团委的编制数，我们对各级团委的编制提出如下意见，供各省、市、自治区定编时参考。

一、地方各级团委编制

（一）团省委、自治区团委一般四十至七十人，省、自治区青联三至五人。人口在四千万以上的特大省，应酌情增加编制。

（二）团地委一般九至十一人。人口在六百万以上的特大地区和少数民族地区，应酌情增加编制。

（三）团县委一般七至九人。人口在七十万以上的特大县和少数民族地区，应酌情增加编制。

（四）县辖区团委一般一至二人。

（五）农村人民公社和街道团委一般应配团的专职干部一至二人。

（六）中央直辖市团委一百至一百二十人；市青联八至十人；市区团委一般十五至二十人，郊区团委一般七至九人。

（七）省辖市团委：人口在二百万以上的市，一般六十至八十人，市青联六至八人；人口在一百万至二百万的市，一般四十至六十人，市青联五至七人；人口在五十万至一百万的市，一般三十至五十人，市青联三至五人；人口在五十万以下的市，一般十五至三十人，市青联二至三人。市区团委一般五至十二人。

（八）地辖市团委，按城市人口多少，参照省辖市团委编制确定。

二、工矿、财贸、农牧林场、机关、学校、科研、文化、卫生等企、事业单位团委编制

（一）工矿企业和基本建设，以及财贸、农牧林场、机关、科研、文化、卫生等企、事业单位，凡青年在三百人以下设团委的单位，应配团的专职干部一人；三百人以上的应酌情增加编制。

（二）大、专院校和中等学校团委编制，应按照教育部和团中央已经做出的决定执行。即：大、专院校凡在校学生在四千人以下的，配团的专职干部三至七人；四千人以上的应酌情增加编制；系团总支应配团的专职干部一人。城市和县、镇完全中学，应配团的专职干部一人；规模较小的中学，可配备兼职团干部。

二、意见的写作要求

1. 体现政策

意见的撰写者必须全面深刻地领会和掌握党和国家的有关方针、政策，并以此作为意见的指导思想，这是写好意见的基础；在撰写公文之前，要掌握大量的第一手材料，从而掌握问题的本质和事物发展的规律，为写好意见提供可靠的保证。

2. 行文及时

意见是为了解决现实工作中亟待解决的问题而提出来的，只有及时行文，才能在实践中发挥其应有的作用。如果没有抓住正确的时机，那么再恰当的意见也会失去其应有的作用和意义。

3．层次清晰

行文时要层层深入、环环相扣、脉络清楚、表达清晰。

4．意见切实

意见的提出既要根据实际需要，又要考虑其可行性，既要明确具体，又要便于理解。

5．观点要鲜明

意见既可以用于正式的公文，也可以用于日常的工作沟通。在正式公文中，撰写意见要有较强的针对性和可行性，文字表述要明确具体，能直接反映出有关部门或机关对要解决的问题的看法和认识，主张做什么和不做什么都要写得清晰明了，使人一目了然。

6．行文要庄重

意见在正式公文中，主要适用对象是平级和下级，对上级也可行文，但是要慎重选择。通常向上级行文多用请示、报告等文种，如一定要使用意见的话，就要注意行文的庄重性。

7．语言平和，态度诚恳

意见的实质是提出切合实际的可行性建议，发挥参谋和指导的作用。因此，在行文时，其在见解中表现出来的态度必须是诚恳的，即便是下行文，其强制性也不会像决定或通知那么强烈。

8．知无不言，言无不尽

作为上行文或平行文的意见，要以知无不言，言无不尽的态度，对上级或平行机关提交本机关的建设性意见，充分发挥好参谋的作用。

三、与意见有关的问题

1．意见与决定、指示性通知的异同

（1）相同之处

以重大问题为内容、以独立文件为形式的直发性文件在下行时，与决定、指示性通知相似，都可以向下级机关布置、安排工作。

（2）不同之处

意见通常是面对没有先例、没有经验的新情况和新问题提出的见解与处理办法，具有方向性、指导性，告诉下级机关应当按照什么原则、朝着什么方向去做，下级机关一般可以结合本地区、本部门的实际情况相对灵活地制定实施意见来贯彻执行；而用于部署重大工作的决定和对某项工作做出相应指示的指示性通知都具有确定性、指挥性，是把上级机关确定的做法交代给下级机关，

要求其必须执行。

2．意见与函的异同

（1）相同之处

意见也可以平行发文，这在行文方向上与函相似。

（2）不同之处

函是平行机关及其他不相隶属机关之间行文的基本文种，它用于传递这些机关之间书面往来的各种信息；而意见只用于向对方提出必要的见解与建议，且此种用法在实际工作中少之又少。

3．意见与呈转性报告的异同

（1）相同之处

意见的行文方向为上行时，与呈转性报告的相似之处有两点：

第一，行文关系。两者都属于上行文，都由主管某方面工作的职能部门呈送给上级机关。

第二，行文目的。两者通常都要求上级机关批转或转发文件。

（2）不同之处

意见与报告的不同之处也有两点：

第一，写作时机不同。意见主要是在某项工作开始之前制发，而呈转性报告则是在某项工作开始之后才进行撰写。

第二，文件内容不同。意见是对某项工作的简介和处理办法，属于单纯性的建议。而呈转性报告是在汇报前段工作情况的基础上，针对存在的问题提出下一步工作的建议。

请示

一、请示概述

1. 请示的概念

请示是下级机关向上级机关请求批示、批准等事宜，并要求予以答复的公文。这一文种的应用也较为广泛，使用频率相对较高，凡是下级机关请求上级审核、答复、指示、批准的事项，都要使用请示行文。请示属于上行文。而上级机关通过对请示的答复，能够及时肯定下级机关正确的意见和做法，并纠正其不当的意见和做法，从而能够帮助下级机关有效地解决问题，推动工作的顺利进行。

2. 请示的特点

通常而言，请示具有以下几个特点：

（1）求助性

通常，只有发文机关在遇到自己无法解决的问题或者无法克服的困难时，才会向上级机关制发公文，其主要目的是希望上级机关能就发文机关目前遇到的困难或问题，给予政策或物质的帮助，简言之，就是向上级机关寻求帮助。因此，求助性是请示最大的特点。请示的求助性有别于报告的陈述性。

（2）单一性

请示在写作的时候要求一文一事，专文专请，不允许在同一份请示公文中，请示两件或两件以上不同性质、不同类别的问题。而且，请示通常只有一个主送机关，如果需要同时送其他机关的话，那么就只能使用抄送的形式。

（3）行为的前置性

请示都是在事件发生之前行文的，待上级机关批准后，才能处理有关请示事项或问题。在此需要注意的是，请示的事前性有别于报告的事后性。

（4）时效性

请示行文具有实效性，这是因为其内容都是针对本机关或本部门当前工作中出现的情况或问题，以求得上级机关的指示或帮助。为了能及时解决问题，发文机关必须做到在收到上级机关的答复后及时付诸实施。

3．请示的格式

一份完整的请示通常包括标题、主送机关、正文和落款。

（1）标题

请示的标题通常有两种写法：

①事由+文种。这种结构的标题是请示最常用的，便于上级机关在批复中引述请示标题。

②发文机关+事由+文种。在党政机关的请示中很少会使用这种标题，其他机关的请示则经常会用到。

无论是哪种形式的请示标题，写好"事由"是关键。在标题中拟写事由的时候，要简单明确地表达出请示的核心内容，这样才有利于上级机关对公文的内容能够及时准确地了解和把握，及时做出正确、有针对性的批复。

（2）主送机关

请示文种要标明主送机关，通常会将其标注在标题与正文之间，单独一行，顶格书写，而且主送机关一般只能写一个。

不过，在对请示标注主送机关时，还需要注意以下四个问题：

①如果请示需要同时发送给其他机关，那么只能以抄送的形式，在抄送的过程中，发文机关要注意不能将公文抄送给自己的下级机关。

②请示在制发的时候不能越级行文。

③如果发文机关受双重领导，那么当他们在上行请示的时候，要根据其内容写明主送机关和抄送机关。

④若非上级机关负责人直接交办的事项，发文机关不得向其直接报送请示。

（3）正文

请示的正文一般分为三个部分，即缘由、事项、结尾。

①缘由。请示缘由，通俗地讲就是"为什么要请示"。无论是什么形式的请示，都要写清楚请示缘由，这样才能让上级机关了解事情的经过，以便能正确地批复请示。

所谓缘由，即请示事项的原因、理由、必要性、可行性等。通常而言，请示的理由越是充分，就越容易达到请求的目的。在陈述缘由时，要真实地反映工作中存在的问题，以党的路线、方针、政策为依据，用科学的道理进行阐释，力求做到理由充分、根据可靠、情理交融。

通常会使用惯用语"特请示如下"或"请示如后"等用于引出下文。

②事项。这部分主要是回答"请示什么"的问题，主要集中在请求什么，

具体要求是什么。这就要求文秘工作者在撰写的过程中将请示的关键问题写得清楚明白。如果需要人员，就要写清楚需要多少人、需要什么专业或者掌握什么技术的人员；如果需要钱，就要写清楚所需款项的数目；如果需要物品，就要写清楚物品的名称、规格、型号、数量等。在撰写的时候，还要对自身的这些需求进行分析，要做到简明扼要、实事求是。

在此需要注意的是，无论是什么形式的请示，都要做到单一而明确。在理由正当而充足的前提下，事项越是明确，条件越是充分，那么请示被上级批准的可能性就越大。

③结尾。请示的结尾要简洁明了，能起到凝练概括、明确提出请示要求的作用。在撰写结尾的时候需要另起一行，语气要谦和，用语要得体，符合自己的身份。

通常请求惯用的结语有"以上意见妥否，请批示""当否，请批示"或者"以上意见如无不妥，请批转"等。

（4）落款

请示的成文日期应标注在正文右下方，规范地标注在印章之下。

4. 请示的分类

通常情况下，请示可以分为以下几类：

（1）请求性请示

所谓请求性请示，指的是请示单位在工作中遇到无力解决的问题，于是向上级发文，请求提供帮助的公文，是一种上行公文。

【范例】

<h3 style="text-align:center">山西省运城市农业局关于
农村经营管理局参照公务员法管理的请示</h3>

运农发〔2008〕38号

市人事局公务员管理科：

我局所属农村经济经营管理局于1999年2月9日组建恢复（运地编发〔1999〕1号），为二级事业局，调整编制为15名，经费实行全额预算。2003年，因成立农业综合执法支队，从该局调整编制2名（运编发〔2003〕40号），现该局编制为13名。

农村经济经营管理局主要承担全市农民负担、农村财务和农村集体资产管理，以及农村承包合同管理等职责。根据国务院《关于深化改革加强基层农业技术推广体系建设的意见》（国发〔2006〕30号），农村经营管理系统不再列入基层农业技术推广体系，农村土地承包管理、农民负担监督管理、农村集体资产财务管理等行政管理职能列入政府职责，确保履行好职能。

山西省人民政府《关于推进基层农业技术推广体系改革的实施意见》（晋政发〔2007〕34号）指出，市县人民政府及编制部门要理顺与农村经营管理系统承担职能相适应的机构和编制，保障经费，确保履行职能。

2000年8月，省政府机构改革时，农村经济体制与经营管理局作为省农业厅内设机构之一，承担相应的行政职能。鉴于我局所属农村经济经营管理局承担的工作性质和履行的管理职能，现申请该局参照公务员管理，请按有关规定予以审批。

特此请示。

二〇〇八年四月二十日

（2）申述性请示

所谓申述性请示，指的是下级机关向上级机关提出请求的同时申述理由。申述性请示的行文是以请求为核心，以申述理由为主的公文。当下级机关在遇到需要解决但又不在自己职权范围内的事项时，通常都会采用申述性请示。

【范例】

横河镇人民政府
关于办公经费紧张请求解决的请示
横政发〔2012〕26号

县政府：

我镇位于阳城县西南50公里处，是全县最偏远的山区乡镇，地面无企业，地下无资源，财政收入几乎为零，办公经费全部靠向上争取。今年，镇党委、政府紧紧围绕县委县政府提出的"3+1"大旅游发展战略，不断加大旅游基础设施建设力度，旅游综合文化活动中心、拓展训练基地、农副土特产品加工基地等一批旅游项目都在积极进行，造成经费十分紧张，特恳请县政府并望县长予以解决50万元办公经费。

专此请示，请予审批。

（联系人：刘××，联系电话：138×××××××××）

横河镇人民政府
二〇一二年六月八日

（3）安排性请示

所谓安排性请示，指的是下级机关向上级机关提出某项工作的安排意见，并报请上级批转或转发有关机关单位执行的请示。安排性请示的新闻跟主体是对工作的安排以及意见的处理。

【范例】

×市市级粮食储备库
关于组织部分人员到××进行培训的请示

某市粮食局：

自2003年开展仓储管理年以来，在经历了标准化、规范化等几个阶段以后，我库仓储管理水平明显提高，仓储面貌发生了根本性的变化。但在硬件建设达到一流的同时，存在着软件与硬件建设发展不相配套的问题。为切实提高我库仓储职工的业务技术素质，全面解决软硬件建设不相配套的问题，经库党委研究，我库拟组织选派部分人员到××粮食管理学院进行培训。现将有关事宜请示如下：

一、培训人员及费用

拟从库全体职工中选拔仓储业务骨干20人参加培训学习。培训费用为1000元/人。

二、时间安排

培训时间初步定于2006年7月6日至20日。

三、拟培训内容

（一）国内外储粮新技术的应用

（二）储粮害虫防治

（三）储粮四项新技术的应用

（四）粮食物流方面的业务知识

（五）储粮生态系统知识

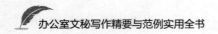

四、其他相关问题

为切实组织好此次培训，我库准备安排库副主任×××同志带队参加培训，全面负责解决培训过程中的问题。

当否，请批复。

（联系人：×××，联系电话：135×××××××××）

×× 粮食储备库

二〇〇六年六月二十二日

（4）解答性请示

解答性请示又被称为"请求指示性请示"或"求示性请示"。所谓解答性请示，指的是下级机关在工作中遇到不好解决的问题，或者对上级机关的某文件的内容在理解上存在疑问，或者是对某问题因机关意见分歧、无法统一执行时向上级发送的公文。

【范例】

瓜州县人民政府关于
小宛农场办公及生活基地搬迁问题的请示

酒泉市人民政府：

国营小宛农场位于我县境内，始建于1964年，隶属甘肃省农垦总公司，系农工商贸综合经营的县团级农垦中型企业。总规划面积83万亩，其中可垦地27万亩，非耕地3.3万亩，实际种植面积1.25万亩，占总面积的1.5%，草场面积19.5万亩。现有职工856人，总人口1158人，拥有固定资产2504万元。农场下辖10多个独立核算的农业和工副业单位，以及医院、派出所、法庭、商店等服务单位，还有地方农业银行、邮电所等。

近期，小宛农场多次向我县提出，要将农场办公及生活基地搬迁至我县县城。我们认为，小宛农场辖区面积较大，农场现有的办公场所包括场属各单位办公地点都地处农场生产核心区，管理农场各项工作较为方便，如搬迁到我县县城，建设成本和管理成本将会大幅增加，且不利于企业今后持续发展。

同时，由于农场已经大量地接收移民群众，且移民群众管理工作还非常不规范，移民群众因土地、灌溉及其他生产和生活问题经常到农场和县上上访反映。目前已有小宛农场部分移民群众由于农场内部的生产管理问题，越级到县政府、市政府、省政府上访反映，给我县正常的社会秩序造成了严重的影响。如果小宛农场将办公及生活基地搬迁至县城的话，大量的移民群众更是缺乏有效的管理和良好的服务，农场内部管理造成的矛盾纠纷及信访问题将会更加突出。

由于我县不清楚小宛农场搬迁办公及生活基地是省农垦总公司的决定，还是小宛农场领导管理机构的意向，同时考虑这样做是否符合上级的有关精神，而且由于此问题涉及农垦系统管理与地方关系的协调处理等重大事务，特请示市政府对此予以指示并给予明确的意见。

二〇〇八年四月二十四日

（5）批转性请示

所谓批转性请示，指的是下级机关请求上级机关对自己单位给下属机关或其他不相隶属的同级机关的指示、文件予以批转的公文。

【范例】

<h3 style="text-align:center">关于要求批转2011年度
审计项目计划实施意见的请示</h3>

海审字〔2011〕10号

市人民政府：

根据市委、市政府中心工作和上级审计机关的统一部署，结合我市审计工作实际，为了进一步加强审计监督、强化审计服务，有计划地组织实施好今年的审计工作任务，我局制定了《2011年度海宁市审计项目计划实施意见》。现提请市政府予以审核批转，特此请示。

附件：1. 2011年度海宁市审计项目计划实施意见（略）
　　　2. 2011年度海宁市审计项目计划表（略）

海宁市审计局
二〇一一年二月二十八日

二、请示的写作要求

1. 标题

标题不要写成"请示报告"。标题中的事由要明确，语言要简洁，必须注意动词使用的准确性，不能用"请求批准""要求""希望"等动词。

2．需要一文一事

请示是下级机关需要上级机关给予答复的公文，通常在一份请示中只能写一件事，这样有利于上级机关就此事做出快速且正确的回应。如果下级机关在公文中一文数事，必定会影响请示事项的及时解决。

3．只能主送一个机关

如果下级机关是受双重领导的单位，那么在制发请示时不要多头请示，要根据请示的内容报送一个上级机关，这个机关是有责任、有权力给予答复或处理的机关。如果涉及其他机关，那么可以使用抄送的形式，不过需要注意的是，请示属于上行公文，不能抄送下级机关。

4．不能报送个人

以发文机关的名义上行的请示，应按照正常的办文程序报送主送机关，并由主送机关的办公部门统一办理。除上级领导直接交办的事项外，请示不能直接报送领导个人。

5．用语要得体

请示作为上行公文，语气和用语十分重要。无论请示的事项多么急切，在行文时都要仔细斟酌，语言要简明扼要，语气要谦敬得体。

6．结尾

结尾要注明联系部门、联系人及联系方式。通常联系人都为公文起草部门的负责人。

三、与请示有关的问题

1．请示与报告的区别

（1）适用情形不同

根据《条例》中的规定，报告"适用于向上级机关汇报工作、反映情况、回复上级机关的询问"，而请示"适用于向上级机关请求指示、批准事项"。由此可见，凡是下级机关向上级机关汇报工作、反映情况、答复上级询问事项时，应使用报告文种；凡是下级机关请求上级审核、答复、指示、批准的事项，应使用请示行文。

（2）行文重点不同

请示的重点在于为其提出的要求陈述充分的理由并说明所提要求的可行性，请示多属于请求性公文，需要上级机关回复；报告的行文重点则是将本机关或本单位所做工作或所发生的重大情况向上级机关陈述清楚，以便上级能及时掌握情况，作为参考，所属陈述性公文，无须上级回复。

（3）行文目的不同

请示的行文目的多是为了解决本部门或本单位的问题，很少向上级机关制发除本部门或本单位问题之外的公文，请示从其字面意思理解即为向上级机关请求指示、批准；而报告的行文目的多是为了让上级机关了解情况，以便上级机关能够及时正确地做出决策。由此可以看出，请示的重点在于已经明确，而报告的重点在于让人知晓。

（4）行文的时机不同

请示的行文必须是在事件发生之前向上级机关发送公文，等到上级批复后再着手进行办理；而报告的行文时机较为灵活多样，它既可以在事前行文，也可以在事中行文，还可以在事后行文，而且行文只需要上级知晓，无须批复。

2．请示与函的区别

请示与函都是用来请求批准事项的文种，不过在用法上截然不同。请示适用于向上级机关请求指示或批准；函适用于不相隶属的机关之间商洽工作、询问或答复问题，或向有关主管部门请求批准等。两者虽然都具有请求批准的功能，但是不能相互替代。当发文机关与受文机关具有直接的上下级关系时，提出的请求批准的事项应以请示行文，如两者之间不具有隶属关系时，那么就使用函行文。

批复

一、批复概述

1. 批复的概念

批复是上级机关答复下级机关请示事项的公文文种。批复必须以下级机关的请示或报告为存在的条件，如果没有请示，那么也就无所谓批复。因此，批复与请示是正式行政公文中具有关联的一对公文文种。这一现状也决定了批复在撰写的过程中，要充分体现对于请示的针对性。可以说，批复是一种针对性和指令性较强的公文。以批复形式答复的请示事项，通常都是较为重要而且涉及面又比较窄的事项。一般来说，批复的核心内容是就请示的内容、问题表示上级机关态度，是同意还是反对，有不同意见等，都要在批复中直接申明。

2. 批复的特点

通常而言，批复具有如下特点：

（1）行文的被动性

批复是上级机关用来答复下级机关请示事项的公文，先有下级机关的请示，才会有上级机关的批复，因此批复具有鲜明的被动性。在公文中，名称凡是带有"复"字字样的文种，在行文上都具有被动性，例如复函、上复性报告等。

（2）行文的权威性

批复由上级领导机关制发，是上级机关意愿以及权威的体现。上级机关对请示事项的批复对下级机关具有直接的约束力。尤其是那些事关重大的批复，还会具有明显的法定作用。

（3）内容的针对性

凡是批复，都是上级机关针对下级机关的请示而制发的，以下级机关的请示为前提。请示通常为一文一事，因此批复也应做到一文一事，不能"综合批复"。下级机关请示什么问题，上级机关就必须有针对性地逐项答复。无论批复的意见如何，都必须答其所问，决不能答非所问。

在这一点上，批复有别于决定、指示性通知等文种。前者能针对请示是集中作答，而后两者则可以就某项工作全面铺展开来，并进行一一论述。

（4）态度的鲜明性

批复在回答下级机关的请示时，态度都很明朗。同意、不同意或不完全同意，都要给出充分的理由和依据，决不能出现态度暧昧、含糊其词的现象。否则，批复就失去了其应有的作用，下级机关也将无所适从。

（5）时间的及时性

批复应讲究时效性。只有下级机关遇到无法解决或者无权解决的问题时，才会向上级发文请示或提出意见。请示的事项通常都十分紧迫，需要受文机关在收到文件后及时研究，并给予答复，要以不影响下级机关的工作为标准。如果对于请示的问题必须延后批复的，比如没有时间，或者需要向上级申请等，也应该先去告知下级机关原因，以免延误工作。

（6）作用的指导性

批复的目的在于指导下级工作，要体现上级机关对下级机关工作的领导与指导作用。上级机关在表明态度以后，可概括地说明方针、政策以及执行中的注意事项。

3．批复的格式

批复通常由标题、主送机关、正文和落款四部分构成：

（1）标题

批复标题的规范写法是三项式标题，即"发文机关+事由+文种"，通常而言，发文机关必须使用全称或法定的规范简称。批复的标题与其他公文文种标题的不同在于，批复往往会在标题中明确地表示出对于下级机关请求事件的意见和态度，而其他文种的公文标题往往只是点明中心事件或问题，大多不会明确表示态度和意见。例如《国务院关于统一建立体育运动中兴奋剂问题综合治理协调小组工作制度的批复》（国函〔2007〕105号）。

批复的标题还曾出现过四项式的写法，即"发文机关+事由+主送机关+文种"的形式，例如《国务院关于高等学校研究部四年制毕业生工资待遇等问题给高等教育部的批复》。但是，后来这种标题形式被摒弃，原因主要有两点。第一，重复累赘。公文格式中已经明确标注了主送机关的标识位置，而且批复是要标注主送机关的公文，因此再将其镶嵌在标题中，定会给人一种累赘的感觉。第二，这种写法不合规范。《条例》中明确规定"标题由发文机关名称、事由和文种组成"，批复作为公务类文书，其标题形式应当符合这一要求。

（2）主送机关

批复要标注主送机关。通常而言，批复的主送机关有两种：

①专发性批复主送机关。所谓专发性批复主送机关，就是指呈送请示的机关。专发性批复的主送机关一般是一个，说明呈送请示的发文机关只有一个。

②增发性批复主送机关。把批复的主送机关写成增列的形式，从而成为增发性批复，此时批复的事由与增列的各个机构必须是密切相关的。

（3）正文

批复的正文通常由批复缘由、批复内容以及批复尾语组成。

①批复缘由就是批复的原因、事由，这是批复在行文的开头就应该交代清楚的。通常而言，批复的依据主要来自两个方面的内容：一是下级机关的请示，这是批复的主要依据，要完整引用请示的标题并加括号注明其请示的发文字号，如"你省《关于变更××市行政区域规范的请示》（×政〔20××〕××号）收悉"；二是与下级机关请求事项相关的方针政策或上级规定等。

批复具有很强的政策性，因此其对下级机关的请求无论同意还是不同意，都要依据相关方针政策或者具体的规章制度来进行答复，如"根据××关于××的规定，现做出如下答复"。不过，如果下级请示的事项在上级文件或者相关的方针政策中找不到相对应的依据，这句引语就可以省略。

②批复内容是批复的主体，因此在对这部分进行写作的时候要有针对性，态度要鲜明，表述要清楚。如果批复内容较为复杂，那么可以分条表述，但是要坚持一文一批的原则，不可在一个批复公文中对若干请示做出批复。

如果批复是肯定的，就要结合文件内容划定一个"同意"或"允许"的范围，当批复内容涉及人、财、物、机构设置等事项的时候，尤其要注意；如果批复是否定的，就要在表态之前先陈述"不予批准"或"缓办"的理由，让下级机关能清楚地知道请示未能通过的原因。

③批复尾语相对来说较为简单，通常有其惯用语，例如"特此批复""专此批复""此复"等。不过这并不表明所有的批复都有尾语，有些批复在陈述完内容之后，不使用任何惯用语，意尽言止即可。

（4）落款

在批复正文的右下方，标注成文日期并加盖发文机关的印章。

4. 批复的分类

针对对应事项，批复可分为两类：

（1）指示性批复

指示性批复是指发文主体针对下级请示中要求上级机关给予的有关问题所做出的政策性的答复。其作用相当于应下级机关的要求，做出的针对性极强的指示。

【范例】

国务院关于换发第二代
居民身份证有关问题的批复

国函〔2001〕62号

公安部：

你部《关于采用非接触式IC卡技术换发我国第二代居民身份证的请示》（公部请〔2001〕49号）收悉。经国务院批准，现批复如下：

一、同意从2001年开始逐步换发第二代居民身份证。在换发证件期间，第一代、第二代居民身份证同时有效。

二、采用非接触式IC卡技术和指纹自动识别技术制作第二代居民身份证。证件内容包括视读信息和机读信息两部分：视读信息是指印制在证件表面的证件名称，持证人照片、姓名、性别、民族、出生日期、住址、公民身份号码，证件使用的截止日期和签发机关；机读信息是指存储在证件芯片内的视读信息内容，持证人指纹，证件申领、换领、丢失补领记载，芯片生产序列号和数字防伪信息。其中用于办理证件和安全防伪的信息，由公安机关掌握。

三、加快促进银行信用卡与第二代居民身份证的应用结合。在银行信用卡应用中，要充分利用第二代居民身份证的信息资源，推动储蓄实名制实施和有效防范银行信用卡业务风险。同时，要加快研究第二代居民身份证与银行信用卡在其他方面的结合应用问题。

四、公安部负责统一监管第二代居民身份证的制作，实行集中制卡，分散制发证件。按照公平、公开、公正的原则，通过公开招标或公平议标选择生产单位，充分利用国内现有制卡生产线。生产能力确实不足的部分，由公安部所属身份证研制生产单位抓紧组织引进设备，安排生产，所需经费自行解决。信息产业部负责组织证件芯片和模块等的生产、供应工作。

五、公安部负责制定各地公安机关制证中心（所）和公安派出所所需制证、采集信息、验证等设备的配备标准，设备购置实行政府采购，所需经费由地方人民政府安排解决。

六、国家计委、财政部、公安部负责制定第二代居民身份证工本费（以下简称证件工本费）收费标准。可先制定试点地区的证件工本费收费标准，再根据对试点地区制发证件实际成本制定全国证件工本费收费标准。

七、对确实负担不了证件工本费的贫困地区的贫困居民，继续实行收费减免政策，对因此而造成制证经费的不足部分，由中央和省级财政给予适当补助。具体办法由财政部商公安部另行制定。

八、加强证件工本费的管理，严格实行"收支两条线"，各级公安机关收取的证件工本费全部上缴国库。所需的办公、制发证件等经费，由公安机关按实际需要编制预算，经同级财政部门审核拨付，专款专用。

九、公安部要有计划分步骤地做好换发第二代居民身份证的工作。2001年选择部分经济发达地区进行试点；2002年在部分大城市、经济发达地区开展换发证件工作，同时为全国普通高等院校的学生换发证件；从2003年起全面启动换发证件工作，争取在大中城市、经济发达地区全部完成。"十五"末完成绝大部分地区的换发证件工作。

十、公安部要抓紧商有关部门做好《中华人民共和国居民身份证条例》的修订工作。

十一、各省、自治区、直辖市人民政府要根据本批复精神积极做好换发第二代居民身份证的工作。各有关部门要各司其职，各负其责。公安部要加强领导，严格管理，制定具体实施方案；要加强与各地区、各有关部门的协调、配合，统一组织、指导、监督换发证件工作，确保换发第二代居民身份证工作顺利完成。公安部要将换发证件工作进展情况及时报告国务院。

国务院

二〇〇一年六月十三日

（2）表态性批复

这种批复也被称为审批性批复，是针对下级机关所呈送的请求批准的请示而做出的，其核心就是对下级机关请示中请求批准的事项进行审核或研究，之后做出批准与否的答复。根据这两种不同的态度，表态性批复又可以分为肯定性批复与否定性批复。

【范例】

**国务院关于同意辽宁省完善城镇
社会保障体系试点实施方案的批复**

国函〔2001〕79号

辽宁省人民政府：

你省《关于报批辽宁省完善城镇社会保障体系试点实施方案的请示》（辽

政〔2001〕131号）收悉。现批复如下：

根据《国务院关于印发完善城镇社会保障体系试点方案的通知》（国发〔2000〕42号）精神，原则同意你省上报的《辽宁省完善城镇社会保障体系试点实施方案》。辽宁是国务院确定的完善城镇社会保障体系试点省，要按照党中央、国务院关于完善城镇社会保障体系的部署和要求，加强领导，精心组织实施，积极稳妥地推进试点工作。要不断总结试点经验，注意研究解决试点工作中出现的问题，确保完善城镇社会保障体系试点工作的顺利进行和社会稳定。当前确保国有企业下岗职工基本生活和企业离退休人员养老金按时足额发放，仍然是社会保障工作中的重要内容，要切实抓紧抓好，不能放松。试点工作中的重要情况要及时向国务院报告。

附件：辽宁省完善城镇社会保障体系试点实施方案（略）

国务院

二〇〇一年七月六日

按主送范围，批复可以分为两类：

（1）专发性批复

专发性批复的主送机关是呈送请示的下级机关，这种批复的主送机关通常是一个，有时也可以是多个。如果专发性批复主送多个机关，那么就说明上级机关所批复的请示是这几个机关联合行文的。

【范例】

国务院关于21世纪初期（2001—2005年）首都水资源可持续利用规划的批复

国函〔2001〕53号

北京市人民政府、水利部：

你们报送的《关于请求批复<21世纪初期（2001—2005年）首都水资源可持续利用规划>的请示》（京政文〔2001〕25号）收悉。现批复如下：

一、原则同意《21世纪初期（2001—2005年）首都水资源可持续利用规划》（以下简称《规划》），请你们认真组织实施。《规划》中涉及的建设项目，要按照基本建设程序逐项报批。

二、《规划》确定的指导思想、规划目标和对策措施符合实际，体现了可持续发展的要求。解决首都水资源紧缺矛盾是一项十分紧迫、十分艰巨的任务，要立足本流域水资源的科学开发、有效保护和高效利用，以有限的水资源支持经济社会的发展。要加快规划工程项目的实施，起步要加快，投入要保证，管理要加强，保障规划目标的实现。

三、北京市要在节水、水资源保护等方面制定相应的法规和政策，加强水资源管理。提高水价是关键性措施，要在5年左右的时间内实现水价改革的目标，通过征收水资源费，逐年提高供水水价，促进节约用水，使供水企业、污水处理企业实现微利运行，同时为《规划》的实施筹集建设资金。

四、北京市、河北省、山西省要加强首都水资源保护生态建设，加大产业结构的调整力度，积极发展低耗水的高新技术产业，推行清洁生产；加强工业污染源和城市生活污水治理，建立节水防污型城市；加强农药、化肥使用的管理，减少面源污染，保证首都水源安全和水质不断提高。

五、充分运用现有生态环境建设的政策和资金投入，统筹安排。北京市实施规划所需资金主要由北京市筹集，中央财政给予适当支持。河北和山西省所需资金，由中央安排资金解决。各级计划、财政主管部门要加强对资金使用的监管。

六、同意成立21世纪初期首都水资源可持续利用协调小组，水利部为组长单位，国家计委、财政部、北京市人民政府为副组长单位，建设部、国家环保总局、国家林业局、河北省和山西省人民政府参加，办公室设在水利部。协调小组主要负责协调密云、官厅水库水源保护和省际间水量分配，组织协调监督规划项目实施。

北京是社会主义祖国的首都，是全国的政治、文化中心，解决好首都水的问题关系重大。各有关地区和部门要高度重视，加强协作，密切配合，确保完成《规划》确定的各项目标任务，推动首都及周边地区经济社会的可持续发展。

国务院

二〇〇一年五月二十三日

（2）增发性批复

增发性批复主要是指除了上级机关在回复呈送请示的下级机关外，还把与文件内容相关联的其他机关增列为主送机关的批复。这种批复的主送机关可以是几个，也可以是所有的下一级机关。文件的内容涉及什么范围，就可以将主送机关扩大到什么范围。

【范例】

国务院关于黄河近期重点治理开发规划的批复

国函〔2002〕61号

青海省、甘肃省、宁夏回族自治区、内蒙古自治区、陕西省、山西省、河南省、山东省人民政府，国家计委、财政部、国土资源部、建设部、水利部、农业部、环保总局、国家林业局：

水利部报送的《关于请求批复黄河近期重点治理开发规划的请示》（水规计〔2002〕226号）收悉。现批复如下：

一、原则同意《黄河近期重点治理开发规划》（以下简称《规划》），请你们认真组织实施。通过治理开发，用10年左右时间初步建成黄河防洪减淤体系，重点河段防洪工程达到设计标准，基本控制洪水泥沙和游荡性河道河势；完善水资源统一管理和调度体制，节水初见成效，基本解决黄河断流问题；基本控制污染物排放总量，使干流水质达到功能区标准，支流水质明显改善；水土保持得到加强，基本控制人为因素产生新的水土流失，遏制生态环境恶化的趋势。

二、《规划》的实施，要坚持全面规划，统筹兼顾，标本兼治，综合治理的原则，实行兴利除害结合，开源节流并重，防洪抗旱并举。要着眼长远，立足当前，突出重点，合理安排，加强管理，做好前期论证工作，加大投入力度。《规划》中涉及的建设项目及投资，按照基本建设程序审批。

三、近期要把黄河下游防洪减淤作为治理重点。加强堤防、河道整治工程和分滞洪工程建设，同时建设黄河干流宁蒙河段、禹门口至潼关河段及渭河下游等重点河段的河防工程，进行黄河滩区和蓄滞洪区的安全建设，并完善非工程防洪措施，重点保障黄河下游防洪安全。

四、要把解决黄河流域水资源不足和水污染问题放到突出位置。近期要以宁蒙河套平原、汾渭盆地和豫鲁沿黄平原等灌区为重点进行灌区节水改造，并加强城市节水工作。建立合理的水价形成机制，加快引黄水价改革的步伐，充分利用经济杠杆，促进节约用水。尽快建立黄河水量调度系统，实行水资源统一管理。地方各级人民政府要切实加强水资源保护和水污染防治工作力度，加强对入河污染物排放总量的控制和断面水质监测，为环保执法提供依据。

五、要切实加强黄土高原水土保持工作。充分发挥生态系统的自我修复能力，实行封山育林，封坡禁牧，有计划、有步骤地实施退耕还林还草。要加强山、水、田、林、路综合治理，进一步加大水土保持执法监督力度，加强对开发建设项目的监督管理，切实控制人为造成新的水土流失。

六、近期要抓紧河口村、古贤水利枢纽等骨干工程和黑山峡河段开发的论证工作，加快南水北调西线工程前期工作步伐。

黄河治理开发是一项长期而艰巨的任务，进行重点治理开发是十分迫切和必要的，对于加快黄河流域及其相关地区经济社会发展，促进西部开发战略顺利实施，具有十分重要的意义。流域内各省、自治区人民政府和国务院有关部门要高度重视，加强协作，密切配合，共同努力，确保完成《规划》的各项目标任务。

国务院

二〇〇二年七月十四日

二、批复的写作要求

1. 要注意批复的专向性

批复具有很强的专向性，因此批复的内容要对下级请示的问题，有针对性地给予指示或答复。而且，上级机关在答复下级问题的时候一定要全面，不能只对部分请示事项做出答复，而对其他部分不予理睬。

2. 要有充分的理由

上级在对下级的请示进行批复的时候，无论是对有关政策进行解释，还是对请求批复的事项表明态度，都要有充足的理由作为支撑。所谓充足的理由，可以是现行的方针政策、法律法规，也可以是现实状况、客观因素等。

3. 态度鲜明，批复清楚

批复的内容要简单明确，对于下级请示的事项，哪些同意，哪些不同意，并且都有什么样的具体要求都要在批复中一一说明，不能表述得含糊不清，也不能避而不答。在此需要注意的是，在不违背以上要求的前提下，对不同意下级请示事项的批复，要注意用词，考虑到下级机关的接受心理，只有切实地站在对方的角度，体谅下级机关的实际困难和具体情况，下级机关才容易接受批复结果，以便他们能及时迅速地做出相应的安排。

4. 批复要及时

答复下级机关呈送的请求批准事项，是主送机关的职责所在。在通常情况下，下级机关只有在遇到自身无法解决或不在自身职权范围内的问题时，才会向上级机关行文请示。因此，上级机关在收到请示以后，无论是否同意请示内容，都要及时做出答复，及时予以批复。

5. 要熟悉相关的法规政策

下级机关呈送的请示内容涉及面较广、内容繁杂，并且时常会有政策性很强的敏感事项。上级机关对此类事件做出的批复必须恰当准确，熟悉目前与时俱进的法律法规、政策文件，了解改革开放的大趋势，清楚相关工作的发展方向等，才能写出符合时代发展要求的批复。

6．要了解下级的真实情况

下级机关在制发请示时，多是以自身的需求为出发点。上级机关要通过多种途径充分了解与下级机关请示事项相关联的情况，如与公文所呈报的情况相一致，就可以批复，如果情况不明，则不可急于批复，以免造成工作上难以补救的失误。

7．注意协调

如果批复的内容涉及其他部门，在起草批复的时候要同有关部门进行商量，只有各部门之间取得一致的意见之后才可以向下级机关行文答复。

8．要以书面请示为依据

上级机关在撰写批复时，要以下级机关呈送的正式的书面请示为依据，此时才能进行批复，不得将下级机关口头或电话的请示作为批复的依据。

9．行文简洁

通常而言，批复的篇幅不宜过长。批复要求简洁明确、集中概括，通过精练简短的文字将领导或上级机关的决定或意见明确地传达给下级机关，可以不必具体地分析和详尽地阐述。

三、与批复有关的问题

1．批复与复函的异同

《条例》中规定"批复适用于答复下级机关请示事项"，但是批复却并不是回复请示的唯一文种，复函也经常被用来答复请示。

在公文处理实践中，时常会遇到上级机关对下级机关呈送的请示做出意见后，再交由办公部门或者业务职能部门以部门的名义进行回复，那么这种以工作部门的名义答复同级机关或其他不相隶属机关的请示的文种，选择使用批复显然是有失妥当的，因此在回复时只能选用函这一文种。

复函的作用与批复完全相同，其区别只在于由不同行文关系决定使用的文种。那么，接下来，就说一下批复与复函之间的异同。

（1）批复与复函的相同之处

①正文结构相同。批复与复函在正文结构上颇为一致，都包括以下三部分：

第一，回复缘由，首先要说明此回复是对应收到的哪一个文件，通常会引

述来文的标题及文号。

第二，回复内容，这是以鲜明的态度对请批示项做出答复，同时要条理清楚、言简意赅地说明意见。如果批准，要限定一个范围；如果不批准，则要说明理由。

第三，回复结尾，或用要求式、说明式结尾，或用专用尾语结尾。

②功能相同。《条例》中明确规定，批复"适用于答复下级机关请示事项"，而函"适用于不相隶属机关之间……答复审批事项"，由此可以看出，两者在答复请批文件上具有相同的功能。

（2）批复与复函的不同之处

①行文方向不同。尽管批复和复函都是答复请批文件的公文，但是两者的行文关系却不相同。批复是答复下级呈送请示时使用的文种，属于下行公文；复函是答复不相隶属机关发送的请批函以及领导机关转来的下级机关请示时使用的文种，属于平行公文。因此，各级行政机关及其办公部门在回复公文时，要正确选择回复文种，切勿混淆。

②语气不同。语气的差异是由行文方向的差异决定的，不同的行文方向和行文关系必然导致行文语气的不同。批复属于下行公文，在撰写时，语气要坚定严肃；复函属于平行公文，在撰写时，语气要相对委婉。

③尾语不同。不同的公文文种具有不同的结尾用语。批复属于下行公文，尾语可使用较为严肃的要求式尾语，或使用专用尾语"特此批复"结尾；复函属于平行公文，不能使用要求式尾语，但可以使用如"特此复函"这样适合行文关系和文种的尾语。尾语"此复"两者通用。

综上所述，如果是上级机关以本机关的名义亲自回复下级呈送的请示，那么就需要使用批复文种；如果是上级机关做出决定继而交由下面的某一部门以部门的名义回复下级的请示，那么此时就选用复函文种。

2．批复与通报的区别

批复与通报同属于下行公文。不过批复是针对下级呈送的请示，给予具体的切实的解决方案，或提出指示性的意见，请示机关要严格遵循或执行批复意见，因此批复具有指示性和决定性。通报侧重于通过典型事例，发挥其激励、警戒和教育的作用。

纪要

一、纪要概述

1. 纪要的概念

纪要适用于记载会议的主要情况和议定事项。

纪要能起到上报下达的作用。一方面，它能向上级机关汇报会议情况，让有关领导及时了解会议的相关情况；另一方面，能及时向与会单位或下属机关传达会议精神和会议情况，以便下级机关能更好地贯彻执行。

2. 纪要的特点

通常纪要具有以下几个特点：

（1）纪要性

要，即要点，是在会议记录的基础上，进行归纳整理、综合分析、摘其要点、去其杂芜后的会议主要内容。纪要中所记载的内容并非是事无大小、有闻必录的，纪要一定要突出"要"字，它是对会议文件、会议记录等与此次会议有关的全部材料进行整理、归纳概括，择其概要而记之的公文文种。

（2）记载性

根据《条例》中的规定，纪要"适用于记载会议主要情况和议定事项"。如果有些会议的情况、决定或决议，由于某种原因，或是距离遥远，或是年代久远，已经无法查找到会议的原始记录，那么就要以纪要所记载的内容为准，因此记载性成了纪要的一大特点。

（3）知照性

知照性是纪要最基本的特点。

纪要无论是向上汇报会议情况，向下传达会议精神，还是向有关方面通报会议内容，或者作为资料留待日后考查，纪要都有一个共同的特点，那就是让阅读者了解会议的情况。

3. 纪要的格式

纪要通常由标题和正文两部分组成。

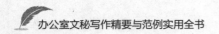

（1）标题

纪要的标题通常是由"会议名称+文种"组成。

在此需要说明的是，纪要不用发文字号，取而代之的是"第×期"，并在期号的左下方写上制发单位的名称，在右下方注明制发时间。

（2）正文

纪要的正文通常由两部分组成，即会议概述和内容纪要。

①会议概述。这是对有关会议情况的概述，要将会议召开的时间、地点、主持人、与会人员以及会议宗旨等有关情况进行简单介绍。这一部分要写得简明扼要，只要能让阅读者了解会议的基本情况即可。

②内容纪要。内容纪要即正文主体，其主要包含会议主要精神和议定事项。这一部分，需要文秘工作者以说明性的文字记录会议研究的问题、讨论的情况或意见、会议做出的决定以及对今后工作的安排等。在写作时，要紧紧抓住会议的要领，认真提炼，综合概括，理清思路和层次，从而使纪要的脉络分明。

有些纪要会在末尾处提出号召或希望，以此来作为对纪要内容的强调和补充。尽管这种写法并不常见，但是可以视需要酌情而定。

4. 纪要的分类

按照形式的不同，纪要一般分为工作会议纪要和座谈纪要。

（1）工作会议纪要

这是通过会议讨论有关工作，最终做出决定或决议后而形成的纪要。

通常，工作会议纪要的内容相对单一并且集中，在撰写时只需要将会议概况、会议宗旨、讨论和决议事项等进行概括进而说明即可。

不过也有内容相对复杂，议程较多的工作会议纪要。此时，在撰写纪要时就需要将会议做出的决定或决议，按照讨论顺序或重要程度，进行逐项概述，也可以将其分成若干部分进行概述。

【范例】

全国拥军优属拥政爱民工作会议纪要

全国拥军优属拥政爱民工作领导小组、民政部、总政治部

（二〇〇四年一月九日）

经国务院、中央军委批准，全国拥军优属拥政爱民工作领导小组（以下简称全国双拥工作领导小组）、民政部、总政治部于2004年1月，在北京召开了全国拥军优属拥政爱民工作会议。会议以邓小平理论和"三个代表"重要思想为指导，认真贯彻党的十六大精神，总结交流了1991年全国双拥工作会议以来的经验，研究部署了当前和今后一个时期的双拥工作任务，命名表彰了双拥模范城（县）、双拥模范单位和个人。中共中央政治局常委、国务院总理温家宝代表党中央、国务院、中央军委做了重要讲话。中共中央政治局委员、国务院副总理、全国双拥工作领导小组组长回良玉作了拥军优属拥政爱民工作报告。北京市人民政府、山东省人民政府、南京军区、空军等军地单位在会上介绍了做好新形势下双拥工作的经验。全国双拥工作领导小组全体成员，各省、自治区、直辖市双拥工作领导小组负责同志，解放军四总部和各大单位、武警部队领导，双拥模范城（县）、双拥模范单位和个人代表等600余人出席了会议。

会议指出，拥军优属、拥政爱民，是在中国共产党领导下我国亿万军民的伟大创造，是我党我军我国人民的优良传统和特有的政治优势。党的三代领导核心始终高度重视双拥工作。毛泽东同志做出了"兵民是胜利之本"的精辟论断，亲自倡导和推动了双拥运动。邓小平同志提出军民一致的原则不能变，亲自倡导了军民共建社会主义精神文明和创建双拥模范城（县）活动。江泽民同志强调，要像爱护眼睛一样爱护军政军民团结，巩固和发展同呼吸、共命运、心连心的新型军政军民关系。党的十六大以来，以胡锦涛同志为总书记的党中央明确提出，要加强国防教育，增强全民国防观念，广泛深入开展双拥共建活动，加强军政军民团结，形成国防建设和经济建设相互促进、协调发展的机制。十多年来，在党的军政军民团结思想理论指引下，双拥工作在继承优良传统的基础上创新发展，取得了历史性成就。以爱国主义为核心的国防教育深入人心，军民共建和创建双拥模范城（县）活动蓬勃开展，双拥政策法规制度不断完善，军地相互支持与协作更加有力。双拥工作所形成的坚强的军政军民团结，在关系国家主权、安全和统一的重大事件面前，在抗御洪水、地震、森林大火等严重自然灾害的紧急关键时刻，在推进改革开放和现代化建设的伟大事业中，发挥了极其重要的作用。特别是在1998年抗洪抢险、2003年抗击非典和淮河特大洪水的斗争中，广大军民密切配合，顽强拼搏，共同创造了人类历史上战胜自然灾害和重大疫病的奇迹。

会议强调，进入新世纪新阶段，我们正在全面建设小康社会，完善社会主义市场经济体制，推进中国特色军事变革，现代化建设的任务更加光荣而艰巨。这既为双拥工作提供了新的发展机遇，也对双拥工作提出了更高的标准和要求。双拥工作要坚持以邓小平理论和"三个代表"重要思想为指导，全面贯彻十六大精神，紧紧围绕全面建设小康社会，以增强经济实力、国防实力和民族凝聚力为目标，以维护社会稳定、促进经济发展、推进军队现代化建设为重点，完善政策法规体系，创新群众性活动方式，建立协调顺畅的运行机制，与时俱进抓好各项任务的落实，巩固和发展军政军民团结，为国家改革发展稳定和军队现代化建设提供可靠有力的保障。

一、充分认识新形势下加强军政军民团结的极端重要性

我党我军我国发展的历史充分证明，无论是战争年代还是和平建设时期，双拥工作都是一项带有全局性、战略性的工作，军政军民团结始终是我们战胜困难、夺取胜利的重要法宝。当前，国际局势仍处在深刻复杂的变化之中，局部动荡和地区冲突时有发生，恐怖主义、霸权主义、国际犯罪活动对人类和平与发展构成严重威胁，以综合国力为标志的国际竞争日趋激烈。国内改革发展进入关键时期，面临不少突出的矛盾和问题。我们要战胜前进道路上的种种困难和风险，完成祖国统一大业，实现全面建设小康社会的宏伟目标，更加需要全党全军全国人民紧密团结，更加需要亿万军民齐心协力不懈奋斗。在党的领导下，把军政军民团结的伟大作用充分发挥出来，把广大军民同心同德干事业的积极性充分调动起来，就没有克服不了的困难，我们的事业就会无往而不胜。地方各级人民政府和部队领导机关一定要站在国家长治久安和民族兴旺发达的高度，把双拥工作作为一项事关全局的战略任务，一如既往地重视双拥、支持双拥、推动双拥。

二、深入进行以爱国主义为核心的国防教育和双拥宣传教育

国防观念和双拥意识，是建设和巩固国防、增强军政军民团结的思想基础。要认真贯彻国防教育法，广泛开展以爱国主义为核心，以拥军优属、拥政爱民光荣传统为重要内容的宣传教育，引导广大人民群众牢固树立"没有一个人民的军队，便没有人民的一切"的思想，把支持国防和军队建设作为义不容辞的责任；引导部队官兵牢固树立"军队打胜仗，人民是靠山"的思想，充分认识人民军队源于人民、服务人民的本质，不断强化广大军民的国防观念和双拥意识，自觉为双拥工作尽一份责任、出一份力量。要把国防教育和双拥宣传教育纳入国民教育体系和部队教育计划，完善组织机构，制定规范统一的教育纲要。以领导干部和大中小学生为重点，抓好不同层次人员的教育。积极开展全民国防教育日、军营一日等活动，充分发挥新闻媒体和国防教育基地功能，增强教育的影响力和实效性。

三、围绕实现全面建设小康社会目标加强军地协作

实现全面建设小康社会的宏伟目标，需要党政军民的共同努力。全军和武警部队要按照中央军委的部署要求，围绕实现国家全面、协调和可持续发展，研究制定参加和支持全面建设小康社会的规划。集中力量援建国家重点工程，主动承担急难险重任务。积极参加西部大开发，支援基础设施建设，参与生态环境治理。发挥人才、技术等优势，支持东北地区等老工业基地的振兴发展。继续开展扶贫帮困，支持"兴边富民"行动。切实做好抢险救灾工作，保护改革开放成果和人民群众生命财产安全。各地区、各有关部门要为部队支援地方经济建设创造必要条件。

要着眼于促进社会主义物质文明、政治文明和精神文明协调发展，扎实开展军民共建社会主义精神文明活动。组织军民共同学习实践"三个代表"重要思想，大力传播社会主义新思想、新道德、新风尚，弘扬和培育民族精神，积极参加创建文明城市、文明村镇、文明行业、文明社区等活动，认真总结经验，宣传典型，不断提高军民共建社会主义精神文明活动的水平。

四、适应中国特色军事变革做好支持军队建设工作

建立强大的军队和巩固的国防，是全党全军全国人民的共同责任。各地区、各有关部门要围绕推进中国特色军事变革，积极配合部队搞好体制编制调整改革，协助做好军事设施保护和人员安置等工作。切实把支持军队现代化建设作为拥军重点，配合部队完成训练演习任务，支持重点军事工程建设，形成军地协调行动、共谋打赢的局面。研究制订支持军队实施人才战略工程措施，多形式、多渠道帮助培养高素质新型军事人才。继续协助部队做好后勤保障社会化工作，搞好基础设施建设，改善战备、训练和生活条件。进行经济建设特别是基础设施建设，要按照"平战结合、军民结合"的要求，充分考虑军事需求，形成国防建设与经济建设相互促进、协调发展的机制。

五、切实把维护社会稳定作为双拥工作重要任务

完成改革发展的各项任务，必须保持社会稳定。要教育广大军民充分认清保持社会稳定的极端重要性，倍加顾全大局，倍加珍视团结，倍加维护稳定。组织军民积极参加民族团结进步活动，搞好党的民族宗教政策的宣传教育，旗帜鲜明地维护社会稳定、维护民族团结、维护祖国统一。引导转业退伍军人珍惜荣誉，发扬传统，自觉维护稳定大局。加强军警民联防，依法维护社会治安秩序。对危害国家安全和社会稳定的突发性事件，部队和地方要密切配合，果断处置，及时消除不稳定因素。军地双方要从维护稳定大局出发，积极预防和妥善处理军民纠纷。对军地历史遗留问题，要认真梳理，尽快解决，防止久拖不决引发纠纷。

六、认真抓好拥军优抚安置政策的落实

拥军优抚安置工作，涉及部队官兵和优抚对象的切身利益，直接关系到军队稳定、国防巩固和社会发展。各地区、各有关部门要采取有力措施，切实抓好落实。坚持计划分配和自主择业相结合，做好军队转业干部安置工作。完善军队离退休干部安置政策，确保政治、生活待遇落实。采取政府安排、自谋职业等多种形式，拓宽城镇退役士兵安置渠道。进一步完善政策，及时妥善安置滞留部队的伤病残人员。坚持行政调配和市场调节相结合，做好随军家属劳动就业工作。坚持国家保障和社会优待相结合，保证老红军、烈属、伤残军人、老复员军人等重点优抚对象的生活水平达到或高于当地群众的平均生活水平，切实做好军人子女入学入托等工作。及时妥善处理部队官兵涉法问题，维护军人及其家属合法权益。

要针对拥军优抚安置工作遇到的矛盾和问题，加强政策法规建设，抓紧修订《军人抚恤优待条例》，起草军人权益保障法等法律草案，力争尽早出台。各地要结合实际，制定地方性法规和有关政策，并加强检查监督，促进拥军优抚安置工作落实。

七、以改革创新的精神推进双拥工作深入发展

双拥工作要永葆生机与活力，必须适应新形势，发扬老传统，开创新局面。要认真分析新形势下双拥工作出现的新情况、新问题，研究加强军政军民团结的新思路、新办法。积极探索新型经济组织和新的社会阶层开展拥军活动的途径和办法，扩大双拥工作的群众基础。组织开展行业拥军、社区拥军，推进双拥工作社会化。把政府行为与社会行为、以情双拥与依法双拥、行政调节与市场调节结合起来，不断完善双拥工作运行机制。进一步完善双拥模范城（县）命名标准，强化激励竞争机制，提高创建活动质量。广泛开展争创双拥模范单位、争当双拥模范个人活动，把拥军优属、拥政爱民的光荣传统发扬光大，变成广大军民的自觉行动。要加强双拥工作的理论研究和舆论引导，力争推出一批有深度、有价值的理论成果，推出一批事迹过硬、时代感强、社会影响大的先进典型，推出一批充分反映双拥实践的文学艺术力作，指导和推动双拥工作不断发展。

八、进一步加强双拥工作的组织领导

双拥工作是一项社会工程，各地区、各有关部门和部队领导机关要高度重视，把双拥工作纳入经济社会发展和部队建设总体规划，摆上重要议事日程，经常分析形势，研究解决重大问题；主要领导对双拥工作要常议常抓，并带头参加双拥活动。各级双拥工作领导小组要认真履行组织、协调、指导双拥工作的职责，领导小组成员单位要结合担负的双拥任务，完善政策规定，抓好工作落实。建立领导小组成员单位报告工作制度，增强履行双拥工作职责的意识。关心、重视和支持各级双拥办建设，配齐配强干部，落实办公经费，完善军地合署办公制度。军地双拥工作职能部门要积极为党政军领导当好参谋，积极主动做好双拥工作。省军区系统要组织协调当地驻军同政府、人民群众之间的联系，做好驻军拥政爱民活动的协调工作。要发扬求真务实的精神，加强对基层双拥工作的指导，建立领导干部双拥联系点制度，推动双拥工作广泛开展和各项任务的落实。

（2）座谈会纪要

所谓座谈会纪要，顾名思义就是在召开完座谈会之后写成的会议纪要。座谈会都是为了专门研究或解决某一重要的问题而召开的，座谈会的内容都有极强的专业性。对于此类会议的纪要，要将重点放在讲话或发言的内容上，在撰写时可按照发言的先后顺序，将每个发言者的讲话要点总结出来，除此之外，还可以设置小标题，将发言内容进行归纳整理。在记录的时候，除了要将发言人的姓名、职务以及身份标明外，文秘工作者还要对会议的结论加以阐述，以此增强纪要的说理性。

【范例】

中棉协"高征低扣"改革座谈会会议纪要

安徽省国税局有关部门领导以及来自行业内骨干企业多名代表出席了会议，会议分别由中国棉纺织行业协会朱北娜会长及王青翠秘书长主持。

会议分为两部分：上午会议为主题发言；下午会议为企业座谈交流。

会议第一部分，中国棉纺织行业协会朱北娜会长介绍了"高征低扣"试点改革的有关背景及意义，她表示，"高征低扣"是20年来制约我国棉纺织行业发展的一道坎，中纺联、两会代表及相关企业通过各种途径不断反映该问题，使得在安徽省进行试点，其"统一税率、以销定进"的办法在一定程度上减轻了企业的税负，尽管试行政策有不完善的地方，但是政策的积极意义是显而易见的。此次座谈会主要目的是多方汇集企业代表的意见，探讨完善试行政策的建议，为纺企减负的同时也使税务的核算过程尽可能简化，使改革政策尽早在全国范围内普及。

安徽省国税局的专家向与会代表们介绍了安徽省"高征低扣"试行改革的具体政策措施，他说，试行政策变革之处主要有：统一进销项税率、以销项税推算进项税、精普梳分别采用核定单耗等，具体措施见安徽省国税局2013年第11号公告。安徽华茂介绍了改革试点的对企业的影响，通过具体数据对比了新旧政策下的税负率差，总体看，试行政策能减轻棉纺企业税负，企业是非常高兴的。

会议进入第二部分，与会代表针对新政的测算心得探讨了新政对企业的影响，并提出了相关建议。通过交流，一致认为，安徽省试行的"高征低扣"改革政策向前迈出了突破性的一步，让饱受行业内外关注、困扰棉纺织行业多年的"高征低扣"问题见到了曙光，极大地鼓舞了处于低谷的棉纺企业的信心。与会企业表示，在不考虑其他因素的前提下，新政策较现行政策能为企业减轻税负，但新政策也有一些问题，如混纺纱含棉量的核算、自用纱结转织造的计算、政策试行初期涉及期初存货进项税额转出需一次性补缴税额、统一单耗对不同产品可抵扣的进项税额失衡等。代表们一致认为，进项税实行见票抵扣，可简化相应程序和避免弄虚作假。中棉行协朱北娜表示，将尽快汇集各方意见，形成行业报告，转至有关部门，协力加快改革进程，尽快使新政在全国范围内推广。

二、纪要的写作要求

1．材料充分

会议纪要是对所有会议材料的概括、综合和提炼，在纪要写作之前，要做好材料的工作。要认真收集与会议相关的文件和材料，认真阅读会议记录，搜集、掌握会议情况，按照会议精神以及领导的意图进行材料的筛选，并进行科学分析。这样做一方面能保证纪要反映会议情况的真实性，另一方面也为会议纪要的写作确立主体和选择材料。

2．抓住重点

所谓纪要，就是记其要点。会议纪要最忌讳的就是照搬会议文件和会议记录，在撰写会议纪要时，要突出重点。写作时，要避免巨细不分的情况出现，切不可让会议的次要内容冲淡了其主要精神。

3．内容真实

撰写纪要时，要准确地反映会议的真实情况和基本精神，文秘工作者不可将个人意见掺杂进会议纪要中，也不可以随意增减或篡改原意。

4．表达明确

纪要要对会议讨论的问题、议程、发言内容、决定等分层分类地进行排序和归纳，但是纪要的篇幅不宜过长，语言简明的同时还要防止含糊其词，出现歧义。在进行撰写时，要做到有条有理，有些较长篇幅的会议纪要，还要恰当地使用小标题提示每部分的内容。

三、与纪要有关的问题

1. 会议纪要与会议决议的区别

会议纪要与会议决议都是反映会议结果的文件。

会议决议主要是会议围绕某个主题，经过反复地讨论和研究后通过的一致性意见，它需要与会人员的法定多数表决通过才能生效，属于决定性文件。一个决议只能对应一个主题，如果会议有多个主题，那么相对应地就会有多个决议，决议一旦发布，就具有极强的权威性和约束力。

会议纪要主要用于各种工作会议、座谈会议以及研究会议等，属于总结记录性文件，通常一个纪要对应一个会议，主要反映一致意见，特殊情况下也可以反映不同的看法，其内容可以围绕某项工作展开，也可以写入不同方面毫无关联的几项决定。会议纪要不需要表决通过，只要经过会议主持机关负责人的审定就可以制发。

2. 会议纪要与会议记录的区别

会议纪要和会议记录都是党政机关、企事业单位、社会团体等，在会议活动后产生或形成的文字材料，不过两者之间存在着较为显著的区别。

（1）成文的法定效力

会议纪要属于法定公文的一个文种，制发的公文都具有法定效力；而会议记录只是一般性的事务文书，并不具备法定效力。

（2）成文的时间

会议纪要都是在会议结束后，根据诸如会议记录、会议文件、中心议题等材料，对其去芜存菁，并且进行仔细分析和整理后进行撰写的；而会议记录则是在会议进行的过程中，由专门的工作人员当场记录下来的书面材料。

（3）内容上

会议纪要要求内容有很强的概括性，在写作之前，要将会议的基本精神、重要或者主要的内容、做出的决定等进行整理、概括和提炼。在撰写时，着笔的重点在于会议做出的决定和得出的结果，尽量少写或不写决定或结果产生的过程。而会议记录则需要将会议进程、会议上的发言和决定事项等内容如实完整地记录下来。只要是与会议有关或与其有所涉及的内容事项，都要事无巨细地记录在案，尽量完整准确地还原会议的原貌。

（4）处理程序和方式上

会议纪要从授权撰稿一直到领导签发，都要遵循公文的拟制程序；从正式印发到周转使用，要遵循公文的运转程序；从文件收缴到归档立卷，要遵循公文的管理程序。而会议记录的处理程序就要简单得多，会议的记录人员只需在会议开始后，对会议的内容进行记录和技术性整理即可。所谓技术性整理，就是诸如对记录不全的地方适当进行补记，纠正错别字以及标点的错用等。在经过整理后，会议记录的内容要达到准确、清晰、整洁的要求，在经过领导核准后就可以按照相关规定入档。

3. 会议纪要的特定语气及常用动词的用法

（1）会议纪要的写作语气

在撰写会议纪要时，切记不可使用第一人称，而应采用第三人称的语气进行写作。在纪要写作中要尽量以会议的语气来写，可以使用"会议研究了""会议号召""会议听取了""会议强调""会议认为"等惯用语。

（2）会议纪要常用动词

通常来讲，会议纪要中都会出现"介绍、传达、听取、回顾、分析、交流、通过、讨论、指出、研究、同意、希望、要求、提出、审议、决定、认为、强调、明确、号召"等常用动词。会议纪要钟爱于这些动词，原因在于它们在"记载、传递会议情况和议定事项"中发挥着不可替代的作用。

尽管会议纪要中常用动词有很多，但是并不代表在选取动词的时候可以随心所欲。其实，这些常用动词是有层次之分的，而且这些动词层在纪要中也有先后顺序。

首先，"介绍、传达、回顾"等词最先出现，它们在会议纪要中的作用是提出问题、叙述内容。

其次，"讨论、指出、认为"等词会在稍后出现，它们在会议纪要中的作用是分析问题、深化内容。

最后，"同意、要求、希望"等词会在最后出现，它们在会议纪要中的作用是解决问题、落实内容。

简而言之，会议纪要中常用动词排列的有序性，内在地反映出了会议纪要的内容在排列上具有合理性和逻辑性。

第三章
事务类文书写作

概述

一、事务文书的概念与特点

1. 事物文书的概念

事务公文是党政机关、社会团体、企事业单位或个人处理日常事务时，用来传递信息、沟通情况、交流经验、研究问题、指导工作或规范行为的实用性文书。事务文书包括计划、总结、简报、讲话稿、调查报告、规章制度等，是日常生活中使用最为广泛的一类。

事务文书与公务类文书有所不同，在公文实际运用的过程中，事务文书是不能作为公文文种单独行文的。无论是总结、简报，还是调查报告、规章制度，都不能独立发文，它们只能以公文附件的形式行文。

事务文书的应用范围广泛，而且它的发文机关不像党政公文那样有着严格的限制，任何机关、团体和单位都可以使用事务文书。事务文书的行文方向要比党政公文灵活得多，并没有固定的上行文、下行文或平行文，有些甚至可以通过传播媒介向社会广泛宣传。公务文书的内容可以反映情况、交流经验，也可以研究问题、部署工作。

事务文书凭借其在应用中的广泛性、灵活性和多样性，在公务活动中占据着重要的位置。

2. 事务文书的特点

（1）针对性

无论是计划、总结、调查报告，还是规章制度、各种简报，在进行撰写的时候都要根据党和国家的有关方针政策，以及当前的形势和全局的情况。撰写时，要从实际情况出发，实事求是，有的放矢。行文的针对性越强，事务文书的实用性和指导性也就越强，事务文书才会有更大的现实效用。

（2）具体性

事务文书的应用性和指导性，要建立在内容具体充实、观点明确的基础上。事务文书的内容具体、明确，是指陈述的情况确切、实在，反映的问题要明确、有分寸，总结的经验要切合实际。

（3）灵活性

较之公务文书，事务文书的体式更加自由灵活。在结构形式上，事务文书没有规范化的体例格式；在表达方法上，事务文书更加多样化，通常会结合使用叙述、说明、议论等表达方式；在语言的运用上，更富生动性，表达更为生动活泼。不过，这种生动有别于文学作品的艺术形象创造，不能搬用文学的艺术再现的手法和笔调来写事务文书。

（4）指导性

事务文书就是用来处理事务的。它针对现实的情况或工作中存在的问题，进行报道、总结或者研究，其目的是为了解决工作中遇到的实际问题，推动实际工作的开展。因此，事务文书对于实际工作具有现实的指导意义。

与党政公文相比，事务文书这种指导性的特点尤为突出。党政公文的制文法定性和党政约束力都十分明显，而事务文书更多的是在指导意义上，它能给人以积极的启示与正确的认识，让人在了解实际情况的基础上，明确工作方向与工作重点。

（5）真实性

事务文书的指导性以真实性为前提。随着客观世界的不断发展和变化，新的事物也层出不穷，无论是计划、总结还是规章制度等，要想对工作具有指导意义，就要对事项进行真实的反映。所谓真实，指的是信息准确、情况真实、材料无误，典型经验合乎规律，观点体现普遍原则，表达实事求是。

二、事务文书的写作要求

事务文书的写作要求主要有以下几个方面：

（1）深入调查研究

事物文书要反映新情况、新动向、新经验、新问题。这就要求文秘工作者在写作的时候要深入实际，加强调查研究，全面了解和掌握实际情况。只有尽可能多地搜集、积累材料，了解事情的情况，才能写出具体、充实的文章，其应用价值也会变得更大。

（2）实事求是

事务文书是为了解决工作中的实际问题而制发的，要实事求是地进行表述。只有这样，人们才能了解真实的情况，才能切实地指导其工作，有利于实际问题的解决。除了表述问题要实事求是，制订计划或者提出解决问题的办法，也要做到实事求是、切实可行。

（3）注意结构体式

事务文书不像党政公文那样有规范化的固定格式，但是各种事务文书也有一些共同的结构特征。在结构方面，要求开门见山、突出重点、层次分明，不同的事务文书又有各自的结构要素；在语言方面，要求简洁、质朴和凝练。

（4）表达准确简明

事务文书的表达风格准确简明，表达语言质朴凝练。其表达方式以叙述、说明、议论为主。在写作时，要避免套话、空话和假话，表述不仅要真实切事、词约旨丰，同时还要直截了当、准确简明。

计划

一、计划概述

1．计划的概念

计划是机关、团体、企事业单位或个人，为了完成某项任务，或者为了达到某一目标而对一定时期的工作事先做出安排和打算时使用的一种文体。计划能很好地体现工作目标、工作步骤、工作思路、工作方法和工作要求等，使各项工作都能有条不紊地进行，同时也可以作为检查各个阶段工作完成情况的重要依据。

所计划的时间通常在一年或半年左右，范围通常是一个单位的工作或某一大项重要工作，内容和写法要比规划具体、深入，要比设想正规、细致，要比方案简明、集中，要比安排概要。

2．计划的特点

计划是计划性公文中使用最多的一种公文，具有以下几个特点。

（1）广泛性

无论是行政机关、企事业单位、社会团体还是个人，都可以使用计划对自己未来一段时间的工作或学习进行合理的安排。

（2）预见性

计划是对未来行动的预想和策划，制订计划时要充分认识到事物发展的前景，依据现有情况，分析各种有利和不利的因素，使预想的目标实现，使预定的程序和方法、措施合情合理，因此计划具有科学的预见性。

（3）目的性

计划都是为了达到某种目标、完成某项任务而制订的。在一定的时期内，要完成什么任务，解决什么问题，取得怎样的效果，达到怎样的目标，这是在制订计划时最先要考虑的问题。有明确的目的才有努力方向，如果连一个明确的目的都没有，那么也就根本谈不上计划。

（4）可行性

计划是最近一个时期工作的依据，其所提出的目标和任务，措施和步骤等，应当是可靠的和切实可行的。在制订计划的时候，要尊重客观实际，所制定的目标既不能过高，也不能过低，要切合实际，具有可行性。只有这样，任务和指标才能按时完成，计划也不会落空，还能很好地调动和激发群众的积极性。

3. 计划的格式

计划一般是由标题、正文和落款三部分组成。

（1）标题

标题就是计划的名称，有公文式和文章式两种写法。

①公文式。计划的公文式标题的格式为"计划单位+计划时限+计划内容+文种"，例如《××大学2010年度教学研究工作计划》；有的计划标题是由"计划单位+计划内容+文种"构成的，例如《××大学2014年招生计划》；有的计划标题仅由"计划内容+文种"两部分构成，例如《高职高专基础课教材建设规划》。

②文章式。文章式标题由"正题+副题"两部分组成，整体概括计划内容、揭示主题，副题标明单位名称、计划实现和计划种类，例如《影响力、亲和力、感召力、凝聚力——航空旅游分院2014年思想政治工作计划》。

（2）正文

计划的正文通常都是由前言、主体和落款三部分组成的。

①前言。前言是正文的第一段，通常会用简明扼要的文字阐明制订计划的指导思想、依据和缘由。在制订计划的时候，其依据主要是上级文件或指示精神，以及本单位的实际情况和工作需要。此外，前言还包括计划的总任务、情况分析等。简言之，前言就是计划的纲要，切忌冗长，言简意赅、点到为止即可。

②主体。主体就是计划的主干部分，主要用来表述计划的具体内容，是计划写作的核心。这一部分要求写得周密清楚，简洁而有条理。计划的主体又分为三个部分，即目标与任务、措施与步骤、结语。

第一，目标与任务。提出工作事项及要达到的数量、质量的要求。先写总目标、总任务以及完成时限，然后再分别写各项的具体任务。目标的制定要切合实际，必须是在科学地分析之后，在自己的能力范围内制定出来的，而不是主观臆造出来的。在写作的过程中，先写总目标、总任务以及完成时限，然后再着手写各项的具体任务。

第二，措施与步骤。措施是实施计划的具体做法，这部分主要是为了保证目标以及任务的落实。如果没有具体的措施来保障计划的顺利实施，那么任何计划都会落空。措施包括采取什么样的工作方法，安排多少人力、物力，预估在实施过程中遇到的困难，以及相应的解决措施等。这些措施和办法并不是凭空想象出来的，而是基于对现状的分析，对可行性的切实估计而产生的。制定的措施要具体，分工要明确，步骤要井然有序，条理要清楚，这些都是写作的关键所在。

第三，结语。计划的结尾并没有固定的格式，它可以提出检查办法、执行希望或者补充说明等。有些计划也可以不写结尾。

（3）落款

落款包括单位名称和日期。

通常会在正文的右下方标注制发计划单位的名称，然后在单位名称的下方标明制订日期，如果是当作文件外发的话，还要再加盖公章。如果单位名称已经在标题中出现过，那么在落款时可以将其省略。

4. 计划的分类

按照不同的标准，计划可以分为不同的类型：

①按题材的不同，可以分为综合性计划和专项性计划。其中，专项性计划又可以分为工作计划、生产计划、学习计划、科研计划等，这些计划大都与各单位、行业的业务工作密切相关。综合性计划具有全面性，包含各方面的工作内容与要求，而专题性计划则具有单一性，只是就某一方面的工作或活动做出安排。

②按时间的不同，可以分长期计划、中期计划、短期计划、年度计划、月度计划等。

③按范围的不同，可以分党和国家计划、系统或部门计划、单位计划、个人计划等。

④按表达方式的不同，可以分条纹式计划、表格式计划、文表结合式计划。

⑤按计划效力的不同，可以分指令性计划和指导性计划。

【范例】

<h2 style="text-align:center">国家西部地区"两基"攻坚计划（2004—2007年）</h2>

为贯彻《国务院关于进一步加强农村教育工作的决定》（国发〔2003〕19号），进一步推进西部大开发，实现西部地区基本普及九年义务教育、基本扫除青壮年文盲（以下简称"两基"）目标，特制订《国家西部地区"两基"攻

坚计划（2004—2007年）》。

一、西部地区"两基"攻坚的形势和挑战

实施西部地区"两基"攻坚计划是贯彻党的十六大和十六届三中全会精神，着眼于最广大人民群众的根本利益，从根本上解决西部地区农业、农村和农民问题的重大战略举措，是国家西部大开发战略的重要组成部分，对维护民族团结、边疆稳定和实现国家的长治久安具有重要意义。实施西部地区"两基"攻坚计划，将有力地推动西部地区教育的发展，普遍提高劳动者素质，促进区域之间、城乡之间和经济社会协调发展，为全面建设小康社会和实现西部大开发战略目标奠定坚实的基础。

西部地区"两基"攻坚关系到我国全面普及九年义务教育、全面扫除青壮年文盲目标的实现。2000年，在全国范围内实现了"两基"目标；到2002年底，"两基"人口覆盖率达到91%。近年来，经过西部地区各级政府的不懈努力，西部教育发展迅速，成效显著，但教育发展的总体水平仍然偏低，发展很不平衡。西部地区人均受教育年限仅有6.7年，比全国平均水平低1.3年；"两基"人口覆盖率仅77%，低于全国14个百分点；15岁以上文盲、半文盲人口占总人口的比重为9.02%，高于全国2.3个百分点。截至2002年，西部地区仍有372个县（市、区）以及新疆生产建设兵团的38个团场，共410个县级行政单位尚未实现"两基"，涉及345万平方公里国土和8300多万人口。西部地区"两基"攻坚已经成为提高整个中华民族素质的当务之急，是必须做好的一项重要工作。

实现西部地区"两基"攻坚目标，是一项十分艰巨、复杂的任务，面临着严峻的挑战。

西部地区经济社会发展落后，地方财政困难，教育投入严重不足，教育基础薄弱，义务教育远远落后于全国平均水平。到2002年，西部地区未实现"两基"的372个县（市、区）中有国家扶贫开发工作重点县215个，占58%；农村中小学的办学条件普遍简陋，必备的学生寄宿条件严重不足；现有教师不适应及合格师资短缺的矛盾日益凸现；在少数地区还保留着较为原始的生产和生活方式，教育得不到应有的重视。

人民群众贫困面大、贫困程度深，适龄少年儿童就学面临困难，普及义务教育任务艰巨。全国尚未脱贫的3000万人中，绝大部分生活在西部，农村人均纯收入约为全国平均水平的70%左右。一些地区刚刚解决温饱，相当一部分地区尚未完全脱贫，加之西部农村家庭大多都有两个或更多的子女，人民群众难以承担基本的教育支出。据2002年统计，西部地区小学适龄儿童入学率、小学

五年保留率、小学毕业生升学率等指标，大都低于全国平均水平。即使是已通过"两基"验收的县，其普及程度也是低水平、不稳定的，一些地方初中辍学率高达10%以上。

西部大部分地区为少数民族聚居地，少数民族教育成为"两基"攻坚的难点。截至2002年，西部372个未实现"两基"的县（市、区）中少数民族聚居县占83%。西部农村地区一些习俗和宗教观念在一定程度上影响了学生家长送子女上学的积极性；双语教学的环境对教师的数量和质量提出了更高的要求。加快少数民族义务教育的普及已经成为各民族共同发展的紧迫要求。

西部地区特殊的地理环境和办学形式使教育成本居高不下，低水平的教育投入难以保证基本的办学条件和教育质量。西部地区地广人稀，有一师一校点约9万个，占全国校点的80%以上；人口分布极不均衡，在一些高山、高原、高寒及牧区、半农半牧区和荒漠地区，80%左右的初中生、50%左右的小学生需要寄宿；特殊的办学形式使得学校布局分散、校舍建设成本普遍较高，原本短缺的教育经费难以满足基本的教育需求，适龄少年儿童"进不来、留不住"成为"两基"攻坚的难点。此外，全国127个边境县中，有106个在西部，这些边境地区的学校建设代表着国家的形象。

各地区、各有关部门要充分认识西部地区"两基"攻坚在发展教育、振兴西部和全面建设小康社会中的极端重要性和紧迫性，以最大的决心和最有力的措施推进西部地区"两基"攻坚计划，坚持发扬"领导苦抓、部门苦帮、群众苦干"的扶贫攻坚精神，夺取西部"两基"攻坚战的胜利。

二、西部地区"两基"攻坚的目标和任务

（一）主要目标。

1. 到2007年，西部地区整体上实现"两基"目标，"两基"人口覆盖率达到85%以上，初中毛入学率达到90%以上，扫除600万文盲，青壮年文盲率下降到5%以下。

2. 到2007年，西部各省（自治区、直辖市）及新疆生产建设兵团要分别实现各自的"两基"目标，切实巩固提高现有的"两基"成果，完成攻坚任务，有条件的省（自治区、直辖市）通过国家的"两基"评估验收。

3. 截至2002年尚未实现"两基"的372个县（市、区）以及新疆生产建设兵团的38个团场，到2007年，除特别困难的达到国家"普六"验收标准外，其余的要达到国家"两基"验收标准。

（二）主要任务。

1. 新建、改扩建一批以农村初中为主的寄宿制学校，保障"两基"攻坚县扩大义务教育规模的需要，安排好西部地区新增130万初中生和20万小学生的学习和生活条件；加大对西部地区现有学校的改造力度，使确需寄宿的山区、牧区、高原和边远地区学生能进入具备基本办学条件的寄宿制学校学习。

2. 西部各省（自治区、直辖市）要制订本地区的"两基"规划。结合中央已经安排的专项资金，调整省级财政支出结构，增加对"两基"攻坚的投入，基本消除现有中小学危房，保证办学条件基本达到规定标准，保障学校正常运转所需的公用经费，切实降低辍学率，提高教育质量。

3. 建立较完善的义务教育阶段家庭贫困学生资助制度，切实保障农村家庭经济困难的学生接受义务教育的权利。中央和地方通过"两免一补"（免杂费、免书本费、补助寄宿生活费）等方式加大资助力度，到2007年，力争使中西部农村家庭经济困难学生普遍得到资助。

4. 西部地区各级人民政府要切实保障"两基"攻坚县的教职工（包括按国家编制标准新增教师）的工资发放，建立中央财政用于教师工资转移支付的监管机制。做好对西部地区农村教师的培养、培训工作，加大少数民族地区双语教师队伍的建设，到2007年，小学教师和初中教师学历合格率分别达到95%和90%以上。

5. 稳步推进农村中小学现代远程教育，到2007年，使西部地区农村初中基本具备计算机教室，小学基本具备卫星教学收视设备和教学光盘播放设备及成套教学光盘，小学教学点具备教学光盘播放设备和成套教学光盘。

三、西部地区"两基"攻坚的主要措施

（一）加快农村寄宿制学校建设。（略）

（二）扶持西部农村地区家庭经济困难学生就学。（略）

（三）实施农村中小学现代远程教育。（略）

（四）大力加强西部农村地区教师队伍建设。（略）

（五）深化教学改革，提高教育质量。（略）

（六）加大教育对口支援力度。（略）

（七）明确地方各级人民政府在"两基"攻坚中的责任。（略）

四、西部地区"两基"攻坚的组织领导和监督检查

（一）在国务院的统一领导下，国家西部地区"两基"攻坚领导小组负责本计划的组织实施。（略）

（二）实行地方政府领导责任制。（略）

（三）加强对西部地区"两基"攻坚的监督检查。（略）

二、计划的写作要求

1. 任务明确

首先，要把总任务讲清楚，然后再围绕总任务提出指导思想、工作原则、工作目标以及工作思路等。其次，要把任务写具体。在制订计划的时候，可以试着把任务分解为一项项的具体工作或指标，并提出明确具体的目标要求，如果其中有能够量化的，就尽量量化。最后，所提出的任务要切实可行，坚持实事求是的原则。在制订计划的时候，要以可望实现，留有余地为原则，在此基础上再将任务表述为可落实的工作。

2. 内容具体

计划在制订完成后需要切实执行，内容不能过于笼统或抽象。在制订计划时，其内容的表述要做到以下两点：第一，要突出关键措施和主要措施，哪些条件是要创造的、哪些手段是必须采取的、哪些方法是主要运用的等，都要表达清楚；第二，要注意逻辑顺序，在制订计划的具体内容时，要先将主次排列出来，重要的要先表述，还要详细地表述，次要的就可以进行略述。

3. 表述简明

在制订计划的时候，经常要用到说明性的语言。因此在制订计划时，不仅要避免长篇大论，也要避免过于详细地去叙述情况或前景。在表述时，各项要求应力求做到具体而又简要明确，概念、数据或任务要逐条写清楚，做到层次分明、条理清晰。

4. 把握语体的特点

计划的语体特征主要体现在书面化、得体、平实以及程式化四个方面。

首先，计划是以文本的形式发布的，在撰写的时候要尽量避免使用口语化的语言。

其次，计划通常都是由领导组织机关发布的，语言的使用应当得体。在撰写的时候，要注重专业术语和政治术语的正确使用。再次，语言还要力求平实明确，在提出措施的时候，要结合实际情况，不能脱离实际空谈高度。

最后，计划结构要做得程式化，在简明的框架内，选用最准确的语言表达出要求或措施，保证计划内容和逻辑的严谨性。

三、与计划有关的问题

1. 计划写作的基本原则

无论是何种计划，在写作时都要坚持以下几条原则：

（1）对上负责的原则

在撰写计划的时候，要坚决贯彻执行党和国家的有关方针政策和上级的指示精神，反对本位主义。

（2）切实可行的原则

在制订计划的时候，一切都要从实际出发，既不能因循守旧，也不能脱离实际，目标要明确，措施要可行。

（3）集思广益的原则

在制订计划的时候，要深入地调查研究，广泛听取群众的意见。

（4）突出重点原则

在制订计划时，要分清事项的缓急程度，突出事项的重点，做到以点带面，不可有顾全所有事项的想法。

（5）防患于未然的原则

在制订计划时，要预先想到在实行中可能会发生的问题，然后给出必要的防范措施或补救方法。

2．计划的作用

通常而言，计划具有以下几个方面的作用：

（1）明确目标，减少盲目性

制订计划的主要目的就是明确目标，理顺工作思路。这样，工作才能有条不紊地开展起来，顺利地达到既定的目标，从而减少工作中的盲目性。

（2）统一思想，协调行动

在工作中，有些任务是需要一批人或几个部门相互配合协作完成的。在开展工作之前做一个计划，能使各部门之间的思想认识高度统一，彼此之间密切合作，不仅可以提高工作效率，还能提高工作质量。

（3）预见困难，优选方案

在制订计划的时候可以预见工作中有可能出现的各种困难，在制订计划时，就能产生应对各种有可能出现的困难的预案。当困难出现的时候，也能临危不惧，根据客观情况的变化及时调整工作思路。

（4）为评价提供依据

计划一旦开始实施，就表明各个阶段的目标已经明确。在计划实施的过程中，执行的情况是怎样的，在执行的过程中又出现了哪些状况，都一目了然。因此，计划是上级领导检查工作和评价工作质量的依据。

总结

一、总结概述

1．总结的概念

总结是单位或个人对已经过去的一段时间内的工作、学习或思想情况进行全面回顾、检查、分析或评价，并从中得到规律性的认识，以指导今后实践活动的应用文体。总结是党政机关、企事业单位以及社会团体广泛使用的一种文体。

通过总结，人们能把零散的、肤浅的感性认识上升为系统的、深刻的理性认识，进而得出科学的结论，以便发扬成绩、克服缺点，吸取经验和教训，这样才能在今后的工作中少走弯路。总结是对实践的认识，总结的过程就是人们的认识由感性上升到理性的过程。

2．总结的特点

总结通常具有以下几个特点：

（1）实践性

所有总结都是自身实践活动的产物。在写总结的时候，首先要回顾实践的全过程，工作、生产、学习的情况、过程、成绩、教训等，都是总结的依据。因此，实践性是总结的鲜明的特点。

（2）概括性

总结并非停留于表象的回顾，而是从现象中探求事物发展变化的必然性。总结并不满足于回答"做了什么"，它更要揭示出其中的本质。总结正是从纷纭复杂的现象中，进行分析综合，概括出事物存在和变化的规律。总结不是记录实践的流水账，而是对事件的认识的提高与飞跃。

（3）指导性

对过去进行总结，是为了能够更好地指导今后的工作和学习。通过实践活动，把握本质，发现规律，在今后的实践中就能扬长避短，吸取教训，把工作做得越来越好。

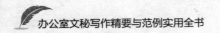

3．总结的格式

总结通常由标题、正文和落款三部分组成。

（1）标题

总结的标题具有以下几种写法：

①公文式标题。公文式标题由"单位名称+时间+内容+文种"构成，不过在实际使用中常常会有所省略，例如《××市××局××××年工作总结》。通常此类标题都较为严肃，常用于综合性总结以及向上级呈报的总结中。

②文章式标题。文章式标题通常可以分为单行标题和多行标题。

文章式单行标题表现形式为在一行标题中概括总结主要内容或基本观点，不出现"总结"字样，例如《我是怎样抓教学质量的》。通常此类标题概括准确、简明切实。

文章式多行标题由正副标题组成，正标题用以突出中心，副标题用以说明单位、时间、内容和名称，例如《实行民主管理，促进领导体制改革——××厂落实职代会审议权的经验》。

（2）正文

正文的内容包括开头、主体和结尾。

①开头。正文的开头是总结的前言，要开门见山。开头的内容通常包括简要概述基本情况与对以往工作的基本估价。概述的基本情况包括时间、地点、背景、工作进度以及总体收获等。写作时要简明扼要、提纲挈领，对背景的交代要精而少，对所做工作的叙述要概括且全面。

②主体。正文的主体是总结的关键所在，不仅篇幅所占比重大，而且表达的思想内容极为丰富。正文的主体要求观点与材料统一，并且善于把实践提升到理性的高度进行认知。这部分的主要内容包括取得的成绩、经验教训、体会感悟以及怎样去做等方面。在写法上要做到纲举目张、观点明确、材料典型，叙述与说明、议论相结合，这样一来文章既不会显得琐碎烦冗，也不会浮泛空洞。

③结尾。正文的结尾部分主要是写工作或学习中存在的问题以及今后的打算。这部分内容应当切合实际，防止文过饰非、言不由衷的现象出现。结尾部分通常占正文的篇幅不大，多是以简要概括为主。

（3）落款

在正文结束后写上总结者的名称与日期，如果是单位总结，那么要写出单位的具体名称。如果单位名称已经在标题中或标题下出现过，那么正文后就可以忽略不写。但是，如果标题中没有单位名称，那么署名可在标题下方也可以在正文后。如果是呈报个人总结，那么其署名通常是在正文后。如果是公开发表的总结，那么署名通常位于标题下方。

4. 总结的分类

根据不同的分类标准，总结可以分为不同的种类。

①按内容的不同，可以分为工作总结、学习总结和思想总结。

②按涵盖的范围的不同，可以分为单位总结、班组总结和个人总结。

③按涵盖的时间的不同，可以分为年度总结、季度总结和月度总结。

④按用途的不同，可以分为上报总结、下发总结和发表总结。

⑤按进程的不同，可以分为阶段性总结和全程性总结。

⑥按性质的不同，可以分为综合性总结和专题性总结。

专题性总结

××学校后勤食堂卫生安全工作总结

我校一直比较重视学校食堂卫生以及早餐质量的管理工作，成立了学校卫生工作管理，校长亲自担任组长，成员由学校行政、后勤的有关人员组成。同时，我们还制定了详细的学校卫生管理制度，并定期深入到食堂进行检查落实。我们还申请了《食品卫生许可证》，并按时进行年审。在具体的食堂管理中，我们采取了以下的一些措施：

一、在原料质量及粗加工方面做到：

1. 原料由专人到指定的长期供应点采购。

2. 设有专门的原料验收员，经验收，腐烂变质等不合格的原料坚决不予进入学校食堂。

3. 有专门盛放原料的容器，绝对不能让原料被污染。

4. 设有原料加工的专用场地。

5. 原料清洗做到荤、素分开。

二、在食品贮有方面做到：

1. 食品分类存放，排列整齐。

2. 有食品货架和货柜，并做到离墙、离地存放。

3. 仓库做到干燥、通风通气，有防潮、防霉设施。

三、食品制作及餐间做到：

1. 通风透光良好，给、排水方便合理。

2. 地面由无毒、耐腐蚀材料构筑，无积水。

3. 粘贴有白色瓷砖墙裙。

4. 天花板光滑整洁，无霉点，无蜘蛛网。

5. 灶台及分餐台粘贴有白色瓷砖，并保持无污渍垢。

6. 设有能防蝇、防虫、防尘的卫生设施。

7. 设有青菜浸泡池，青菜要求先行浸泡20分钟。

四、对餐具做到：

1. 有专人负责洗涤、消毒餐具。

2. 设有餐具洗涤池、冲洗池及消毒池。

3. 已消毒的餐具采取了保洁措施。

五、食堂卫生人员方面做到：

1. 食堂从业人员都经过健康检查，并取得健康证。

2. 上班都要求穿戴工作衣帽，头发不得外露。

3. 讲究卫生，不得留长指甲，不得戴戒指。

4. 不能随地吐痰，不乱丢废弃物。

六、在环境卫生方面做到：

1. 室内水池加盖上锁。

2. 环境卫生保持清洁，无卫生死角，无积灰。

3. 设有垃圾桶并加盖，能及时清除。

4. 排污沟保持通畅。

以下是存在的问题：

由于我校场地有限，房屋破损残旧，待村委会拨款到位之后，立即进行动工改建。

二、总结的写作要求

1. 做好准备工作

想写好一篇总结，在起草前要做好以下几个方面的工作：

（1）掌握详尽的资料

材料是撰写总结的基础，是其内容的依据。如果撰写总结时手中没有材料，而自身又不熟悉情况，那么是很难写出有价值的总结的。在写作之前，要通过多方面、多渠道调查，掌握尽可能丰富且详尽的第一手材料。

（2）熟悉政策，明确总结方向

如果是党政机关的总结，在撰写的时候要以党和国家的方针政策为指导，在撰写前要认真学习、领会有关的政策，了解有关文件，或上级指示的精神，尤其要掌握与本职工作或总结内容相关的政策。

（3）主动倾听

在撰写总结之前，尤其是党政机关和企事业单位的总结，要善于倾听有关领导、人民群众的意见。只有不断地听取各方面的意见，才能明确总结的中心，开拓思路，同时也能让人分清主次，辨明表象与本质。

2．实事求是

在撰写总结的时候，要做到实事求是，对于所总结的事项要秉持不夸大成绩、不掩盖缺点的原则。对于成绩和缺点都要一分为二，以辩证的观点来看待。在写作中，恰当地使用生动的例子，不仅能加深读者的印象，还能增强说服力，用事实说话可以提高总结的价值。事例的选用既要真实，又要客观，既不能夸大也不能缩小。

3．条理清晰

总结是写给他人看的，如果逻辑混乱、条理不清，是没有人想要看的。即便有人耐着性子看完了，也不会看明白其内容究竟是在讲什么，这样一来就无法达到总结的目的。

4．语言准确、生动

总结的语言要简明扼要，在撰写时要摒弃描绘性的语言和抒情的笔调，而是要以简明的叙述、准确的说明以及精当的分析来反映实践的情况与本质。

5．详略适宜，突出重点

总结的内容应当有主次和详略之分，该详细的地方一定要详写，该省略的地方一定要略写，只有做到详略得当，总结的整体结构才会显得得体，重点才能突出，看起来也一目了然。此外，还可以在结尾处附注下一步的工作计划。

三、与总结有关的问题

总结具有一定的议论说理因素，看起来与议论文颇为相似，但是它与议论文又有不同之处。

（1）表达方法不同

议论文主要是以议论为主，而总结的表达方法综合了叙述、说明和议论等多种达方法，在行文中，叙述和说明的表达方法所占篇幅较大，总结兼具了记叙文、议论文和说明文的行文特点，但又不属于其中任何一种。

（2）观点、材料的来源和范围不同

总结的材料主要来源于自身活动范围内的情况，其观点也只能从自身的有

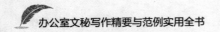

关材料中得出，而议论文的观点与材料则不受此限制。议论文的观点不一定是自身活动的概括，也可以是作者对于自然界或社会生活的某种认识与感受。

（3）确立观点的方法不同

议论文在写作的时候，必须通过逻辑的手段，严密地进行推理、论证，总结则不一定都有一个论证过程，它可以从实践中直接概括出观点。

简报

一、简报概述

1．简报的概念

简报是机关、团体、企事业单位内部用于汇报工作、反映问题、沟通情况、指导工作、交流经验、传递信息的一种简短的、有一定新闻意义的文字材料。

简报不仅可以上行，也可以平行或下行，它不仅适用于党政机关，也适用于社会团体和企事业单位。简报不仅可以用来汇报工作、反映情况，同时也适用于机关、团体和单位之间相互交流信息与经验。简报是事务文书中最为常用的文体之一。

简报主要用于内部传阅，通常不会公开发表，不过它还是具有一定的新闻性质。通常而言，报刊上发表的一些消息或通讯，大都来源于简报。

2．简报的特点

通常而言，简报主要具有以下几个特点：

（1）文字简短、内容精练

简报，顾名思义就是简短的报告，文字简短、内容精练是简报的特点。一篇简报通常只有几百字，有时也可以超过一千字，但是以控制在两千字内为宜。别看简报字数少，它能以最少的文字表现出尽可能丰富的内容，做到简短而不疏漏，内容精粹，一事一报，具有一定的信息量和信息效果。

（2）准确性

简报的准确性通常体现在三个方面：第一，材料的准确性。简报所引用的材料必须是准确的、真实无误的，其所反映的情况、总结的经验都是真实可靠的。第二，问题的准确性。情况或经验所揭示的本质意义，对当前的工作有一定的启发和指导作用。第三，表达的准确性。在撰写简报的时候，其遣词造句都要切合实情、表达明确。如果所撰写的内容并不是自己亲自采写的或不是第一手获得的资料，那么就要在文章中以"据××反映"的字样体现出来。

（3）反应迅速及时

简报与新闻简讯类似，追求实效性。它不仅要求发现和汇集情况的速度要快，还要求撰写成文和编印制发的速度也要快。简报能否发生作用以及发生作用的大小，关键在于它是否能将工作中出现的新情况、新问题、新动向等及时准确地反映给上级有关机关和业务部门。如果简报的编写不够迅速及时，错过了时机，那么它的作用就会大大削弱，甚至失去意义。

（4）内容新颖，有新意

新颖性是简报的价值所在。及时反映新情况、新经验、新问题等，利于在工作中获得指导工作的主动权，简报也只有内容新鲜、观点新颖才能引起人们的注意。

（5）形式灵活

简报的表达形式较为灵活，它不像消息那样要讲究新闻的要素，也不像行政公文那样有固定的格式。在形式上，简报可以是一事一报，也可以是多篇合编。在表达方式上，简报可以是议论、叙述、说明相结合。在语言上，可以概括表述，可以具体述说，也可以借用他人的语言，在必要的时候甚至能够使用一些修辞手法。

3．简报的格式

简报通常由报头、按语、标题、正文和报尾五部分组成。

（1）报头

简报一般都有固定的报头，包括简报的名称、期号、编发单位和发行日期。报头通常位于第一页的上方，约占版面的三分之一；报头与正文标题之间用横线隔开。

①简报的名称在第一页上方的正中处，为醒目起见，报头的字号宜大，可用套红印刷。

②期号位于简报名称的正下方，通常按年度依次排列期号，有的还可以标出累计的总期号。在此需要注意的是，如果是增刊的期号，要单独排列，不可与正刊的期号混编，避免没有得到增刊的单位在收到正刊时认为缺期。

③编发单位应标明全称，写在期号的左下方，如"×××办公室"。

④发行日期要以领导签发的为准，位置在期号的右下方，年、月、日必须齐全。

如果一份简报是由多篇组成，应在报头横线下制作目录，标明本期各篇题目序列。有些简报还应根据需要标明密级，例如"内部参阅""秘密""机密""绝密"等，其位置应在简报名称的左上方。

（2）按语

按语所代表的是编发机关的意见，转达有关领导的指示或批示精神。或者是写明材料来源、转发目的、转发范围，或者表明对简报内容的倾向性态度，或者表示对所报的情况或问题引起讨论与探究的希望。

按语并不是简报必需的组成部分，有些简报可以省略不写。

按语的作者也并不是撰写简报的办公室文秘人员。通常，按语都是由编发机关指定的有关人员进行撰写的，有些时候编发机关的领导也会亲自撰写。

按语的位置在报头的下方，正文标题上方，在撰写时要标明"按语"二字。

（3）标题

简报的标题跟新闻的标题有些类似，可以分为单标题和双标题。

①单标题。所谓单标题就是将报道的核心事件或主要意思概括为一句话作为标题，例如《工会要为大龄青年搭"鹊桥"》，在标题中可以使用空格的方式表示间隔，同时也可以加用标点符号。

②双标题。双标题有两种情况：一是在正标题后面加副标题，例如《再展宏图创全国一流市场——××农贸市场荣获市信誉市场称号》；二是在正标题前面加引题，例如《尽责社会 完善自身——华东师大团委会开展"把知识献给人民"的活动》。

（4）正文

正文是简报的核心内容，通常由开头、主体和结尾三部分组成。

①开头。简报的开头类似导语，要求用简明扼要的文字，概括报道的内容，说明报道的宗旨，引导读者阅读全文。正文的开头要求开门见山，一开始就要直接切入基本事实或核心问题。

②主体。主体是正文的核心部分，它的任务是用足够的、典型的、富有说服力的材料，将开头的内容具体化。这部分能集中反映简报的质量，要用心撰写。主体的写作没有具体的框架，可以视具体情况而定。在撰写主体时要注意围绕中心，归纳情况或问题，层次要清，条理要清。这部分所使用的材料务必要体现出中心，在选择材料的时候要注意典型性和新颖性。

③结尾。简报要不要结尾，通常视内容而定。如果事情较为简单，而且篇幅短小，那么可随主体部分论述完毕而结束；如果事情较为复杂，内容较多，可以适当地给全文做一个小结，写个结尾。

（5）报尾

报尾写在简报的末页，用间隔横线与上文分开。报尾包括两部分：左边写发送的对象和范围，右边写印制的份数。

4．简报的分类

简报的种类繁多，按照不同的分类标准，可以划分为不同的类型。比如：按时间的不同，可以分为定期简报和不定期简报；按发送范围的不同，可以分为内部简报和普法性简报；按内容的不同，可以分为工作简报、生产简报、会议简报、信访简报、社科简报以及教学简报。

下面主要介绍三种较为常用的简报类型：

（1）工作简报

工作简报是为了推动日常工作而编写的简报，它主要反映工作中的情况、过程、方法、问题、经验教训等。就其内容来看，工作简报又分为业务工作简报和中心工作简报。

【范例】

×××国税工作简报

（2×××）第9期 总第87期

×× 市国税局　　　　　　　　　　　　　　二×××年六月五日

全市国税发票专项检查情况表明事业单位发票管理亟待规范

5月初以来，市国税局组织6个检查组，在全市范围内开展发票专项大检查。截止到5月底，共检查用票户××××户，查处违章普通发票×××份，违章增值税专用发票×××份，补税××万元，罚款××万元，取得了显著成效。

检查情况表明，当前发票管理秩序比较混乱，事业单位使用、索取发票违章现象尤为突出，检查的×××户事业单位，都存在不同程度的违章现象，占被检查户数的××%，发现违章发票××××份，占违章发票总数的××%。事业单位发票违章行为主要表现在：（列出具体问题）

一是白条入账多，×××户事业单位中，白条入账的违章行为占违章情况的××%，造成大量的税收流失；二是自印收据代替发票入账，这种情况在有收费职能的医院、广播电视等事业单位和土地管理、城建等所属的事业单位表现比较突出；三是使用过期发票；四是跨行业填开，如将商品零售发票作酒席款入账，国税、地税发票混用；五是开具的发票不规范，大多数事业单位财会人员为图省事，项目填写不全，如有1份×××元的发票只有金额和日期，余下项目全部空白。

事业单位发票管理问题如此之多，漏洞如此之大，值得大家深思。究其原因，至少有四点：一是部分事业单位税法观念淡薄，依法依规使用和索取发票的意识不强，单位负责人不能正确理解发票与税收的直接关系，个别单位甚至认为自己不是纳税人，逃避监管违章用票；二是事业单位财会人员疏于学习，对使用和管理发票的常识相当缺乏；三是国税部门在开展税法宣传活动中，对发票管理的宣传滞后，重视不够；四是国税部门平时对事业单位的发票使用检查不够，监督不力，有的事业单位甚至从未被查过。（分析具体原因）

针对发票检查中发现的问题，市国税局要求全市国税系统采取五条措施，推动发票管理工作扎实整改。一是各国税分局要转变观念，改变只管企业、个体户等纳税人，而不管事业单位发票使用的旧观念，明确事业单位不是"税收盲区"，对事业单位的发票使用情况同样要适时检查，定期辅导，与其他性质的纳税人一样严格管理。二是加强发票宣传工作，重点宣传《中华人民共和国发票管理办法》，使事业单位理解发票的意义、作用，增强依法规范用票、管票意识。三是大力争取地方党委、政府的重视与支持。目前，全市事业单位因发票使用而违章的情况较多，处罚金额较高，罚款和税款入库的阻力较大，各国税分局务必做好宣传汇报工作，切实争取党政领导的支持，坚决按政策办事，处罚到位，入库到位。四是严格发票审批，坚持实行"以票控税"制度，对发票领、用、存各个环节都加强控管，规范发票使用、管理。五是进一步加大发票违章查处力度，对违章使用发票屡教不改的事业单位，国税部门要顶住方方面面的压力，发现一个查处一个，必要时可在新闻媒体上公开曝光。

报：省局领导及有关处（室）
送：市局领导、市直有关单位
发：各分局、机关各科室

（共印60份）

（2）会议简报

会议简报多用于大、中型会议，是会议期间为反映会议进展情况、会议发言中的意见和建议、会议决议事项等内容而编写的简报。会议简报的内容通常包括会议概况、进程、议题、决议、发言要点等，重在体现会议精神和主旨。

会议简报可以视会期的长短、规模的大小，只编发一期或者在会议期间多期编发。通常，大型会议的简报由大会秘书处编发。

【范例】

中国人民政治协商会议
丽江市第二届委员会第三次会议
简　报
第三期

大会秘书处　　　　　　　　　　　　　　　　　2010年2月24日

集思广益促发展　畅所欲言绘蓝图

　　2月24日上午，参加市二届三次会议的全体委员和列席人员，本着实事求是、客观公正、对丽江发展负责的态度，就市政协常委会工作报告、提案工作报告和"一府两院"及财政、计划等报告进行了分组讨论。

　　委员们一致认为，几个报告主题鲜明，言词精练，目标明确，措施具体，鼓舞人心，催人奋进。市政协常委会在过去的一年里，在中共丽江市委的领导下，坚持以邓小平理论和"三个代表"重要思想为指导，深入贯彻落实科学发展观，高举爱国主义、社会主义旗帜，突出团结和民主两大主题，围绕中心、服务大局，切实履行政治协商、民主监督、参政议政职能，大力开展理论研究，积极推进工作创新，努力加强自身建设，各项工作都取得了新的进展，为促进丽江经济又好又快发展，构建和谐丽江做出了积极的贡献。委员们对几个报告都表示满意。

　　委员们对几个报告给予充分肯定的同时，也提出了许多宝贵的意见和建议。

中共组

罗学军委员：（内容略）

郭廷华委员：（内容略）

雷本新委员：（内容略）

冉龙刚委员：（内容略）

张明委员：（内容略）

吴锦福委员：（内容略）

民主党派、无党派、台侨组

段松廷委员：（内容略）

张洪波委员：（内容略）

李启明委员：（内容略）

子发贵委员：（内容略）

饶宝军委员：（内容略）

吴能菊委员：（内容略）

杨汝诚委员：（内容略）

和继光委员：（内容略）

马丽媛、段松廷、和众、王菊秋、杨汝诚、和继光委员：我市的教育行业问题很多，存在深层次的矛盾。一是城区教育资源不足。如城区内中小学校过少，班级学生人数过多，已存在安全隐患，很大程度是政府政策落实不到位，思想观念转变不够造成的。二是政协要关注义务教育均衡发展问题。三是要科学制定学校的作息时间。

工、青、妇、青联组

杨西委员：（内容略）

余东华委员：（内容略）

姜丽萍委员：（内容略）

杨青委员：（内容略）

工商联

杨四龙委员：（内容略）

木崇仁、王培炎委员：（内容略）

刘映华委员：（内容略）

和彩武委员：（内容略）

谭国仁委员：（内容略）

科技、文学艺术、社科界别组

宣科委员：（内容略）

魏红兵委员：（内容略）

科技、文学艺术、社科界别组提出：要在区域发展不平衡、产业发展单一问题上多做思考。

经济界别组

杨爱华委员：（内容略）

赵发社委员：（内容略）

周克坚委员：（内容略）

沙玛伍达委员：（内容略）

张新华委员：（内容略）

和有义委员：（内容略）

农林界别组

张吉成委员：（内容略）

杨志胜委员：（内容略）

华翔飞委员：（内容略）

金古威尔委员：（内容略）

余双布委员：（内容略）

杨述莲委员：（内容略）

张金孔委员：（内容略）

王云平委员：（内容略）

教育、体育、新闻出版、医药卫生组

杨津林委员：（内容略）

赵 红委员：（内容略）

赵重合委员：（内容略）

木相章委员：（内容略）

木崇正委员：（内容略）

胡顺龙委员：（内容略）

少数民族、宗教界

翁堆委员：（内容略）

蜂学军委员：（内容略）

马长英委员：（内容略）

释静惠：（内容略）

让诤委员：（内容略）

和建勇委员：（内容略）

特邀组

杨绍前委员：（内容略）

和志华委员：（内容略）

雷玉菊委员：（内容略）

和建华委员：（内容略）

和耀福委员：（内容略）

（3）动态简报

动态简报又被称为信息简报，是某种情报的载体，它着重反映各部门、各领域最近发生的新情况、新动态。此类简报最为便捷且信息量较大，时效性和机密性较强，要求能迅速编发，发送范围有一定的限制。

20×××年第×期

（总第××期）

××市市级机关事务管理局　　　　　　　　20××年×月×日

我局被××市委市政府表彰为"20××年度全度综合考核×等奖"（内容略）

（办公室）

送：省级机关事务管理局，市委办市府办信息科。局长、副局长，派驻第一纪检组。

发：各科室、直属单位、存档

二、简报的写作要求

1. 选材要精

简报要围绕本单位、本部门的实际，在众多素材中选取最重要、最典型、最新鲜的事例、情况或问题进行全面的、实事求是的报道。简报在选材的时候要遵循十二字原则，即抓支点、抓热点、抓沸点、抓亮点。

简报要简短精粹。由于工作的涉及面广，实际情况真伪并存，各方面的材料丰富又庞杂。在撰写的时候要做到善于选择和综合，突出要点，避免烦冗芜杂。所记述的内容应该简而精，这是简报写作中应该注意的问题。

2. 实事求是

简报是单位领导对一些问题做出决策的参考依据之一，也是单位推动工作的重要的手段。因此，简报的撰写要实事求是，其选用的材料必须典型，反映的情况必须属实，文秘人员要深入实际，掌握实情。

3. 反应迅速

简报具有新闻性，这就要求见报的编发速度要快，要善于捕捉工作中、会议中出现的新问题、新经验或者新动向，然后用最快的速度进行报道。

4. 文字简要

简报中的"简"字形象地概括出了简报撰写时要简洁，表述简明扼要，一篇简报的字数最好控制在千字以内，最多不超过两千字。

5. 体式得当

尽管简报在撰写时其体式不像公文那样程式化，但也有一个大体的格式。各个部分的排列位置一定要得当，在撰写正文内容时要有一定的逻辑性。语气要得体，以叙述为主，同时可以结合议论和说明。

三、与简报有关的问题

简报的作用主要体现在以下几方面：

（1）反映情况

简报能及时迅速地将工作中出现的新情况、新问题以及新经验反映给各级决策机关，使决策机关能够了解下情，为其指导工作提供了参考。

（2）交流经验

简报体现了领导机关的指导能力，其通过组织交流，可以提供情况、借鉴经验、吸取教训，对工作有着指导和推动的作用。

（3）传播信息

简报本身就是一种信息载体，它可以使机关以及从事行政工作的人员了解彼此之间的情况，吸收经验，改进工作。

讲话稿

一、讲话稿概述

1．讲话稿的概念

讲话稿有广义和狭义之分，广义的讲话稿是指参加各种会议、活动或集会的重要人物发表的讲话文稿；而狭义的讲话稿则专指各级领导在各种会议上发表的较为重要的讲话文稿。

讲话稿的适用范围广泛，除了适用于各种类型的会议外，还可以用于广播录音、电视录像等，还可以登报印发成书面讲话。

2．讲话稿的特点

讲话稿通常具有以下几个特点：

（1）政策性

讲话稿的政策性主要体现在两个方面：第一，讲话稿无论撰写人是谁，也无论场合、地点，其内容都必须符合政策要求；第二，很多讲话稿本身就是政策的载体或者具有较强的政策因素。

（2）针对性

讲话稿的内容是由会议的主题以及受众等因素决定的，在撰写讲话稿之前，需要对会议的主题、性质、议题，听众的身份、心理需要等各方面的因素进行考量，然后再有针对性地进行撰写。

（3）通俗性

为了便于讲话者的表达以及听众的接受和理解，在撰写讲话稿时，语言要做到准确简洁、通俗生动。

（4）集智性

为了提高效率，领导的讲话稿通常都由秘书代笔，完成之后由领导审核决定是否采用。有些部门还设立了起草小组，领导一般要将写作的目的、背景以及写作要求等向起草小组交代清楚，然后小组内部分工协作，集体撰稿，经过反复讨论和修改，才会最终提交领导使用。

3．讲话稿的格式

讲话稿一般由标题和正文两部分组成。

（1）标题

讲话稿的标题有两种写法：一种是公文式标题，即由"讲话人姓名+会议名称+文种"三部分组成，例如《×××省长在全省教育工作会议上的讲话》，或是由"会议名称+文种"组成，例如《在二轻系统深化经济改革工作会议上的讲话》；另一种是文章式标题，即由主副两个标题组成，主标题通常是用来概括讲话的主旨或主要内容，副标题通常可以采用公文式标题中的任何一种，例如《进一步学习和发扬鲁迅精神——在鲁迅诞生110周年纪念大会上的讲话》。

如果讲话人的姓名已经在标题中出现了，那么标题下方可以不再注明讲话人的姓名；如果标题中没有注明讲话人的姓名，那么讲话人的姓名和讲话时间可以标注在标题的下方。

（2）正文

讲话稿的正文主要包括开头、主体和结尾三个部分。

①开头。在讲话稿的开头部分要先根据与会人员的情况和会议的性质来确定适当的称谓，例如"先生们、女士们""同志们、朋友们""各位专家学者"等，称谓的选择要贴切、得体。然后，使用极为简洁的文字把需要演讲的内容概述一下，说明讲话的缘由或者讲话的重点，并由此转入正文。

②主体。主体是讲话稿的核心。根据会议的内容和发表讲话的目的，可以重点阐述如何领会文件、指示、会议精神；可以通过分析形势和明确任务，提出搞好工作的几点意见；可以结合本单位情况，提出贯彻上级指示的意见；可以对前面其他领导人的讲话做补充；也可以围绕会议的中心议题，结合自己分管的工作谈几点看法等。具体要讲什么，要根据会议的主旨来定。

主体部分要紧紧围绕中心议题展开论述，在对于材料的安排和运用方面，要注意以下几点：首先，中心鲜明，论点突出；其次，讲究条理，层次清楚；最后，观点与材料、论点与论据统一。

③结尾。结尾主要是对全篇的总结，或者是照应开头，发出号召，或者征询对讲话内容的意见或建议等。

讲话稿的结尾通常有两种：一种是向群众发出号召或提出希望、要求，这就需要使用坚定有力的语言；另一种是向听众致谢，此时就要使用较为谦敬的语言。

4．讲话稿的分类

①按照会议内容的不同可以分为工作会议类讲话稿，庆祝、纪念会议类讲

话稿，表彰会议类讲话稿等。

②按照讲话稿使用场合的不同，可以分为政治性讲话稿、礼仪性讲话稿、学术性讲话稿等。

③按照讲话的内容、目的和作用的不同，可以分为导向性讲话、指导性讲话、总结性讲话等。

【范例】
××县委副书记在"救助春蕾女童捐赠"仪式上的讲话

同志们、同学们：

今天，我们在这里举办"救助春蕾女童捐赠"仪式非常有意义。刚才，我们一起听取了春蕾女童代表和网通公司经理发言，我很受感动。在此，我代表县委、县政府向××县网通公司的捐赠义举表示真诚的感谢！向受到捐助的春蕾女童及家长们表示热烈的祝贺！向所有为"春蕾计划"和儿童事业辛勤工作的同志们表示崇高的敬意！

当前一段时期，是我县经济和社会发展极为重要的时期，县委、县政府提出了把我县建设成临港经济强县的战略目标，要实现这个目标，推动我县经济社会又快又好发展，必须把提高全民素质、开发人力资源作为一项重要的战略任务。今天的女童，是未来的母亲。母亲的素质，影响未来全民族的素质。而要提高母亲的素质，就必须从女童教育抓起。实施"春蕾计划"，扶持女童入学，是提高民族素质、造福子孙后代的一项基础工程，也是巩固普及九年义务教育、扫除青壮年文盲的关键一步，必须把女童的教育工作放在重要的位置做实、做好。我们党和政府历来高度重视对少年儿童的教育培养。以毛泽东、邓小平、江泽民同志为核心党的三代领导集体，都从确保党和国家事业后继有人的战略高度，对少年儿童倾注了无限关爱，寄予了殷切希望。2004年2月，中共中央、国务院发表了《关于进一步加强和改进未成年人思想道德建设的若干意见》，这是以胡锦涛同志为总书记的党中央从全面建设小康社会的战略高度，着眼于党和国家事业发展全局，对新世纪新阶段加强和改进少年儿童教育培养做出的又一重大决策。县委、县政府历来都十分重视少年儿童的健康成长，把促进儿童事业的发展作为一项重要任务常抓不懈，颁布实施了《××县儿童发展纲要（2001—2010年）》，特别强调要采取多种形式，加大对贫困妇女儿童的救助力度。我县妇联自1998年实施"春蕾计划"以来，坚持以各种形式的爱心宣传活动感染人，以中华民族的传统美德引导人，以扎扎实实的工作取信人，以强烈的社会责任感和对女童教育的满腔热情，为广大热心人士和贫困女童架起了一座连心桥。现在，"春蕾计划"已成为许多单位和个人参与公益活动、向社会奉献爱心的平台，得到了社会各界的广泛参与和大力支持。截至目前，全县共资助贫困女童×××名，资助款达×××万元。在社会各界的关心爱护下，春蕾女童们人穷志不短，逆境更坚强，涌现出了2名省级全国优秀春蕾女童，6名市级优秀春蕾女童，还有部分女童分别考取了一中和大中专院校。

关爱女童，就是关爱女性，就是关爱人类自身。女童的健康成长，是我们促进两性和谐，构建社会主义和谐社会的重要组成部分。关心女童教育、帮助女童改善受教育状况，不仅是党和政府的事情，也是全社会的共同责任。今天这次大型救助活动是县妇联和网通公司两家单位贯彻落实"三个代表"重要思想和树立落实科学发展观的具体体现，是实施儿童纲要和践行社会主义荣辱观的具体实践。中国网通公司××县分公司在企事业发展的同时，不忘记回报社会，结合单位实际，热心公益事业，以新的形式、新的融资方式向春蕾计划捐款两万元。他们的爱心行动为我县企业界树立了很好的榜样，通过他们的行动将唤起社会上更多的人来加入这项事业为春蕾女童春蕾一片爱心。各有关单位、部门在今后的工作中，也要以网通公司为榜样，充分认识做好儿童工作尤其是女童工作的重大意义，以高度的责任感和使命感为女童的成长创造良好的环境，形成全社会都来关心、爱护女童的良好氛围；妇联组织要积极争取各方力量的支持，加大投入力度，扎实有效地为贫困儿童办实事、做好事，把"春蕾计划"等爱心助学活动抓出更大成效。宣传部门要做好舆论引导，要站在践行"三个代表"重要思想、践行社会主义荣辱观的高度对活动进行宣传报道，在全社会进一步掀起知辱明耻的舆论氛围。

今天的捐赠会上，来自不同农场的多名春蕾女童受到捐助，可以说你们是不幸的，同时也是幸运的。俗话说：宝剑锋从磨砺出，梅花香自苦寒来。希望受到资助的同学们敢于正视眼前的困难，树雄心，立大志，不辜负大家对你们的期望，努力把来自社会的关爱化作发奋学习、报效祖国的强大思想动力。思想上、行动中，要树立正确的人生观和价值观，以热爱祖国、服务人民、遵纪守法为荣；学习上，要珍惜机会，刻苦严谨，以崇尚科学为荣；生活上，要不慕奢华，不事攀比，以艰苦奋斗为荣；与人交往时，要谦虚有礼，尊敬师长，以团结互助、诚实守信为荣，自强不息，顽强拼搏，将来用优异的成绩回报社会，用优良的品德塑造人生。

只要人人都献出一点爱，世界将变成美好的人间。在这里，我衷心地希望同志们能够一如既往地关心、支持春蕾计划，向贫困女童伸出援助之手，用自己的爱心帮助她们走向更加美好的明天！同志们，同学们！人为善，福虽未至，祸已远离。让我们携起手来，给人以关爱、给人以方便、给人以欢乐、给人以希望，为建设一个充满着爱心、洋溢着感动、和谐友好的新××而贡献力量！祝同学们节日快乐！

谢谢大家。

二、讲话稿的写作要求

1．有的放矢

讲话人发表讲话的主要目的就是向听众传播信息或进行宣传、教育、鼓舞积极性，这就需要与听众进行沟通。在撰写讲话稿的时候，无论是讲话者本人亲自执笔还是让他人代笔，都要先做好调查研究工作，明确受众的心理和要求，只有这样，才能写出听众们想听、爱听的讲话稿。

2．突出中心，观点鲜明

只有中心突出、观点鲜明、表达富有新意的讲话稿才能在听众的脑海中留下深刻的印象。讲话稿自始至终都要围绕着中心去写。同时，也要将自己的思想直接、真实地表达出来，这样才能取信于听众。此外，讲话稿要有新情况、新观点、新经验、新见解，能够给人以启示和教益，这样才能吸引听众。

3．语言通俗易懂

讲话稿在撰写的过程中，要充分考虑受众的接受水平以及听众的需要，在讲话的时候要选用容易令人理解和接受的话语；表述尽量做到精练，要让人能听得明白，而且记得牢固。与此同时，要善于运用各种修辞手法，增强语言的生动性。

4．篇幅不宜过长

如果讲话稿的篇幅过长，会造成讲话时间过长，这样不仅会影响其效果，还会引起人们的厌烦。人们的听觉器官会因为长时间的使用而感到疲劳，自然就会造成精力的分散。因此，讲话稿在撰写的时候要力求简短，用最精练的话语表述最丰富的意思。

5．晓之以理，动之以情

讲话稿要把该讲的道理讲明白，在撰写的过程中，要注意说理的生动性和通俗性，要多用比喻等形象的手法来说理，这样才能通俗易懂，还要多举一些在日常生活中常见的事例。同时，在说理中注入自己的感情，这样才能达到动

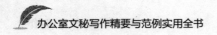

之以情的目的。

6. 主体单一

会议通常都会有一个主题，但是在会议上的讲话者却不止一个人，因此讲话稿的写作要紧紧围绕会议的主题，不能离开会议的主题，随意妄谈。

三、与讲话稿有关的问题

讲话稿与发言稿的区别主要体现在以下几点：

（1）讲话主体的角度不同

讲话稿的讲话主体局限于参加会议或者活动的重要人物或领导人，但是发言稿的讲话主体却没有限定。

（2）所代表的主体不同

讲话稿的意思表达常常代表领导集体和组织，而发言稿则更多是代表个人的意见。

（3）用语的不同

讲话稿的内容大多具有指示性、政策性和指导性，因此在选用措辞的时候要十分严谨；而发言稿的内容只是具有参考的价值，因此其用语较为灵活，甚至有一定的随意性。

（4）体现意见的主体不同

讲话稿多是体现主办方或上级领导的意见，大多从整体出发，具有一定的原则性、政策性和权威性；而发言稿则体现的是参与方平级或下级领导的意见，多是从自身实际出发的，因此能畅所欲言，表达上也具有一定的灵活性和务实性。

调查报告

一、调查报告概述

1．调查报告的概念

调查报告是针对现实中出现的重大问题、热点问题、焦点问题、典型情况等进行深入细致的调查，对获得的材料进行认真分析研究，在发现其本质特征和基本规律之后，再根据实际需要进行分析、归纳、综合后写成的书面报告。

调查报告是一种在新闻领域和机关应用文领域中都可使用的文体，不过在机关之间流通的调查报告可以没有新闻性，而发表在报刊广播上的调查报告则要有新闻性。

2．调查报告的特点

调查报告的特点通常体现在以下几点：

（1）真实性

调查报告是以事实为基础的文本，其展开调查研究的目的就是为了掌握真实情况，揭示实际问题。社会信息的可靠、材料的准确，是调查报告的生命所在，只有情况反映得真实准确，经验概括得恰如其分，调查报告才能更好地发挥其作用。深入地进行调查，实事求是地反映客观对象，不弄虚作假，不以偏概全，是写调查报告的关键。

（2）针对性

进行调查研究，撰写调查报告，是为了解决实际问题，因此调查报告要有很强的针对性。同时，也只有针对某个问题进行调查，才会调查得深入仔细，走马观花式的调查，是不会有收获的。通常而言，针对性越强，调查的效果就越好，调查报告的作用也就越大。从某种意义上说，针对性是调查报告的灵魂。

（3）典型性

调查报告所反映的内容，无论是经验，还是问题，都应有典型性，要能起到以局部反映全局或以"点"带"面"的作用。调查报告如果所反映的只是没有任何典型意义的孤立的个别事例，则不会对工作有指导意义。

（4）时效性

调查报告的写作目的是及时地反映当前工作中出现的重要情况，并揭示迫切需要解决的问题，必须具有极强的时效性。正因为如此，调查报告被纳入了新闻文体的范畴。

3．调查报告的格式

调查报告是根据调查研究的结果写出来的反映客观事实的书面报告，它并没有固定的格式，通常是由标题、序言、主体、结语以及落款五部分组成的。

（1）标题

调查报告的标题通常有以下几种写法：

①由"调查对象+内容+文种"构成，例如《城市居民住房情况调查札记》。

②提问式标题，直接点明文章的主要内容或主要观点，例如《中小学生的体质为什么下降？》

③由主副标题组成。通常情况下，主标题主要是点明文章的主旨或提示作者对问题的看法，而副标题则是补充交代调查对象、内容以及文种，例如《在改革开放中建设精神文明——深圳、珠海两市社会主义精神文明建设调查报告》。

（2）序言

又称前言或总题，是调查报告的开头部分，通常是概述调查对象的基本情况，或者提示全文的基本内容，或直接提出调查的问题和结论等，其写法灵活多样。其中，较为常见的有以下几种：

①主题式

以这种方式写作的序言通常都是先概述调查的主要内容，然后点明全文的基本观点。主题式的序言通常包括调查的课题、调查对象、调查结果以及分析所得到的结论等内容。

②结论式

以这种方式写作的序言通常都是将结论开门见山、干净利落地写在开头，这种方法笔法明快，多用于总结经验的专题性调查报告。

③概述式

通过简明扼要的文字，交代调查的起因、目的、时间、地点、对象或范围、经过与方法，进而引出中心问题或者调查得出的基本结论。这种写法能让读者对调查报告有一个整体的印象。

④提问式

在调查报告的开头抓住问题的关键进行设问，以此来引发读者思考，让读者能够随着作者的思路，明确调查报告的主旨。

⑤背景式

交代调查活动的背景，其中包括历史背景，介绍课题由来、大致发展过程、主要成绩、突出问题等基本情况，进而提出中心问题和主要观点。

（3）主体

主体部分是调查报告的核心。这部分既要具体地报告调查中发现的有关实施情况，还要在事实的报告中引发认识，指出问题，并对存在的问题提出解决办法。

主体的结构形式主要有两种：一种是纵式结构，以调查前后的顺序或事物发展变化的过程顺序来组织材料；另一种是横式结构，按照问题的性质或事物的特点来组织材料。

（4）结语

调查报告的结束语具有升华主旨和收束全文的作用。例如，提出解决问题的办法、对策或下一步改进工作的建议；提出问题，引导读者进一步思考；展望前景，发出号召等。无论是何种形式的结尾，结束语都应简明扼要。有些调查报告在主体部分意尽言止，不再另作结语。

（5）落款

调查报告的落款一般要写明负责调查的单位名称或个人姓名，以及完稿时间。如果在标题下面注明作者，那么落款时则可以省略。

4．调查报告的分类

依据不同的划分标准，调查报告可以分为不同的种类。

就调查报告反映的内容来看，可以分为经验调查、情况调查、事件调查和问题调查四类。

（1）经验调查

经验调查又被称为典型调查，它主要是报告经验创造的过程、具体做法以及所取得的成绩、效果等。

【范例】

××市个体私营经济发展状况调查报告

××年4月9日至4月12日，××民营经济调查组一行6人对位于粤西山区的阳江市三县（市）一区个体私营经济发展的新趋势做了为期4天的调查和了解。1997年以来特别是党的十五大召开以后，××市委、市政府紧紧抓住机遇，因地制宜，因势利导，坚定不移地大力发展个体私营经济，使个体私营经济迅速由小变大，由弱变强，成为××最具生机和活力的经济增长点之一，有力地推动了××国民经济的发展，其经验做法对我省其他地区发展个体私营经济具有很大的借鉴和启迪作用。现将有关情况汇报如下：

一、××市个体私营经济的基本情况和主要特点

××年，××市个体私营企业达36171户，全市个体私营企业实现国内生产总值98.2亿元，比上年增长12.49%；工业产值112亿元，增长21.70%；出口交货值42.62亿元，增长9.60%；入库税收6.64亿元，增长61.40%；新增投资11.54亿元。

××市个体私营经济发展呈现出如下几个特点：

1. 发展越来越快。（略）
2. 地位越来越高。（略）
3. 规模越来越大。（略）
4. 层次越来越高。（略）
5. 外向型企业越来越多。（略）
6. 品牌越来越响。（略）
7. 从业人员越来越多。（略）

我们认为，××市个体私营经济的快速健康发展，主要得益于他们敢在实践中积极探索和创新，建立了"五个互动"机制。

一是政策拉动。（略）

二是服务推动。（略）

三是外向带动。（略）

四是科技驱动。（略）

五是市场牵动。（略）

二、××个体私营经济发展中存在的主要问题和障碍

××市个体私营经济发展取得了一定的成绩，同时还创造了一套发展个体私营经济的成功经验，这是值得充分肯定的，但同时也存在着一些困难和问题。主要表现在：

（一）对大力发展个体私营经济的思想和观念还要进一步解决。"补充论""社资论"的观念在少数部门和少数干部中还有一定的存在。一是前置审批过多，二是个别部门和干部服务意识不强、办事效率不高。

（二）行业结构不合理，规模经济发展速度较慢。一是产业结构不合理。传统产业多，高新技术产业少。二是产品结构不合理。低附加值产品多，高附加值产品少。三是企业组织结构不合理，生产集中度低。小型企业多，大型企业少；劳动密集型企业多，技术密集型企业少。四是资本结构不合理。绝大多数私营企业的资本结构仍以家族式资本为主，实行家长式的管理，难以建立现代企业制度，也难以建立完整的社会信誉，从而影响有效的融资和资本扩张，并最终影响企业的资本运营效果和经营规模，限制了企业的优化升级。

（三）个体私营经济融资困难。银企之间良性互动的正常关系还没有真正建立起来，私营企业融资渠道较为狭窄，缺乏有效的融资管道。

（四）管理模式滞后，影响自身发展。私营企业普遍存在家庭式管理和家长式决策。这种模式适应不了企业再扩大、再发展的需要，日益暴露出它的弊端和致命的弱点，导致企业决策科学性、准确性差。

（五）人才严重缺乏。私营企业主文化程度普遍偏低，大多数企业缺乏管理和技术人才，加上未能建立一支掌握现代管理知识和先进科学技术的人才队伍，造成企业素质不高，技术创新和制度创新能力薄弱。

三、推动个体私营经济上规模、上档次、上水平的对策建议

目前，我省国有企业、外商投资企业、个体私营企业共同发展的局面基本确立，但在国民经济三大构成中，民营企业这一块发展不太理想，针对上述原因，结合形势发展的要求，我们认为，要促进个体私营经济上规模、上档次、上水平，就需要进一步解放思想，优化环境，加强指导，打好"品牌"，营造政治上认同，社会上尊重，政策上支持，有利于民营企业成长的良好氛围和环境。因此，提出如下建议：

首先，要进一步解放思想，更新观念，以"三个代表"重要思想为武器，大力营造发展私营经济的良好氛围。各级党委、政府要进一步做好发展个体私营经济工作，优化发展环境。一是降低市场准入门槛，建立公平竞争机制，对包括个体私营经济在内的不同所有制企业采取统一的市场准入标准，打破行业垄断。二是依法规范行政行为。以改革和加入"世贸"为契机，进一步理清政府的审批事项，可由企业自主决定、市场自行调节和社会中介组织办理的审批事项一律取消。三是改善融资环境。金融机构应按照对各种所有制企业一视同仁的要求，解决好对个体私营企业的信贷投入问题。四是加大维权保护力度。进一步加强对各类市场主体的监督管理，整顿和规范市场秩序，依法查处制假售假、走私贩私、偷税逃税及其他不正当竞争行为，依法保护个体私营企业的知识产权和其他合法行为。五是加强和改进对个体私营企业的服务。在内容上，拓宽服务领域，从技术支持、人才引进、教育培训、信息咨询、创业辅导、市场拓展、对外合作、资本运作、安全生产、法律咨询等方面提供良好的服务。

第二，扶强扶优，积极引导个体私营经济上规模、上档次、上水平。各级党委和政府要加强对个体私营企业的宏观指导，促进个体私营经济早日完成五个战略转变，实现行业的优化升级。第一，在组织结构上，由小而全、小而散向专业化协作和公司化、集团化转变。第二，在产权制度上，由自然人产权向现代企业产权制度转变。第三，在企业管理上，由传统的家庭式管理向科学的现代化管理转变。第四，在技术进步上，由主要是劳动密集型向技术密集型和劳动密集型相结合转变。第五，在经济增长方式上，由粗放型向集约型转变。

第三，切实加强各级个体劳动者协会、私营企业协会（以下简称"两个协会"）的地位和作用。两个协会和它所领导的众多行业协会，已经具备全面服务的功能：其一，省各行政部门已经赋予了它办理边防证、会计证、港澳多次往返证、出国（境）通行证等功能；其二，省劳动厅、省人事厅已将人才交流、职称评定、档案挂靠等权力赋予两个协会；其三，两个协会辖下的行业协会具有的协调行业生产经营、规范行业自我管理、促进行业平等竞争、引导行业互助互利、提高行业整体素质、维护行业整体利益的作用。针对××市委、市政府和广大个体私营企业主反映的情况，例如普遍的不良竞争和人才缺乏现象，教育培训、融资困难和法律咨询的空白及行业协调和市场拓展等方面存在的问题来看，正是两个协会能够解决，也能够解决好的。多年来，两个协会为××个体私营经济的发展已做出了重大贡献，受到了广大个体工商户和私营企业的拥护和爱戴，也得到了各级党和政府的充分肯定和社会各界的认可。两个协会所具有的群众性和广泛性以及在教育、管理、服务广大个体工商户和私营企业，促进个体私营经济健康发展方面的作用不仅行政部门不能替代，其他社团组织也无法类比。无论是参照国际经验还是我国我省的实际，要发展好个体私营经济这一块，就必须切实加强两个协会的地位和作用。

（2）情况调查

情况调查就是只反映某一地区、某一单位、某一行业或者某个方面的基本情况、发展状况的调查报告。其重点在于全面地反映现状。

【范例】

全国第六次人口普查工作调查报告

第六次全国人口普查即将展开，为顺利做好此次人口普查工作，摸索和探求解决人口普查各主要阶段将要遇到的问题和质量控制方法，取得人口普查工作具体操作和组织实施的经验，根据青岛市统计局人口普查办公室的统一安排，市统计局从全市33个镇（街道、园区）中抽取3个重点镇、4个街道办事处和1个开发区，从如何有效开展普查宣传等十个方面开展第六次全国人口普查专项调研工作。

此次调研历时两周，分为四个阶段：一是1月22日邀请重点镇（街道、园区）在市统计局以座谈会的形式，对普查中可能遇到的重难点问题进行深入讨论；二是1月26日—27日市人普办分组到重点镇（街道、园区）进行实地调研，对部分重点单位进行了试点入户；三是1月29日在市统计局召开此次调研总结座谈会，对前段时间调研过程中发现的问题进行了认真归纳总结；四是撰写调研报告。

根据本市的实际情况，此次调研专题共涉及以下十个方面：

1. 如何有效开展普查宣传？
2. 如何解决入户难问题？特殊地区和特殊人如何登记？
3. 普查员及指导员如何选聘和选调？
4. 如何了解掌握外出人口基本情况？
5. 外来人口基本状况及如何做好普查登记？
6. 人户分离现状及如何进行普查登记？如何进行户籍整顿？
7. 外籍及港澳台人员状况及如何进行普查登记？
8. 如何防止死亡人口漏登？农村和流动人口的超生情况如何据实登记？
9. 怎样开展普查摸底？
10. 影响本地区普查工作的其他因素。

通过对以上十个方面的认真调研，我们及时了解正式普查登记过程中可能遇到的重点、难点问题，摸清情况及其产生的原因，并提出以下几点建议：

一、有效开展普查宣传，是做好第六次人口普查工作的重要因素。要做好宣传工作，不仅要从多方位、多角度开展宣传，更要长久、持续地开展宣传。平度市统计局从2009年10月份至2010年7月份，分批次组织本市各镇（街道、园区）进行人普宣传，主要以悬挂横幅、宣传栏张贴海报、分发普查宣传手册等多种形式开展宣传；2010年7月至2010年11月，通过宣传车队入村、宣传资料入户进行持续性宣传，并通过电视台、报纸、短信平台等多方位媒体宣传。

二、入户登记是普查工作的关键环节，入户登记质量好坏，直接关系到普查数据的准确与否。因此，如何解决入户难问题，特别是特殊地区和特殊人如何登记问题，显得尤为重要。根据前期两周的调研，发现只要前期宣传工作到位，大众居民在了解到人口普查这项工作后，对入户登记这项工作的配合度还是很高的。对于宾馆、医院、学校等特殊地区，要做到入户前与单位负责人联系，入户时由该单位所属镇（街道、园区）工作人员陪同，并携带各级人普办下发正式文件，对于特殊人群要提前告知并预约时间进行入户登记。

三、选聘和选调普查员和指导员工作，要把握以下原则：

一是镇（街道、园区）选调普查指导员以一、三产统计员为主，因为一、三产统计员部分业务在农村，作为农村人口占多数的平度市来说，人口普查的工作重点在农村。

二是选聘普查员以各村（居）委会三职干部为主，参加人口抽样调查、农业普查等普查工作的人员优先选择。

三是选聘报酬参照往年农业普查、经济普查等标准，然后根据实际工作具体调整。

四、如何掌握外出人口基本情况是人口普查工作的难点之一。做好此项工作，要具体情况具体处理：非全家外出户，可在入户登记时询问其他家庭人员；全家外出户，要通过询问邻居、亲友、村（居）委会等形式了解情况。

五、如何做好外来人口基本情况普查是人口普查的又一难点。做好此项工作，可通过其所在单位、村（居）委会联系，或在其居住所门前张贴人普通告，邮寄信函等方式联系。

六、人户分离现状及户籍整顿问题的处理，要与其他部门加强联系，密切合作，特别是加强与镇（街道、园区）、村（居）和公安、派出所、民政部门等单位间的协作。

七、外籍及港澳台人员状况和普查登记问题的处理，处理办法同上。

八、防止死亡人口漏登，农村和流动人口超生情况据实登记问题的处理，要与当地民政部门、卫生部门、公安部门加强协作，对以上几类人群登记做到不重不漏。

九、普查摸底工作的开展，要在各级政府的领导下，以镇（街道、园区）为核心，村（居）委会为主力，调配人员，全面开展普查摸底工作。

十、通过此次调研和对历年普查工作的总结，影响本地区普查工作的突出因素有以下几点：

一是2010年10月份平度市农村村委会换届，村委会成员将会有变动，这将为调查员的选聘、培训和入户登记工作带来困难，影响普查工作的顺利开展。

二是历年大型普查，对普查员和普查指导员的培训工作时间紧、任务重，效果差强人意。

三是入户登记中往往出现意外问题、特殊情况等，导致登记工作中断或不准确。

四是人口普查填表数量巨大，审核工作量大，往往因为某一两个指标的不明确，而导致出现大量相似错误。

五是光电数据录入对填表要求严格，常因书写规范度不够而导致机器误读。

我市第六次人口普查调研工作历时两周，通过座谈会、实地调研、试点入户、邀请参加历届普查工作的同志参加经验座谈会等形式，从十个方面对此次普查进行了细致调研，为第六次人口普查工作的顺利奠定了坚实的基础。

（3）事件调查

此类报告重在反映重大事件的来龙去脉，事件本身具有完整的过程，但是在一段时间内往往没有被人们正确地认识，或者对其认识与事实是颠倒的，此类报告重在说明事实的真相，还其本来面目。

【范例】

关于2013年4月1日学生打群架事件的调查报告

2013年4月1日下午2:00—3:40八年级八班学生王××、杨××、寇×、刘××、余××、孙×、王××等人利用课间休息时，无事生非，纠集本班学生十多人无故殴打八年级六班学生李×，致使李×多处皮外伤、流鼻血。对此事件，学校极为重视，立即成立由政教处和两个班级班主任组成调查组，对事件进行缜密调查，现就有关情况汇报如下：

一、事件原因及经过：

4月1日下午，八年级八班学生王××到八年级六班把李×叫到八班教室，让寇×和刘××分别和李×"单练"。然后八班王××、杨××、寇×、刘××、余××、孙×、王××、田×、王×、闫××等人对李×进行群殴。其中，王××用脚踢打李×，致使其鼻孔出血，杨××用凳子坐板在其背和胳膊抽打，寇×、刘××、余××等用拳头在其脸、头等处殴打，孙×、王××、田×、王×、闫××等用脚踹。在学生中造成极坏影响。以上学生对自己所犯错误供认不讳，有案可稽。个人都有书面材料佐证。事件的来龙去脉已基本搞清。

二、事件性质：

此事件是一起群起学生斗殴事件。在此事件中王××、杨××、寇×、刘××、余××、王××等人负有直接的责任，孙×、田×、王×、闫××等起哄参与也有一定责任，李×虽然是受害者，但串班、不及时汇报老师也有一定责任。

特此报告。

政教处

二〇一三年四月七日

（4）问题调查

这类调查报告是针对现实中存在的各种问题或矛盾所做出的敏锐的反应，并提出相应的解决措施和解决办法，这些问题或矛盾有些是全局性的，有些是个别性的，但是这些问题都是在事件发展的过程中出现的新问题。

【范例】

关于教师职称评审条件问题的调查

教师职称评审条件中，对发表教学研究论文有一定的数量要求，这一条件的设置使教师们苦不堪言——现在绝大多数刊物发表论文都要收取所谓的"版面费"，少者几百，多者上千，这对于靠工资吃饭的普通教师来讲，的确是一个沉重的负担。针对这一问题，笔者采用走访式的调查方法进行了一次专题调查。现将调查结果报告如下：

一、调查结果

调查对象	调查人数	出资发表论文	自费出书	人均花费
大学教师	12人	9人	3人	3200元
中学教师	26人	25人	1人	1100元

二、存在问题

在这次调查过程中，笔者与广大一线教师进行了广泛交流。教师们普遍认为，在目前学术腐败问题严重、各类刊物大肆收取"版面费"的情况下，将发表论文情况作为职称评审的一个先决条件，不但有失公允，而且后患无穷。事实上，有很多工作勤勤恳恳、任劳任怨的一线优秀教师因为没钱支付"版面费"职称上不去，而一些在编不在岗、长期从事第二职业的教师雇"枪手"写论文、买版面发论文，职称问题却得以解决。这些问题应该引起有关方面的高度重视。

三、建议

鉴于目前教师职称评审中存在着以上问题，笔者建议：尽快修改各级各类学校教师职称评审条件，特别是取消发表论文的要求。这样，可以使教师职称评审工作更加公平和公正。

二、调查报告的写作要求

1. 深入实际，掌握材料

要想写好调查报告，要进行深入实际的调查研究，调查的过程就是获取材料的过程。材料有通过实际了解掌握的第一手材料，也有通过阅读相关的文字记载获得的第二手材料。在搜集资料的过程中，不仅要尽量掌握第一手资料，同时还要大量搜集第二手资料。广泛占有，兼收并蓄，但要注意保持材料的原始性和客观性。在占有大量材料的基础上，运用科学的世界观和方法论综合分析，得出正确的判断和结论。

2. 统一观点和材料

调查报告并非是简单的材料堆积和数字罗列，在撰写时，不仅要有材料，还要有观点，并且还要做到让观点与材料相统一、相融合。只有这样写出来的调查报告才有价值。

3. 要实事求是，用事实说话

客观事实是调查报告赖以生存的基础。在撰写调查报告的时候，从确定调查对象到展开调查活动，从对问题的分析研究到提出解决问题的办法，都要以确凿的客观事实作为依据。

4. 夹叙夹议，叙议结合

叙议结合是调查报告的主要表达方式，叙事力求真实具体、简洁明了。如果只是叙述没有议论，那么报告就会因缺乏深度而流于表象；如果只是单纯的议论没有叙述，那么报告就会因缺少内容支撑而流于空泛笼统。因此，调查报告要交叉运用叙述和议论，并使之有效结合。

5. 要有明确的针对性和典型性

调查研究所针对的往往是在实际工作中需要迫切需要解决的问题，其目的就是探索解决问题的途径。调查报告不同于一般的工作总结，它要求调查的对象本身具有典型性。调查报告在撰写的时候要做到以下两点：一是调查报告的事例必须能反映出问题的共性，并且具有一定的代表性；二是调查报告的对象必须具有典型性，所选择的材料也要有一定的典型性。

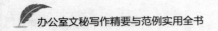

三、与调查报告有关的问题

1. 总结与调查报告的不同

（1）内容范围不同

总结反映的是主体自身的实践活动；而调查报告通常反映报告者自身以外的情况。

（2）写作目的不同

总结主要是为了主体自身求得规律性的认识，以指导今后自身的实践；而调查报告则是通过对调查客体的情况描述，以点带面，以个别指导一般，目的在于推动全局工作。

（3）时限不同

总结需要在实践活动之后再进行撰写，是事后之作；而调查报告则没有具体的时间限制，既可以在调查的时候写，也可以在调查结束时写。

（4）人称不同

总结在进行撰写时需要使用第一人称；而调查报告在撰写时通常使用第三人称。

2. 调查报告与报告的区别

（1）用途不同

报告主要用于向上级机关汇报工作、反映工作中出现的问题以及答复上级机关询问；而调查报告主要是用于反映情况、解释问题和推广经验的。

（2）内容不同

尽管报告与调查报告都有反映情况的作用，但是两者之间在内容的表达上有明显的不同。报告主要是反映"点"上的情况，而调查报告主要是用于反映"面"上的情况。

（3）写作的立足点和要求不同

报告反映的情况是就已知的情况和问题进行客观报告；而调查报告则是从已知到未知，对已知的现状进行认真研究和分析，形成有事实、有分析、有结论的综合性报告。

规章制度

一、规章制度概述

1．规章制度的概念

规章制度是机关、团体以及企事业单位为了便于管理内部组织，依照国家的方针政策或有关法律法规，在自己的职权范围内所制定的具有一定约束力和法规性的，要求特定范围内的人群必须遵守的规范或准则。

2．规章制度的特点

规章制度通常具有以下特点：

（1）约束性

规章制度一经公布实施之后，有关人员就要遵照其内容，严格执行，因此规章制度具有一定的强制性和约束性。

（2）层次性

规章制度在撰写的时候就要按照相关的法律法规，在发文机关的职权范围内制定相应层次的规章制度，这就决定了各类规章制度在内容、有效范围以及约束力方面都有明显的层次性。

（3）周密性

规章制度是为了规范人们的行为，维护稳定与和谐而制定的，为了能够达到这样的目标，规章制度在撰写时就要做到细致而周全，既不能有遗漏也不能有疏忽，在表达上更是不能含糊不清，出现歧义。

（4）条款性

就规章制度的表现形式来看，它都是以罗列条款为主的，这就要求规章制度在条款的安排上要有层次性，层次的设置要依据文种的内容来定，层次可多可少。国家标准公文格式要求不超过四级，即章、节、条、款；最少只要条（项）这一级即可。

（5）程序性

规章制度是经过法定程序讨论之后按照一定的程序发布实施的公文，因此

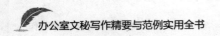

具有程序性。

（6）广泛性

规章制度的应用范围广泛，上至国家领导机关，下至企事业单位，都需要通过规章制度规范相关人员的行为、明确职责或设置应该达到的标准，以便能保证工作、学习或生活能够有条不紊地进行。

（7）法规性

规章制度是为了加强管理、维护社会生活秩序而制定，其实质是约束人们的行为准则与规范，因此具有法规的性质。

3．规章制度的格式

规章制度通常是由标题、正文和落款三个部分组成。

（1）标题

规章制度的标题写作形式，有以下几种：

①由"发文机关+事由+文种"构成，例如《国务院关于进一步扩大国营工业企业自主权的暂行规定》。

②由"适用范围+事由+文种"构成，例如《陕西省人民调解工作规定》。

③由"适用对象+文种"构成，例如《中学生守则》。

④由"事由+文种"构成，例如《工伤保险条例》。

⑤由"发文机关+文种"构成，例如《中国写作学会章程》。

⑥单独由文种名称构成，如《公约》。

如果制定的规章制度为草案，那么要在标题中写明；如果是暂行性或试行性的，要在标题后加括号，标明"试行"或"暂行"。

（2）正文

规章制度的正文写作方式可以分为章条式和条文式。

①章条式。章条式的结构通常适用于表述较复杂的规章制度，其内容由总则、分则和附则组成，每部分都可以按内容的多少分列若干章或若干条款，并用数字标明。

总则，类似于公文的开头，带有序言性质，重在说明制定本规章制度的原因、依据、目的、任务以及适用范围等。通常，总则会放在正文的开头。

分则，属于规章制度的核心部分，重在说明规章制度的具体内容，如果涉及面较广，那么就要划分章节，逐条进行说明。

附则，用来说明通过、公布或实施的时间以及有关权限等问题。

②条文式。条文式的写作方式所表述的内容相对简单，只是分条列项地逐一阐述，可以分为以下两种：一是主体条文式，由前言和主体两个部分组成。

通常情况下，前言不分条，只需用简洁明了的文字表述出制定目的、依据、性质和意义即可。主体部分则需要分条列项地进行表述。二是条文到底式，从前言到结尾都用条款标示出来。

③落款。在正文的右下方写明制文单位和日期。如果标题中已经出现过，则无须再次标明。

4. 规章制度的分类

根据内容与作用的不同，规章制度可以分为行政法规、章程、公约和制度。行政法规主要包括条例、规定、细则和办法，制度类的主要包括制度、规则、守则和须知，章程和公约自成一派。不同的类别反映的需要也不尽相同，使用的范围也不同，发挥的作用也不同。

【范例】

国务院关于发布国务院工作人员守则

（国务院1982年7月8日发布）

一、拥护中国共产党的领导，努力学习马克思列宁主义、毛泽东思想，坚持人民民主专政，坚持社会主义道路，全心全意为人民服务。

二、模范执行国家的宪法、法律、法令和行政法规，严格遵守纪律，廉洁奉公，不徇私情，勇于同不良倾向做斗争，特别要同官僚主义做斗争。

三、注重调查研究，一切从实际出发，实事求是地反映情况和处理问题。

四、办事认真、负责、准确、迅速，注重质量，讲究效率. 自己职责内的事或上级交办的事，要按规定的时限完成；紧急的事，及时处理。

五、坚持民主集中制，服从组织领导，密切联系群众，虚心倾听人民群众和下级机关的意见和建议。

六、树立全局观念，同兄弟单位主动配合，团结协作，不扯皮，不推诿，共同搞好有关工作。

七、努力学习文化科学知识，积极钻研业务，不断提高知识水平和工作能力。

八、生活艰苦朴素，遵守社会公德，讲究文明礼貌。

九、谦虚谨慎，不骄不躁，坚持真理，修正错误，经常开展批评与自我批评。

十、提高革命警惕，严守国家秘密，维护祖国的尊严和荣誉。

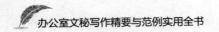

二、规章制度的写作要求

1．制定要符合法律的要求

规章制度制定是为了加强管理、维护社会生活的秩序，从某种意义上来讲，它是对法律和法规的一种补充。规章制度的制定必须符合当前国家的有关法律法规，不能与之相抵触。

2．制定要符合情理

无论是党政机关还是企事业单位，制定规章制度都是为了维护本单位的正常工作、学习以及生活秩序。因此，规章制度的内容要与本单位的实际情况相符合，这样才能发挥规章制度应有的效用。规章制度的制定还要符合情理，能让大部分人接受。

3．内容要做到条理清晰

规章制度的内容都是通过罗列条文的形式表现的，除了要体现出主次、轻重等逻辑关系外，还要做到条理清晰。只有这样，大家才能理解规章制度的含义，然后照章执行。

4．用语要做到规范、严谨

规章制度主要用于规范人们的行为，必须把握规章制度的核心思想。这就要求规章制度的内容必须是明确的、具体的，用语方面必须是严谨的、准确的、规范的，其在表词达意上不能有歧义，更不能含糊不清、前后矛盾。

开幕词与闭幕词

一、开幕词与闭幕词概述

1．开幕词与闭幕词的概念

开幕词是在重要会议或重大活动开始时，由大会主席或重要领导人向全体与会人员或来宾所做的开宗明义的讲话。开幕词除了具有宣布会议或活动开幕的作用外，还有阐明本次会议或活动的目的、任务、意义、提出希望和要求等内容，以及对来宾表示欢迎和感谢。

闭幕词与开幕词相对应，是在重要会议或重大活动结束时，由大会主席或者重要领导人向全体与会人员或来宾所做的总结性的讲话。通常而言，闭幕词致辞的领导与开幕词致辞的领导不是同一个人，但是身份会与开幕词致辞的领导相当。

大型会议或者重要的活动都会有与开幕词相对应的闭幕词。通常而言，闭幕词的内容都是对会议做出概括性的评价和总结，并向与会者和来宾提出贯彻落实大会精神的要求，并且向与会单位提出奋斗的目标和希望。

2．开幕词与闭幕词的特点

开幕词通常具有以下几个特点：

（1）宣告性

所谓宣告性就是指在开幕词中郑重地宣告会议开幕或者活动正式开启，为会议营造一种隆重感。如果是具有重要历史意义的会议，那么其历史意义就是从这一宣告开始产生的，开幕词会随着会议的重要文件一起载入史册。

（2）指导性

所谓指导性就是在开幕词中阐明会议的宗旨，明确会议的指导思想和主要议题，概括整个会议的基本精神。同时，开幕词还会提出希望，这对开好会议起到重要的指导作用。

（3）简明性

开幕词的内容通常都是点到为止，篇幅短小精悍，语言简明扼要。

（4）提示性

所谓提示性，就是指在开幕词中明确交代回忆的议程，扼要说明会议的原则，提出会议的精神，起到点题的作用。这样能让与会人员和来宾明确会议的主要议题或者活动的主要目的，从而做到心中有数，能够更加积极主动地进行讨论。

闭幕词的特点通常有以下几个：

（1）评估性

评估性就是在闭幕词中对整个会议做出评价，要恰当地肯定会议的成果，正确评价会议的影响，增强与会人员贯彻会议精神的信心和决心。

（2）号召性

闭幕词要提出传达贯彻会议精神、努力完成会议提出的工作任务的原则要求，要鼓舞士气，增强信心。因此，闭幕词要有一定的鼓舞性和号召性。

（3）总结性

总结性就是指闭幕词要对会议的主要内容和基本精神进行简要总结。其总结的主要内容包括会议的进程、完成的议题、今后的任务以及怎样贯彻会议精神等。这样的总结和概括会使与会人员对会议有更加深刻和全面的了解，以便在会后能够正确、全面地贯彻会议的主要内容和基本精神。

3．开幕词与闭幕词的格式

（1）开幕词的格式

开幕词由标题、称谓和正文组成。

①标题。开幕词的标题通常有三种写法：一是由"会议名称+文种"构成，例如《庆祝汉阳陵博物馆开关大会开幕词》；二是由"致辞者姓名+会议名称+文种"组成，例如《××同志在××会议上的开幕词》；三是正、副标题结合的形式，用能概括开幕词中心内容或主旨的句子做主标题，然后副标题的形式可以是以上两种公文式标题中的任何一种，例如《贴近人民生活，标举时代精神——×××协会第××次代表大会开幕词》。

②称谓。一般顶格写在标题下第一行，具体的称谓可以根据会议的性质和与会人员的身份而定。一般写作"各位代表""先生们、女士们"等。如果有特邀嘉宾，那么可以写作"尊敬的××先生、各位代表、朋友们"等形式。

③正文。开幕词的正文通常由开头、主体和结尾组成。

开头：即宣布会议开幕，可以使用简短且带有鼓舞性的语言。

主体：首先，要向大会介绍参加的领导同志以及来宾，通报到会代表人数和团体名称；其次，回顾过去的工作和成绩，总结经验，认清不足，吸取教训，随后提出会议的议题和议程；最后，阐明会议的目的和意义，并表达对开好会议的希望和要求。

结尾：通常用"预祝大会圆满成功"作为结尾语，表达对会议的良好祝愿。

（2）闭幕词的格式

闭幕词与开幕词的写作格式基本相同，也是由标题、称谓和正文构成。

①标题。闭幕词的标题写作形式跟开幕词相似，也是有三种不同的写法：一是由"会议名称+文种"两部分构成，例如《××国际艺术节闭幕词》；二是由"致辞者姓名+会议名称+文种"三部分组成，例如《××同志在××会议上的闭幕词》；三是正、副标题结合的形式，用能概括闭幕词中心内容或主旨的句子做主标题，然后再用"××大会闭幕词"作为副标题，例如《贴近人民生活，标举时代精神——××××大会闭幕词》。

②称谓。闭幕词的称谓在写法上与开幕词相同。

③正文。闭幕词的正文通常都分为三个层次：首先，通过简短的语言宣布会议闭幕；其次，回顾会议的议程，并对会议的主要内容，以及通过的重要决议、决定等进行概括总结，并对会议取得的成果以及召开的意义给予肯定；最后，向与会人员发出号召，提出希望。

4．开幕词与闭幕词的分类

按照侧重点的不同，开幕词可以分为重点阐述性开幕词和一般性说明开幕词。

通常而言，重点阐述性开幕词主要是对会议召开的历史背景、重大意义以及会议的中心议题等做出重点的阐述；一般说明性开幕词则与之不同，它通常是重在说明会议的目的、议程、基本精神以及来宾等。

【范例】

雅谊爱博　和平进取
——中国2010年上海世博会开幕词
罗　俊
（二〇一〇年四月三十日）

各位代表、各位来宾、志愿者、同志们：

大家好。全国人民以巨大的热情认真贯彻国际展览会精神的大好形势下，

　　在全世界创作家沐浴春风、辛勤耕耘、踌躇满志地迈出新的步伐的时候，中国2010年上海世博会隆重开幕了。在此令人欢欣的美好时刻，我们向生活、工作、奋斗在全世界各条战线的会员和所有世博会工作者，表示亲切的问候，向出席中国2010年上海世博会的全体代表，表示热烈的祝贺，向光临世博会指导的领导及各方贵宾表示热烈的欢迎和诚挚的感谢！

　　出席中国2010年上海世博会的280名代表，来自全世界各条战线，代表着全世界近千名会员单位，代表着一支属于现在，更属于未来的创造之军。今天我们大家在中国上海欢聚一堂，产品展现，共商发展和繁荣经济的大计。按照世博会预定的规程，同志们在会议期间，要认真学习英国伦敦维多利亚、纽约罗斯福、汉诺威施罗德和日本小泉的思想，听取国家领导的讲话，深刻领会世博会精神，从国际组织事业兴旺发达和民族振兴的高度，充分认识产品和城市建设的重要性及迫切性，进一步明确工作的前进方向与美好前景，树立信心，鼓足干劲，为经济发展与繁荣做贡献。我们本次世博会还将审议通过常务理事会的工作报告，讨论修改世博会章程，并按照新的会章选举产生委员会和主席团。我们每位代表要认真履行自己的光荣职责，完成世博会各项任务，促进本次世博会圆满成功。

　　同志们，中国2010年上海世博会筹办过程中，在全世界各级党委和政府部门的热情关心和积极扶持下，在全体会员共同努力下佳作迭出，成绩斐然。中国2010年上海世博会是在胜利完成"十五"计划和2010年远景目标，开始进入实施"十一五"计划和2020年主要任务的重要时刻召开的。眼前我们看到的强国品牌和杰作，赢得全世界的关注，历尽艰难曲折，终于走上建设具有特色的康庄大道，是一个可歌可泣的伟大时代。在这个伟大时代里，中国2010年上海世博会铭记着光辉的一页：国宝精品，星光灿烂。世博会上将涌现出英名和著作，谱写世博发展史，创造了全球经济的新辉煌。

　　这是伟大的历史使命，是需要我们呕心沥血为之奋斗才能实现的艰巨目标！参展国产品代表的肩膀，这头压着时代的重任，那头挑着人民的厚望，我们切不可由于物质生活的丰盈而越来越窒息了本该是极为活跃的文明创造力。世博会是我们生命的常青树，是展现科技和劳动成果并能影响经济发展的事业。我们要通过有血有肉、生动感人的艺术形象，真实地反映丰富的高品质的产品，让其走向世界，销往全球。反映人们在各种社会关系中的本质，表现时代前进的要求和历史发展的趋势，并且努力用和平及友谊的思想教育人民，给他们以积极进取、奋发图强的精神，参与竞争，创造品牌。同时在这样的舞台和条件下，我们要实事求是地制订规划，满怀信心地展望未来。物事恰如长江水，后浪永远推前浪。面对充满挑战的21世纪，我们更要握紧风云创造之手，发扬民主，畅所欲言，加强团结，相互勉励，交流经验，明确目标，脚踏实地，鼓足干劲，把中国2010年上海世博会开成民主、团结、友谊、鼓劲、繁荣的世博会，形成振兴经济、再创辉煌的宣誓之会。

预祝中国2010年上海世博会圆满成功，谢谢大家。

二、开幕词与闭幕词的写作要求

1．开幕词的写作要求

（1）注意适用范围

开幕词多适用于大型会议或者重要的活动，例如各级人民代表大会、重要的商务活动等。这些会议对国家的经济发展以及各领域深入开展的工作有着巨大的意义。通常而言，小型会议是不需要开幕词的。

（2）详略得当

在撰写开幕词的时候，要注意内容详略的安排，要把握会议的性质，重点在于阐述会议的特点、意义以及会议的要求与希望。

（3）注意行文

开幕词的行文要明快、流畅，关于评议方面的表述应当坚定、有力，用语要充满热情，富有鼓舞性的力量。

（4）语言要通俗易懂

开幕词的语言要力求做到通俗易懂，因为如果使用的语言讲出来谁也听不懂，那就会失去听众，从而也就失去了讲话的作用和意义。

（5）要控制篇幅

开幕词不宜写得过长，要适当控制讲话的时间，要知道，讲话稿不在乎长，而在乎精。

2．闭幕词的写作要求

（1）内容概括，与开幕词相照应

闭幕词出现在会议的结尾处，是对会议的总结，因此其内容要概括、准确，并与开幕词相照应，与会议的主题相呼应。与会议研究、解决的主要矛盾也要照应。

（2）实事求是

在对会议进行总结和评价的时候，要做到恰如其分，不夸大也不缩小。在撰写闭幕词时，要掌握会议的详细情况，然后有针对性地对会议的内容进行阐述，结论力求做到准确，实事求是。

（3）条理清晰，有号召力

撰写闭幕词时，要突出主题，节奏紧凑且富有逻辑性。在表达方面，语言要热烈，充分体现出对于会议成果的肯定，在遣词造句方面要表现得体，同时也要富有激情，使讲话富有号召力。

（4）言简意赅，表达清楚

闭幕词的语言要精练，表达言简意赅，篇幅精要，而且有思想，实现形式与内容的完美统一。

第四章
经济类文书写作

概述

一、经济文书的概念与特点

1. 经济文书的概念

经济文书就是在经济活动中形成并使用的处理各种经济业务关系的应用文体。经济文书被广泛地应用于生产、交换、流通、消费等经济活动的各个环节，直接服务于生产和经营，并且在企业生产和经营管理中起着指导、控制、协调和促进的作用，是经济管理活动的重要手段。

2. 经济文书的特点

经济文书通常具有以下特点：

（1）灵活性

经济文书是根据经济活动和经济管理过程中的各个环节的需要而撰写的，而经济活动和经济管理过程是开放的、动态的，因此经济文书的撰写就具有一定的灵活性。

（2）专业性

经济文书的内容都是围绕经济活动和经济管理展开的，会涉及很多关于经济方面的专业知识，而且在撰写的过程中涉及经济学方面的理论知识和实践经验，还需要运用经济专业的各种数据、表格、名词术语、经济核算方法等，因此具有极强的专业性。

（3）经济性

经济文书的经济性主要体现在三个方面：一是直接服务于经济活动，二是以讲求经济效益为写作的出发点和归宿点，三是遵循经济规律、维护经济秩序。

（4）时效性

经济文书是经济信息的载体，而经济信息的瞬息万变需要经济文书能做出及时、准确的反应，对急速变化的经济活动情况要写得及时、发得及时、办得及时。

（5）规范性

经济文书要及时传递经济信息，正确反映经济活动中的各种情况，以取得相应的经济效益，因此经济文书在撰写时就要重视格式的规范性。只有格式规范，文书的内容才能变得明确，重点才能突出，信息的检索才能变得更加方便。

（6）数据性

在生产、交换、分配、消费等各个环节中，无论是企业的产品产量、品种、质量、产值、成本、利润，还是国民经济的行业比例以及国家的预算、决算等，这些都建立在数据分析的基础之上。因此，一份经济文书能否精确地描述经济现象，正确反映经济活动，往往取决于是否对数字有准确的运用。

二、经济文书的分类

经济文书有广义和狭义之分，广义的经济文书指的是机关、团体、企事业单位以及个人在经济活动中所使用的各种文书的总称。只要是与经济活动和经济管理有关的行政公文、业务文书、规约文书、宣传文书等，都可以被称为经济文书。狭义的经济文书指的是以经济管理部门和经济管理实体为主的与经济业务有关的文书，主要包括经济合同、审计报告、市场调查报告、市场预测报告等。

按照内容和作用的不同，狭义的经济文书可以分为以下几类：

（1）经营管理类

经营管理类文书是企业在经营管理的过程中产生的，并对企业的经营管理起着促进的作用。经营管理通常都涵盖了企业管理的各个层次、各个环节和各项职能。因此，经营管理类的文书涵盖面很广，例如，市场调查、市场预测、投标书、协议书、合同等，都属于经营管理类的文书。

（2）评估检查类

评估检查类的文书是在对经济活动进行调控和管理过程中产生的，它是政府或企业主管部门对社会经济活动的宏观调控的手段之一。评估检查类的文书主要包括审计文书、经济活动分析报告以及税务文书等。

（3）传播推广类

传播推广类文书是指借助一定的传媒，通过一定的渠道，将经济发展动向、生产经营过程中的供需情况以及商品动态等，向生产经营管理者、消费者进行广泛宣传。传播推广类文书主要包括商品广告、商品说明书等。

（4）涉外经济类

我国自加入世界贸易组织之后，与世界各国的商贸活动、经济合作与技术交流变得更加频繁，涉外文书的使用频率也变得越来越高，适用范围也变得越来越广。涉外经济类文书主要包括中外合资意向书、中外合资建议书、涉外贸易索赔书与理赔书等。

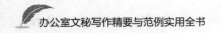

三、经济文书的作用

一直以来，经济文书都倍受重视，它不仅适应了市场经济的发展要求，而且还在经济活动中发挥着十分重要的作用。

1. 传递信息的作用

在市场经济中，信息起着重要的作用，有些时候还发挥着决定性的作用。这是由于人们的决策水平在很大程度上依赖于经济信息的质量，而信息要想实现传递就必须借助一定的载体，经济文书就是这样的载体。

2. 凭证作用

随着经济交往的日益频繁，出现经济矛盾也是难免的事情，例如在经济合作中出现权利和义务的冲突、债务纠纷等问题，通常都会向经济仲裁机构和人民法院求助。而仲裁机构或人民法院在解决问题时需要事实依据，此时，双方往来的函件、签订的合同等材料都能作为依据。

3. 联系与纽带的作用

在市场经济条件下，各个经济部门之间都需要借助经济文书来协调彼此之间的关系，进行业务问答。而这些经济文书则包括商务函件、合同、招标书等，这类文书是各经济部门相互联系的纽带。

四、经济文书的写作要求

1. 掌握经济政策，熟悉业务知识

经济工作关系到国家、集体和个人的利益，具有极强的政策性，而我国现在面临着经济的转型，出现了很多极为复杂的问题。为此，国家制定了一系列的经济政策和经济法规。在撰写经济文书的时候，要熟悉并掌握国家关于经济的政策和法规，避免撰写的文书是无效的，或者是没有任何意义与价值的。

此外，在撰写经济文书时还要熟知有关的业务知识。既要懂得理论，又要有实践经验；既要熟悉政策，又要熟知具体部门的情况。否则，在撰写公文的时候一直说外行话，往往会让人莫名其妙，最终产生差错，造成损失。

2. 深入实际，广泛获取信息

经济文书的撰写需要深入实际的工作中，注重实用，讲究实效，即重视解决实际问题。广泛获取相关的信息，才能使得经济文书传递更多的内容，写出有价值的文书。

3. 信息真实准确

经济文书中所承载的信息必须是真实准确的，只有这样才能发挥出其应有的作用。在引用经济数据时，要做到客观准确；在选取材料时，必须经过反复的核对和证实。

4．具有较强的专业性

经济文书的内容都是围绕经济活动和经济管理而展开的，涉及经济方面的专业知识有很多，因此在撰写的时候需要用到很多与经济学有关的理论知识和实践经验，需要运用经济专业的各种数据、名词术语、表格、核算方法等，因而具有较强的专业性。

5．表达要得体

经济文书在表述上的得体主要表现在两个方面：一是经济文书常常会涉及大量的数据和分类信息，要善于使用表格等形式进行清晰条理的表述；二是语言的运用要严谨、准确，严禁使用模糊语言。

招标书

一、招标书概述

1. 招标书的概念

招标书又被称为招标通告、招标启事、招标通知，是一种依照法律程序进行的经济活动，它是将招标主要事项和要求公之于众，进而招使众多的投资者前来投标。

招标书通常是通过报刊、广播、电视等公开传播媒介进行发表，属于一种告知性文件。

2. 招标书的特点

通常而言，招标书具有以下几个特点：

（1）明确性

为了能够吸引投标人参与投标，招标书要清楚地写明招标的内容、条件以及相关的要求，因此招标书具有明确性。

（2）广告性

招标书又被称为招标通知、招标公告、招标启事等，是一种告知性文件，它通常会通过大众传媒公开，又被称为招标广告，因此具有广告性。

（3）公开性

招标书是一种告知性文件，发布招标书的目的是将事项公布于众，吸引人们参与投标，因此招标书具有公开性。

（4）紧迫性

招标书要求在较短的时间内就取得结果，因此具有时间上的紧迫性。

（5）具体性

招标书对招标的时间、地点、方法以及要求等都要清晰明确地表述，不能出现含糊不清的现象。

（6）选择性

招标书通过大众传媒公开，以此吸引众多的单位前来投标，便于招标者进行对比，从中选择最优的合作伙伴。

3．招标书的格式

通常而言，招标书主要包括标题、正文、落款以及附件。

（1）标题

标题通常位于第一行的中间，主要有五种常见的写法：

①招标单位+项目+文种，例如《山西关中环线公路招标书》。

②招标单位+文种，例如《××单位招标书》。

③招标项目+文种，例如《食堂承建招标书》。

④广告性标题，例如《谁来承包×××鱼塘》。

⑤仅由文种构成。

（2）正文

正文由引言和主体两部分组成。

在引言部分要写清楚招标的依据、目的、招标项目以及招标单位的基本情况等，文字要简洁精练。

主体部分是招标书的核心，主要包括招标方法、招标的范围、招标程序、招标内容的具体要求、双方签订合同的原则、招标过程中的权利和义务、组织领导以及其他注意事项等。

招标方法，是指公开招标、内部招标还是邀请招标；招标范围，是指在国际范围内招标，还是在国内、省内、市内或是其他范围内招标；招标程序，是指招标、议标、开标、定标的方法和步骤，并注明时间和地点。

（3）落款

招标书的落款应当写明单位名称、地址、电话、传真、邮编、联系人等，并加盖招标单位的公章。然后在招标单位的右下角，另起一行注明制发日期。

（4）附件

为了使正文看起来简洁，招标方就会将复杂的专门内容以附件的形式附于正文后面，或者另发文件。例如，项目的具体内容、工程的一览表等。

4．招标书的分类

按照招标方式的不同，可以分为以下两种：

（1）公开招标书

公开招标书是招标人通过国家指定的报刊、信息网络或其他媒体渠道发布的招标文书。

【范例】

施工招标公告

招标编号：XDSZ200504

招标人决定将本次公告的工程项目的施工通过公开招标方式择优选定施工单位，现将招标有关事宜公告如下：

1. 招标人名称：厦门大学漳州校区建设指挥部

2. 招标人地址：福建省厦门市思明南路422号；邮政编号：361005

3. 招标项目名称：厦门大学漳州校区隧道及连接道路工程

4. 招标项目地点：厦门大学漳州校区校园内

5. 招标项目实施时间：2005年5月起至2005年11月止

6. 招标项目性质、规模、数量：投资额约800万元人民币；隧道长度约150米，连接道路约245米。

7. 本次招标，招标人将采用资格后审的方式确定合格投标人。凡有意参加本次投标的投标申请人，不必提交任何证明手续均可购买招标文件，并按照本招标工程项目资格后审文件要求提出资格后审申请。

8. 参加本次投标必须具备的条件：具有经国务院及省、自治区、直辖市人民政府建设行政主管部门审批的公路工程施工总承包三级及以上企业资质。

9. 报名、获取资料预审文件时间：2005年05月23日至2004年05月27日，每天上午9时至11时，下午15时至17时；地点：厦门大学基建处（厦门市思明南路422号）。2005年5月27日后至截标前（节假日除外）仍可到厦门大学基建处（厦门市思明南路422号）购买招标文件。

10. 招标文件每套售价200元人民币，图纸每套售价1000元人民币，售后不退。

11. 有关本项目招标事宜，请与招标人联系。

12. 本次招标的联系人：罗小宁电话：0592—218××××；874××××；传真：0592—218××××

招标人：（盖章）

法定代表人或其委托代理人：（签字或盖章）

2005年05月20日

（2）邀请招标书

所谓邀请招标书，是指招标人向三个或三个以上具有承担招标项目能力的、资信良好的、特定的企业或法人发出的招标文书。

【范例】

工程投标邀请函
住宅建设工程招标邀请函

上海××房地产开发有限公司拟就××水城（高层标段）建设工程进行招标，欢迎对此项目有投标意向并具有建筑工程总承包一级资质以上（包括一级资质）的施工企业前来参加本工程的投标。

一、招标方式：邀请招标。

二、项目地址：上海市长宁××路×××号。

三、项目编号：××××－××××－×。

四、工程内容及范围：见招标说明。

五、招标文件发出时间：××××年×月××日。

招标文件售价：每套人民币肆仟元整（4000元）。所售出招标文件的费用一律不退，含施工蓝图一套（2000元）、招标文件（2000元）。

投标保证金：在递交投标文件时缴纳（现金或银行支票）人民币壹百万元整（1000000元）。未中标者在公布中标结果后五个工作日内返还，中标者在招标单位首次支付工程款时返还。

六、投标单位应自行承担编制、递交投标文件所发生的一切费用。招标单位无须对投标单位因本次招标事宜发生的任何费用或损失负责。

七、购买招标文件时间：××××年×月××日。

投标截止日期：××××年×月××日16:00前（北京时间）。

八、开标时间：××××年×月××日13:00（北京时间）。

九、开标地点：上海××房地产开发有限公司会议室。

联系人：××。

联系电话：××××××××。

传真：××××××××。

地址：上海市长宁区××路××号××大厦××楼。

按照招标的标的物不同，可以分为企业承包招标书、工程招标书、大宗商品交易招标书以及技术招标书等。

【范例】

文件一：

山东××大学招标总则

项目编号：2007—wzgyk-02

山东××大学（招标方）就校医院设备对相关专业的公司进行有限竞争招标。请参加投标的公司仔细阅读本总则，并按要求提供有关信息。

1. 项目概况（略）

2. 投标文件内容（略）

3. 日程安排（略）

4. 有关费用（略）

5. 交货要求及付款方式（略）

6. 评标原则（略）

7. 其他说明：

（1）请投标方认真审阅招标文件中的各项要求，对投标价格及承诺慎重填报。如投标人编制的投标文件不能响应和满足本招标书的要求，责任由投标人自负，其投标文件将被招标人拒绝或被视为无效标书。

（2）各投标方请仔细阅读本标书及附件，它们包含了即将写进合同之中的大部分条款，一旦投标方正式投标，即被视为已对招标方做出了具有法律效力的相关承诺，除非不可抗拒因素不得随意更改。

（3）对恶意投标、中标后不按合同要求保证供货的厂商家，招标方保留通报批评、索赔、罚款、收取违约金和停止全部产品的供货资格的行为。

（4）不论投标结果如何，投标人的投标文件均不退回，且不对未中标单位做任何解释。投标人在投标过程中产生的一切费用，不管投标结果如何，均由投标人承担。

（5）报价表包括运杂费、装卸费等。

联系电话：××××××

地　址：实验与国有资产管理处招标办公室

开户单位：山东××大学　　开户行：××××

账　号：××××××

招标单位（公章）

2007年1月5日

文件二：

招标技术文件

1. 全自动生化分析仪1台

（1）测试速度：300—400个测试/小时。

（2）独立的样本针、试剂针、搅拌针，样本针、试剂针，有内外壁自动冲洗、液面感应、自动安全防撞功能。

（3）60个样本位，可使用多种规格的试管，原始试管可直接上机。试剂盘24小时不间断冷藏，减少试剂的发挥。

（4）试剂全开放。

（5）优化的防交叉感染程序，减少交叉污染。

（6）免费服务2年。

2. 血球计数仪1台

（1）三分类≥18项参数。

（2）双针、双通道。

（3）末梢血、静脉血两种模式。

（4）动力系统：静音蠕动泵，无噪音，无干扰。

（5）自动排堵、自动灌注、清洗。

（6）质控方式：X-R XB XD-CV三种。

（7）免费服务两年。

3. X射线透视机1台

（1）线高压发生装置：程控500A主机。

（2）遥控诊断床：ZC15XY-1。

（3）一体化摄影机：SC4-4。

（4）影像增强器：影像增强器9英寸。

（5）电视监控器：内置式14英寸电视监视器。

（6）可旋转脚踏板。

（7）线管组件。

（8）线高压电缆。

二、招标书的写作要求

1. 表述严谨周密

招标书是签订合同的依据，是具有法律效力的应用文书，在撰写的时候，逻辑性一定要强，内容和措辞都要严谨周密，不能有模棱两可、含糊不清的地方。同时，招标书还要表达出使用单位的全部意愿，不能有任何的疏漏。

2．简洁清晰

招标书没有必要长篇大论，只要能把所讲的内容简要介绍出来，并且突出重点即可。招标书最忌讳的就是没完没了地罗列和堆砌。

3．用语要诚恳平等

招标书涉及的是交易贸易等活动，交易双方的地位是平等的。因此，在撰写招标书时，语气要平等、诚恳，切忌盛气凌人的表述方式，但是也不能过于谦卑。

三、与招标书有关的问题

1．招标书的作用

招标书的作用包括以下几个方面：

①告知有关人员或企业招标的信息，以便引起投标者的注意。

②介绍招标企业的简况及承包、租赁方式。

③告知有关人员在投标中应当注意的事项。

2．招标书的主要内容

招标书的主要内容大致可以分为程序条款、技术条款以及商务条款。主要包含以下九项内容：

（1）招标邀请函

需要简要介绍招标单位的名称，招标项目名称及内容，招标形式，首标、投标、开标的时间地点，承办联系人姓名、地址、电话等。

（2）投标人须知

这部分主要是由招标机构进行编制的，是招标的一项重要内容。其重在说明本次招标的基本程序，投标者应当遵循的规定和承诺的义务，投标文件的基本内容、份数、形式、有效期和密封，以及投标的其他要求，例如评标方法、评标原则、招标结果的处理、投标保证金等。

（3）招标项目的技术要求及附件

这是招标书中极为重要的内容，其内容由使用单位提供材料，并由使用单位和招标机构共同进行编制。

（4）投标书格式

投标书格式是对投标书的规范要求，其中包括投标方授权代表签署的投标函、技术方案内容的提纲以及投标价目表。

（5）投标保证文件

保证文件通常采用三种形式：支票、投标保证金和投标保函。项目金额少可采用支票和投标保证金的方式，一般规定为2%。投标保证金有效期要比标书的有效期长，并且要和履约保证金相衔接。投标保函由银行开具，借助银行信誉投标。如果投标方在投标有效期内放弃投标或者拒签合同，那么招标公司就有权没收保证金以弥补招标过程中所受的损失。

（6）合同条件

这是双方经济关系的法律基础，无论是对投标方还是招标方都很重要。由于项目的特殊要求需要提供补充合同条款时，所提要求不应过于苛刻，也不能将所有的风险都转移到中标方身上。

（7）技术标准规范

有些设备，例如通信系统、输电设备等，是确保设备质量的重要因素，应该列入招标附件中。技术规范应对施工工艺、工程质量、检验标准做出较为详尽的保证，这样可以避免不必要的纠纷。技术规范的内容包括：总纲，工程概况，分期工程对材料、设备和施工技术的质量要求等。

（8）投标企业资格文件要求

要求提供企业生产该产品的许可证及其他资格文件。例如，ISO9001证书等，有时还可以要求其提供业绩。

（9）合同格式

通常而言，无论是工程招标书还是货物招标书，都要包含以上几部分的内容。

投标书

一、投标书概述

1. 投标书的概念

投标，从其字面含义就能看出它是与招标相对应的。投标书就是指投标单位按照招标书的条件和要求，向招标单位提交的报价并填具标单的文书。通常都是在密封后邮寄或派专人送到招标单位，投标书也被称为标函。它是投标单位在充分领会了招标文件之后，在进行现场实地考察和调查的基础上进行编制的，是对招标公告提出的要求的响应和承诺，并同时提出具体的标价及有关事项来竞争中标，是提供给招标人的备选方案。

2. 投标书的特点

投标书通常具有以下几个特点：

（1）针对性

投标书的针对性主要表现在两个方面：一是投标书必须针对招标项目和招标条件，二是针对投标方的实际承受能力。

（2）真实性

投标书的内容必须是真实的，一旦中标，就要对自己的承诺负责。虚假的信息会导致自身无法实现在标书中的承诺，给招标方带来损失，要承担法律责任。

（3）竞争性

投标是一种竞争性很强的经济行为。竞标者为了能够中标，其在标书中所使用的语言以及表述内容，必然都会带有一定的竞争性，这样才能显示出自身的优势。

3. 投标书的格式

投标书由标题、致送单位、正文和落款组成。

（1）标题

投标书的标题有以下两种写法：

①投标单位+事由+文种，例如《××建筑公司关于承建××食堂的投

标书》。

②仅由文种构成。

（2）致送单位

致送单位的写法和公文主送单位的写法是一样的，在标题下另起一行，顶格写明招标单位的名称或者招标、评标机构的名称。

（3）正文

正文主要由前言和主体构成。

①前言。正文的前言用简明的语言写明投标单位的基本情况、投标的依据以及认可程度即可。

②主体。首先，阐明对投标项目基本情况的分析，再根据自身的优势，提出经营的方针以及指导思想；然后，写明目标、任务以及完成目标任务的可行性分析和打算采取的措施；最后，向招标单位提出明确的要求，以便能取得对方的支持和配合。

有些投标书是招标单位印制好的，投标方在购买后逐项填写即可。有些标书也可以带有附件，如有附件，投标单位要在附件标识域标明有关项目一览表、报价表、进度表、营业执照及资格证书等附件名称。

（4）落款

写明投标单位名称、地址、负责人姓名、联系方式和日期。

4．投标书的分类

投标书分为生产经营性投标书和技术投标书。生产经营性投标书有工程投标书、承包投标书、产品销售投标书以及劳务投标书等；技术投标书包括科研课题投标书、技术引进或技术转让投标书。

【范例】

投标书

致：春秋航空有限公司

根据贵公司发布的航机杂志合作项目的招标公告及相关文件，我公司（投标单位名称、地址）_____决定前来参加投标，签字代表_____（姓名、职务）经正式授权并代表我公司提交下述文件正本一份和副本一式_____份。

（1）投标书

（2）开标一览表

（3）投标报价表

（4）资格证明文件

据此函，我公司宣布同意如下：

1. 投标单位决定投标：_____ 航机杂志，刊数/年 _____，月交纳广告费（目前8架飞机）___ 元，投标合作期限 ___ 年，留存春秋广告部版面 ___ 页，留存春秋集团宣传版面___页，机队到10架飞机每架飞机交纳广告费提增___元，每增加5架每架飞机交纳广告费提增____元。

2. 投标单位已详细审查全部招标文件并对本项目有关问题与贵公司进行了充分沟通，并基于自身独立理解和判断参加投标，我们自行承担所有投标费用和支出并完全理解并同意放弃任何因招标活动而针对招标单位的主张损失的索赔权利。

3. 投标单位将按招标文件规定履行合同责任和义务。

4. 本投标书相关承诺自开标日起有效期60个工作日。

5. 如果我公司虚构、变造或伪造有关资质文件参加投标，或在规定的开标时间后，投标单位在投标有效期内撤回投标，或者，投标单位在收到中标通知后，未能按中标通知书规定的时间和地点与贵公司签订合同的，我公司同意贵公司没收已经交纳的投标保证金。

6. 投标单位同意提供按照贵公司可能要求的与其投标有关的一切数据或资料，理解贵方不一定要接受最高价的投标或收到的任何投标。

7. 与本投标有关的一切正式往来通讯请寄：

地址：_____　　　邮编：_____

电话：_____　　传真：_____　　Email：_____

8. 本公司承诺：如因本次招投标活动而产生任何争议的，应先友好协商解决；如未能协商解决的，同意由开标所在地法院依法裁决。

投标单位法人代表：_____签字　　　代表签字：_____

投标单位名称：_____（公章）　　投标日期：___年__月__日

二、投标书的写作要求

1. 内容要实事求是

投标书受法律的保护和约束，一旦中标，就会成为招标者和投标者订立合同的依据。因此，在写投标书的时候，要认真地考虑本单位的自身条件和实力，要实事求是地表述内容，量力而行，切不可不顾实际情况，随意乱写。

2. 投标方案要切实可行

在制定投标方案的时候，要以国家的有关政策、法规为依据，建立在充分调查研究的基础上，并结合本单位的实际情况，使投标方案变得切实可行。

3. 投标的时间要准确无误

投标书是实践性很强的文书，其中有很多表示时间概念的词语和数据，都应准确无误地表达，不能使用模糊语言，更不能造成歧义。

三、投标书的基本内容

一份完整的投标书通常由商务文件、投标人资格证明书以及技术资料组成。

1. 商务文件

商务文件主要包括投标函、开标一览表、投标价格表、主要采购设备清单及报价、三年备品备件清单及报价、主要外购配套件清单及报价以及技术规格性能偏离表。

2. 投标人资格证明书

投标人资格证明书主要包括营业执照复印件、生产许可证复印件、投标保证金、法定代表人资格证明书、法定代表人授权委托书、ISO体系认证书、业绩表、销售合同和用户证明、拟投入本项目施工管理人员情况、后期维修服务计划书、近三年公司经营审计的财务报表、税务登记证和财政登记证以及银行资信证明。

3. 技术资料

技术资料主要包括我方产品的优势、技术规格说明、技术建议以及技术图纸。

经济合同

一、经济合同概述

1. 经济合同的概念

合同，也被称为合约或契约，它是平等主体的自然人、法人、其他组织之间设立、变更、终止民事权利义务关系的协议。通俗地讲，就是双方或者多方当事人处于某种需要或者为了实现某种目的，经过一系列的协商而确定相互的权利和义务，并共同签字、遵守的一种法律关系的协议。由此可知，经济合同是指平等主体的自然人、法人、其他组织之间为了实现某种经济目的，明确相互的权利和义务而订立的协议。

2. 经济合同的特点

合同具有以下几个特点：

（1）制作态度的严肃性

首先，经济合同是双方或多方共同协商签订的，它关系到自己和对方的权利与义务，因此在拟制的时候要认真对待。在拟制的过程中如果发现有错漏缺陷，切记不能单方面进行修改，要与合同签署方进行协商达成一致后再进行处理。其次，经济合同一经签署就会产生法律效力，对签署合同的各方都有约束作用，任何一方如果没有履行合同规定的义务，就要承担相应的法律责任。

（2）实质关系的平等性

签订经济合同的当事人之间的地位都是平等的，彼此之间没有上从下属之分。合同是依法平等协商的产物，因此无论单位大小、部门层次的高低，都应在签署合同的过程中贯彻平等互利、协商一致、等价有偿的原则。任何通过欺诈、胁迫等非法手段所签订的合同，均属无效。

（3）内容具有明确性

合同的条款内容明确，剔除任何不明确的因素。经济合同应明确规定当事人应承担的义务和应享有的权利。

（4）有固定的体例格式

合同的体例格式基本上都是相同的，通常包括标题、合同双方、缘由目的、条款、结尾等。

3．经济合同的格式

合同通常由标题、立合同人、正文以及落款组成。

（1）标题

第一行居中，字体稍大。通常情况下，标题要标明合同的种类，这份合同究竟是买卖合同、购销合同、货物运输合同，还是借贷合同，这些都要在标题中有明确的体现。

（2）立合同人

在标题下方写明签订合同双方或多方的单位全称，可空两格并列写，也可以一行连着写，并注明一方为"甲方""供方"，另一方则为"乙方""需方"等。

（3）正文

正文是合同的主体部分，正文开头写签订合同的依据或目的。接着写合同的内容条款，这是合同中最为重要的一个部分，包括一般条款和特殊条款。在正文的结尾写合同的有效期限、合同份数以及保存，如有附件，可以写在或附在正文后面，并注明附件的名称、序号以及份数。

（4）落款

要写明双方或多方单位全称以及代表人姓名、签名、盖章，再写签订合同的日期。最后，视情况写明双方或多方的单位地址、电话、银行账号等。

4．经济合同的分类

①按照内容的不同，可以分为买卖合同、赠予合同、租赁合同、建设工程合同、借款合同、运输合同、仓储合同、保管合同、委托合同、技术合同等。

②按照表现形式的不同，可以分为条款式合同、表格式合同。

③按照有效期限的不同，可以分为长期合同、中期合同和短期合同。

【范例】

财产租赁合同

出租单位：（以下简称出租方）_____

地址：_____邮码：_____电话：_____

法定代表人：_____ 职务：_____

承租单位：（以下简称承租方）_____

地址：_____ 邮码：_____ 电话：_____

法定代表人：_____ 职务：_____

为了明确出租方与承租方的权利义务，根据《中华人民共和国合同法》的有关规定，经双方充分协商，特订本合同，以便共同遵守。

第一条　租赁财产及附件的名称、数量、质量与用途

_____

_____

_____。

第二条　租赁期限

租赁期共____年零____月，出租方自____年____月____日起将____（租赁财产）交付承租方使用，至____年____月____日收回。

第三条　租金数额、结算方式及交纳期限

根据国家规定的____（租赁财产）的租金标准（无统一规定的，由双方当事人商定），承租方每月（年）应向出租方交付租金____元，交纳租金的时间为每月（年）的最末一日（或双方商定其他时间一次或几次交付）。

第四条　租赁财产的维修保养

租赁期间，____（租赁财产）的维修与保养由____方负责，一切维修保养费用均由____方承担。

第五条　出租方与承租方的变更

1. 在_____（租赁财产）出租期间，出租方如将_____（租赁财产）所有权转移给第三方，应告知承租方_____（租赁财产）所有权转移的情况。_____（租赁财产）所有权转移后，_____（租赁财产）所有权取得方即成为本合同的当然出租方，享有原出租方享有的权利，承担原出租方承担的义务。

2. 承租方如因工作上的需要，将_____（租赁财产）转让给第三方承担使用，必须事先征得出租方的同意。取得_____（租赁财产）使用权的第三方即成为本合同的当然承租主，享有原承租方的权利，承担原承租方的义务。

第六条　违约责任

1. 出租方的违约责任_____

_____。

2. 承租方的违约责任＿＿＿＿＿＿＿＿＿＿＿＿＿＿＿＿＿＿＿＿＿＿＿＿＿

＿＿＿＿＿＿＿＿＿＿＿＿＿＿＿＿＿＿＿＿＿＿＿＿＿＿＿＿。

第七条　遇不可抗力而造成＿＿＿＿＿＿（租赁财产）的损坏或灭失，经有关部门鉴定属实，承租方及时向出租方说明情况，不负修复或赔偿的责任。

第八条　在本合同规定的租赁期届满前＿＿＿日内，双方如愿意延长租赁期，应重新签订合同。

租赁期间，合同双方的任何一方均不得擅自修改或随意废除合同。本合同中如有未尽事宜，须经合同双方共同协商，做出补充规定，补充规定与本合同具有同等效力。

第九条　因本合同发生争议，按（　）项解决：

1. 向＿＿＿仲裁委员会申请仲裁；

2. 向＿＿＿人民法院起诉。

第十条　本合同正本一式两份，双方各执一份。

出租方：＿＿＿＿＿＿＿＿＿（盖章）

代表人：＿＿＿＿＿＿＿＿＿（盖章）

＿＿＿＿年＿＿＿月＿＿＿日

二、经济合同的写作要求

1. 要有准备阶段

订立合同的过程往往先由一方向另一方提出订立合同的建议或要求，即要约。

在要约中，应当初步提出合同的主要内容条款，供对方考虑。对方经过认真考虑之后，表示有共同的愿望，那么双方再进行具体协商和讨论，直到双方都满意为止，然后再形成书面材料作为凭证。

2. 要合理合法

所谓合理，是指合同的签订要满足三点：一是必须遵循公平自愿的原则，签署合同的当事人享有自愿订立合同的权利，所有合同的签署都应当通过平等协商，公平地确定各方的权利和义务，不允许任何一方把自己的意志强加给对方；二是必须遵循诚实守信的原则，当事人在合同中要诚实守信；三是要注意合同的可行性，要从本企业的生产能力、经济基础和市场需求出发，这样签订的合同才是合理的。

所谓合法，是指订立合同必须遵守国家的法律，符合国家政策和计划的要求，这也包括三个方面的要求：一是订立合同的过程要符合法定程序和手续，二是合同的内容要符合法律的规定，三是合同纠纷的处理要按照法定性的协商、调解、诉讼等合法的手段来解决。

3. 要仔细谨慎

合同一经签订就具有法律效力。拟制合同的时候，要认真仔细，做到条款的内容具体明确，项目完整无缺。合同拟好后，任何一方都不得擅自更改、随意涂抹或作废。签订合同要弄清楚签约人的身份，弄清楚当事人是否具备签订合同的资格。此外，还要弄清楚签约人履行合同的能力。比如，对方的经营范围与所要订立的合同内容是否一致，对方是否有能力支付大笔款项等。如果这些事项都弄不清楚的话，就有可能吃亏上当。

4. 明确概念，防止歧义

合同中使用的概念，尤其是关键性的概念都具有法律效力，必须做到概念明确，否则就会引起经济纠纷。

5. 手续要完备

依法订立的合同是受法律保护的，合同中规定的债、权、利，签署各方都要遵守和全面履行，以维护合同的严肃性。任何一方都不得从自身的经济利益出发，擅自修改或终止合同。如需变更或终止合同，必须经过各方协商后，达成统一意见，之后再签修订或撤销合同的协议书，加盖公章报签证机关备案，如此方能生效。

三、与经济合同有关的问题

1. 经济合同的作用

经济合同的作用主要表现在以下几个方面：

（1）稳定社会经济秩序

经济合同明确了当事人的权利和义务，当事人只有按照合同的规定享受权利、承担义务，经济活动才能始终保持有法、有序的状态进行运转，这样才有利于社会经济秩序的稳定。

（2）维护当事人的合法权益

经济合同一经签署就会具有法律效力，对于在经济合同中恶意破坏条款而引起另一方经济损失的，损失一方可以进行追偿甚至诉诸法律，以维护自身的合法权益。

（3）利于当事人经济目的的实现

经济合同的签订是为了实现当事人的经济目的，对经济条款的履行过程，也就是经济目的实现的过程。

2．合同的基本内容

合同的一般条款包括以下内容：

（1）签订合同双方或多方的名称、姓名和住所

名称是指法人或其他组织在登记机关登记的正式称谓；姓名是指公民个人在身份证或户口本上登记的正式称谓；住所是指法人或其他组织的办事机构的所在地，对个人而言就是其户籍所在地或经营居住地。

在合同中写明当事人的姓名或公司名称，就确定了责任人与义务人；而写明地址，就明确了债务履行的地点。

（2）标的

所谓标的，就是指合同各方的权利和义务共同指向的对象或目标，即指某种实物、行为、劳务或者货币。例如，购销合同的标的是某种产品，货运合同的标的是某种劳务活动等。任何一种合同，都要写明标的，没有标的的，就不能成为合同，标的不明确的，合同就没有办法履行。

（3）数量和质量

这是标的的具体化，是衡量标的的指标。

数量是指标的的计量，例如产品的数量、完成的工作量等。数量是用来衡量合同当事人各方权利与义务大小的尺度，通过计量单位来表现，必须精准。

质量可以看作是标的的特征，是检验标的内在素质和外观形态优劣的标志，同时标注也必须具体明确。例如产品的品种、成分、性能、规格、款式等。

（4）价款或酬金

这是标的的代价，是取得对方产品、接受对方劳务或智力成果所应支付的价款，通过货币的数量来表示。这也是有偿合同的主要条款，是标的的价值反映。

如果标的是货物，那么就应该标明货款；如果标的是劳务，就必须写明报酬。凡是国家规定价格的，都必须遵守国家的价格规定，如果允许议价，那么就由当事双方或多方协议商定。除此之外，价款和酬金还要写明数量、计算标准、支付方式等。

（5）履行期限、地点和方式

合同在其履行期限内具有法律效力，一旦超出这个期限就会失效，有效期限指的是支付标的或支付价金的时间。地点就是当事人完成承担义务的地点，这个是由双方或多方协商而定，要写得具体。方式就是指当事人采取什么样的方式或手段来履行合同中的义务。这几项内容是标的运作的时间和空间及其运动形式的具体化，关系到合同履行的程度和各方的利益。

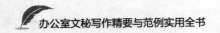

（6）违约责任

这是对不履行或者不完全按照合同约定履行义务的制裁措施，是维护合同的合法权利的保证。如果一方违约，就要赔付对方由此而造成的经济损失。

（7）解决争议的方法

解决合同争议的方法有三种，即和解或调解、仲裁和诉讼。仲裁与诉讼是两种不同的解决争议的方法，这两者只能选择一种，在订立合同的时候要约定争议解决的办法。

审计报告

一、审计报告概述

1. 审计报告的概念

审计报告是审计人员对被审计单位的财务状况、经营成果、经济效益以及遵守财经纪律等方面的情况进行审查、评价，提出意见和建议，做出审计结论的书面文件。审计报告不仅能正确反映审计结果，还是有分量的建议书、有权威性的见证文书，是进行审计处理的重要依据。

不管审计工作做得如何，审计单位是否存在问题，都应在审计报告中真实准确地体现出来。

2. 审计报告的特点

审计报告通常具有以下几个特点：

（1）准确性

准确性是审计报告的生命。审计报告中所使用的材料，要经过反复审核，确认准确无误。在撰写的时候，要秉持实事求是、客观公正的原则，既不能夸大，也不能缩小。

（2）合法性

审计报告的撰写必须以有关的法律法规为依据。审计人员也不能滥用职权，在审计报告中对审计单位做出主观的、不负责任的评判。

（3）简明性

审计报告要求表述得言简意赅，切忌过于琐碎或泛泛而谈，而且篇幅也不宜过长。对审计单位的评价或结论要简洁鲜明。

3. 审计报告的格式

审计报告通常由标题、主送机关、正文和落款组成。

（1）标题

标题通常由"被审计单位+审计项目+文种"组成，例如《关于××市教委违反财政纪律情况的审计报告》。

（2）主送机关

主送机关就是审计小组或审计人员呈送审计报告的接收机关，写法类似书信，在标题下方另起一行，顶格书写。

（3）正文

正文是审计报告的核心部分，主要由序言，审计情况，主要问题，审计意见和建议组成。

①序言。用简洁明了的语言写清楚审计工作的基本情况，例如正在进行审计工作的依据、目的、时间，审计范围和内容，审计的方式等。

②审计情况。审计情况主要是写清楚被审计单位的基本情况，例如被审计单位的名称、单位性质、主管机关、财会体制、财会人员素质以及财务隶属关系等情况。

③主要问题。要将在审计过程中发现的问题实事求是地表达出来，每项都要有事实，还要写明情节的轻重、主客观原因以及影响等。

④审计意见和建议。根据审计中发现的问题，提出对审计对象的看法，并给出恰当的处理意见。在制定处理意见的时候，不仅要事实确凿，观点鲜明，还要符合法律法规。同时，还要向被审计单位提出切实可行的建议。

如果正文后附有附件，那么应当标明其名称和份数。

（4）落款

写出审计组名称或审计人员的姓名，并加盖公章和私章，再标明日期。

地方审计机关受同级政府和上级机关双重领导，凡是报送给上级的审计报告，都应同时抄送给同级政府。对于联合办案的审计报告，则需要抄送给各个办案单位。下级内审机构的审计报告要抄送上级内审机构，并抄送同级国家审计机关。

4. 审计报告的分类

按照标准的不同，审计报告有不同的分类。

①按照审计人员所属单位的不同，审计报告可以分为内部审计报告和外部审计报告。

内部审计报告是单位或企业内部审计人员向单位或企业负责人提供的审计报告，这种报告通常不对外公布。

外部审计报告是审计机关或上级主管部门审计人员及会计师事务所接受委托进行审计所做的报告，具有法律效力。

②按照审计范围的不同，审计报告可以分为全面审计报告以及专案审计报告。

　　全面审计报告是对被审计单位的全部财会业务进行全面检查、评价之后所做的审计报告。

　　专案审计报告是对被审计单位的某个专项问题进行检查、评价之后所做的审计报告。

　　③按照审计人员意见的不同，审计报告可以分为肯定性审计报告、拒绝性审计报告以及否定性审计报告。

　　肯定性审计报告是审计人员对被审计单位经济业务账目持肯定或基本肯定态度的报告。

　　拒绝性审计报告是拒绝表示意见的审计报告，之所以会拒绝表示意见，通常是因为被审计的单位没有提供充足的材料，致使审计人员的审计范围受到一定的局限，审计人员的意见无法表达，并且要在审计报告中说明拒绝表态的理由。

　　否定性审计报告是审计人员认为审计单位账目、报表等混乱或虚假，严重违背了财会制度，审计人员在审计报告中表示否定态度，并且将有关情况加以说明。

　　④按照内容的不同，审计报告可以分为财务审计报告和财经法纪审计报告、经济效益审计报告。

　　财务审计报告，是对被审计单位财务收支的正确性、真实性以及合法性进行过审计之后所写的报告。

　　财经法纪审计报告，是对损害国家或集体利益的行为类经济案件进行审计后所写的报告。此类审计报告所审计的对象可以是单位，也可以是个人。

　　经济效益审计报告，是指对企业生产经济效益，纪检部门投资效益，行政、事业单位资金使用效益等进行审计后所写的报告。

【范例】

关于对街道党工委书记某同志任期经济责任的审计报告

　　按照市委组织部的委托和我局今年的审计计划，依据市纪委、市委组织部和市审计局联合下发的《关于对全市乡局级领导干部经济责任审计的实施意见》的有关规定，我局派出审计组，于2006年10月9日至10月19日对街道党工委书记某同志的任期经济责任进行了审计。审计工作得到某同志和街道领导及有关同志的积极配合，工作进展顺利，现将审计结果报告如下：

一、基本情况

街道是市政府下属的局级建制行政机关，共有16个编制，实有16人，其中行政编12个、工勤编1个，事业编3个。退休8人，提前离岗2人；内设3个科室。某同志任该街道党工委书记并主管财务工作。本次审计的时间范围为2003年11月至2006年8月，资产和债权、债务的变化情况系用2003年年末数字与2006年8月月末的数字相比较。

街道和某同志对提供的与审计有关的会计资料和其他资料的真实性、完整性、可靠性做出了承诺。

为了不影响被审计单位的正常工作秩序并保证审计质量，本次审计采取了报送审计与就地审计相结合的方式。在审计开始前，进行了审前调查，对审计有关事项进行了公示，召开了被审计单位中层以上干部（含直属基层单位领导）参加的座谈会，设立了监督和联系电话，认真听取和审计了有关方面的情况。审计中严格执行《审计机关审计项目质量控制办法（试行）》和《某市党政领导干部经济责任审计操作规程》，除正常财务资料以外，还查阅并采用了被审计单位相关年度的工作总结等相关资料。

二、审计结果

（一）主要经济指标

1. 经费收支情况

2003年至2006年8月，收入合计2747120.00元，其中财政拨款2540986.00元，其他收入206134.00元。同期支出合计2661428.00元。收支相抵后，结余85692.00元。

2. 资产负债情况

2003年债权306702.00元，债务138438.00元。2006年8月债权307095.00元，比前期增加393.00元，增长0.13%；债务126041.00元，比前期减少12397.00元，下降9%；2003年账面无固定资产，2006年8月为85692.00元（不包括未入账的办公楼）。

3. 主要工作完成情况

2003年以来，该街道每年的招商引资任务均为500万元，连年超额完成任务，其中2003年超额50%，2004年超额12%，2005年超额33%。

三年来投资19.2万元，对街道所辖的46条大小巷路全部实现了硬覆盖，其中渣油路8条、水泥路3条、红砖路35条，彻底解决了辖区"行路难"的问题。并且通过种植标准花香路活动、卫生检查评比活动、冬季清雪等工作，保证了辖区的畅通、净化、美化，连年被市里评为城市管理先进单位。

在市政府的帮助下投资40多万元，完成了两个社区办公用房和庭院的建设；投资10多万元，为社区配置了微机、打印机、扫描仪等现代化办公设备；投资4万多元，在两个社区都建起了图书室，配置了桌椅、书报等；投资20多万元，在两个社区建起了健身活动室。以上设施的建设和配置，拓展了社区服务范围，强化了社区功能，繁荣了社会文化，受到群众的拥护和欢迎，也得到上级领导机关的肯定。2005年被评为吉林市级社区建设示范街道。

街道其他各项工作，也都取得可喜成绩。党建工作和精神文明工作年年受到市委表彰；与18个企业签订用工合同，开发就业岗位321个，输出劳务人员1480人（含境外1100多人），扶持创业成功项目5个，扶助微型企业48家，办理《再就业优惠证》237个。小额贷款52万元，被评为市再就业先进单位，所辖社区被市评为再就业模范社区；连续八年被市政府评为计划生育先进单位；社会治安秩序明显好转，被市评为"平安街道"；全街道986户，2142人纳入最低生活保障线，阳光慈善超市接到捐赠衣物2163件，米面2000斤，豆油300多斤，现金4000多元，安置下岗失业人员5000多人次，有近2400人得到了灵活就业补贴，解决了居民的生活困难问题，保障了居民的基本生活需求。

（二）审计中发现的问题

1. 违反《现金管理条例实施细则》第六条"开户单位之间的经济往来必须通过银行进行转账结算"、第七条"结算起点为一千元"和第八条"除本条例第六条第（五）、（六）项外，开户单位支付给个人的款项中，支付现金不得超过一千元"的规定，2003年12月至2006年8月超出规定限额累计150666.29元。

对此问题，责令对有关工作人员加强教育，防止今后继续出现此类问题。

2. 账外资产问题

违反《行政单位会计制度》第二十四条"固定资产应当按照取得或购建时的实际成本记账。盘盈和接受捐赠的固定资产应当按照同类资产的市场价格或者有关凭据确定固定资产价值。对固定资产进行改建、扩建，其净增值部分，应当计入固定资产价值"的规定，该街道现有办公楼因尚有部分工程款未能付清，相关手续不全，所以价值未在资产账上反映，形成账外资产。

依据上述规定，责令该街道尽快采取措施确定办公楼价值，及时入账，防止国有资产流失。

3. 漏缴税款问题

违反《中华人民共和国税收征收管理法》第四条第三款"纳税人、扣缴义务人必须依照法律、行政法规的规定缴纳税款、代扣代缴、代收代缴税款"和国财税〔1994〕026号通知关于"单位和个体经营者销售自己使用过的舰艇、摩托车和应征消费税的汽车，无论销售者是否属于一般纳税人，一律按简易办法按照6的征收率计算增值税"（我市执行4）的规定，出售轿车收入25600.00元，漏缴增值税124.00元。

依据《中华人民共和国税收征收管理法》第六十四条关于"纳税人不进行纳税申报，不缴或者少缴应纳税款的，由税务机关追缴其不缴或者少缴的税款、滞纳金，并处不缴或者少缴的税款百分之五十以上五倍以下的罚款"的规定，责令限期自行补缴所漏税款。

4. 未执行政府采购规定问题

违反《中华人民共和国政府采购法》第二十六条"政府采购采用以下方式：（一）公开招标……公开招标最好作为政府采购的主要方式"和《省政府集中采购目录政府采购限额标准及公开招标数额标准的通知》第三条第一款关于"全省县级以上各级国家机关、事业单位、社会团体（以下简称采购单位）使用财政性资金和自有资金购买的政府采购项目，凡是门槛价以上（含门槛价，下同）及未设门槛价的项目，必须委托集中采购机构代理采购"的规定，2005年购买电脑7990.00元，未经政府采购及招标，系违规自行采购。

对此问题，责令自行纠正。

5. 收入不如实入账，直接核算费用问题

违反《中华人民共和国会计法》第九条"各单位必须根据实际发生的经济业务事项进行会计核算"的规定，出售条石收入11000.00元，经办人擅自将拆除和运输费用直接扣除，只将纯收入6000.00元入账。

根据《中华人民共和国审计法实施条例》第五十三条"对被审计单位违反国家规定的财务收支行为，由审计机关在法定的职权范围内责令改正，给予警告、通报批评……依据有违法所得的，处以违法所得1倍以上5倍以下的罚款；没有违法所得的，处以5万元以下罚款"的规定，决定罚款5000.00元，并由被审计单位对经办人进行批评教育。

三、审计评价

审计认为，某同志在本次审计的任职期间，能充分运用有限的资金，努力加强管理，保证工作需要，做了大量工作；单位内控制度健全，财务管理手续完备，重大经济决策能够通过集体讨论决定，力求避免出现失误；在前期基本还清前任留下的400多万元欠款和拖欠职工的7个月工资的基础上，本期又继续注意控制支出，保持收支平衡，并保证略有节余；资产和债权有所增加，债务有所减少。

但在审计中也发现一些违反国家财政、财务规定的问题，某同志对这些问题也负有一定领导责任。

四、审计建议

1. 进一步提高财会人员和其他工作人员的遵纪守法意识，严格执行国家财经法规和财会制度、规则。

2. 建议对办公楼尽快办理有关手续，确定价值如实入账，防止资产流失。

二、审计报告的写作要求

审计报告的撰写是一项十分严肃的工作，它要求审计人员具有较强的业务能力、政策水平和较好的理论修养。

为了保证审计报告的质量，准确表达审计人员的意见，审计报告在撰写时要做到以下几点：

（1）实事求是，客观公正

审计报告是政策性很强的文件，撰写时必须重视事实，以法律法规为准绳，坚持原则，实事求是，客观公正地对被审计事项进行定性，提出处理意见。既不能大事化小，小事化了，也不能无限上纲，夸大危害程度。审计报告的内容要真实严肃，经得起实践的考验。

（2）抓住关键，突出重点

审计涉及的问题有很多，在一份审计报告中不可能反映被审计单位的所有问题。这就要求在拟定审计报告时要坚持重要性原则，紧紧抓住关键性的问题，深刻剖析，提出明确而具体的意见，但不能事无巨细，面面俱到。审计报告的重点要放在影响全局或影响较大、性质严重或情节恶劣、金额较大的问题上。对重点问题要充分展开，讲透讲清；对一般、次要的问题，则可简略提及，甚至略而不提。只有这样，才能使审计报告的内容重点突出、主次分明。

（3）文字简练，措辞严谨

审计报告是送给被审计单位负责人、上级部门或有关部门领导看的，不宜写得过长。这就要求写审计报告时要注意这几点：要开门见山，不拐弯抹角；要层次分明，条理清晰；语言文字要字斟句酌，简明扼要；要选择准确、有力的证据作为证明事实的依据，前后矛盾或重复的证据、与事实无关的证据，一律不作为审计报告的证据；语言表达要准确无误，慎重斟酌，切忌夸张，并尽量选用专业术语。

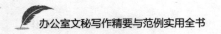

（4）数字准确，证据确凿

审计报告是提供给有关单位和人员作为判断和决策用的依据，务必做到数字准确、证据确凿。为此，审计人员对审计报告中列举的数据资料要认真计算、复核，做到准确无误；对各种证据资料，也要亲自进行调查核实，使其既充分可靠，又具备有效的证明力，为发表审计意见奠定可靠的基础。

市场调查报告

一、市场调查报告概述

1. 市场调查报告的概念

市场调查，是指运用科学的方法，有目的、有计划、系统地收集用户和市场活动的真实情况，对市场的购买力、购买对象、购买习惯、购买心理等方面的各种情报资料，进行全面或局部的搜集、管理、分析和研究。

将市场调查到的资料进行分析整理、筛选加工之后形成的文书，就是市场调查报告。

2. 市场调查报告的特点

市场调查报告属于专题调查报告，它除了具备调查报告尊重事实，反映问题，总结经验，揭示本质和规律的特点之外，还具有以下特点：

（1）实用性

市场调查报告可在相当程度上反映市场现状及趋势，这对于研制、生产和供应适销对路的产品，使用价值是非常明显而直接的。它的读者虽然不多，但是它提出的建议一经采用，就会马上产生经济效益。

（2）预见性

市场调查报告不仅反映市场供需情况的历史和现状，还推断前景，预测未来，为有关部门的决策和企业的生产经营提供参考。

（3）调查性

市场调查报告离不开市场调查，目前市场调查的侧重点多针对消费者，对消费者的调查又多采用问卷的形式，因此在进行市场调查之前要先制作问卷调查表。调查表要明确体现出调查者恳切的请求以及奖励措施，还要写明领取奖励的方式。

（4）特定的时间性

市场的变化十分迅速，因此市场调查报告要能够迅速地反映市场变化，并且及时为企业决策提供参考意见。通过市场报告及时准确地了解国内外技术经济情报，了解市场价格、需求和同类产品的竞争力，才能使企业不失时机地在一定的范围内调整生产和经营，防止出现盲目的情况，产生无效的劳动，进而提高企业效益。

3．市场调查报告的格式

市场调查报告一般由标题和正文组成。

（1）标题

标题的写法有两种：

一种是公文式标题，即"调查对象或内容+文种"，例如《关于哈尔滨市家电市场调查报告》。

另一种是文章式标题，即用概括的语言直接说明调查的内容或主体，有时会采用正、副标题的形式，一般正标题表达调查的主题，副标题则具体表明调查的单位和问题。例如，《消费者眼中的〈海峡都市报〉——〈海峡都市报〉读者群研究报告》。

（2）正文

正文由概述、主体和结尾组成。

①概述 。概述主要阐述课题的基本情况，主要是对调查的缘由、目的、对象、范围、内容、方法、时间和地点等有关调查活动本身的说明。

②主体。正文是市场调查分析报告的主体部分。这部分必须准确阐明全部有关论据，包括问题的提出到引出的结论，论证的全部过程，分析研究问题的方法，还应当有可供市场活动的决策者进行独立思考的全部调查结果和必要的市场信息，以及对这些情况和内容的分析评论。

然后，提出结论与建议，对正文部分所提出的主要内容进行总结，提出如何利用已证明为有效的措施和解决某一具体问题可供选择的方案。结论和建议与正文部分的论述要紧密对应，不可以提出无证据的结论，也不要没有结论性意见的论证。

③结尾。通常，在写完结论与建议后自然收尾，不另加结尾。有些情况会另写结尾。其对全文观点进行概括，写出总结式的意见，或者说明在调查中存在的问题以及主要倾向等，并且预测可能遇到的风险，并提出相应的解决对策。如果是供决策者参考的调查报告，那么还要在结尾处署上撰写人的姓名、部门以及报告完成的日期。

有些调查报告或许会有附件，附件是调查报告正文中无法包含的，或没有提及但与正文有关必须附加说明的部分。它是对正文报告的补充或更详尽的说明。附件包括数据汇总表、原始资料背景材料和必要的工作技术报告等。

4．市场调查报告的分类

按照划分方法的不同，市场调查报告可以被分成不同的种类：

①按照服务对象的不同，可分为市场需求者调查报告（消费者调查报告）和市场供应者调查报告（生产者调查报告）。

②按照调查范围的不同，可分为区域性市场调查报告、全国性市场调查报告和国际性市场调查报告。

③按照调查频率的不同，可分为经常性市场调查报告、定期性市场调查报告和临时性市场调查报告。

④按照调查对象的不同，可分为商品市场调查报告、房地产市场调查报告、金融市场调查报告、投资市场调查报告等。

【范例】

国内短信息服务市场调查报告

中国传统的移动通信业务一直以话音业务为主，但随着中国移动、中国联通、移动用户的不断增长，用户对移动增值业务的需求在不断地变化，其中表现最明显的就是用户对短信息服务（即通过手机或互联网对手机、呼机、掌上电脑等终端设备发送信息的服务，也就是short message service的意思，以下简称SMS）的需求急剧增加。通过CCID对国内SMS市场的研究表明，中国SMS市场存在着巨大商机和发展潜力，SMS不仅为中国移动、中国联通这样的移动通信业务运营商提供了新业务的增长点，以提高自己的综合服务水平和盈利能力，也为用户提供了更好的服务内容，同时还刺激了用户的消费欲望。以提供I-MODE服务而成为移动互联网典范的日本NTT DOCOMO公司也表示看好中国的移动互联网市场。

在2000年底中国移动推出"移动梦网"计划，为中国用户提供移动互联网服务，在经历了半年的发展后取得了很大成绩，用户增长迅速的同时收入增长也很快。在2001年4月中国SMS市场总共2.4亿条的总容量中，"移动梦网"占有20%左右的市场份额。在中国移动的合作伙伴中，腾讯、搜狐、新浪、网易、掌门网、广东泰信等在其中又各有其优势和劣势。从总体来看，中国SMS市场有着巨大的市场发展前景，包括个人服务市场和企业服务市场。

一、SMS市场现状

目前SMS主要分为两种形式。一部分是中国移动或中国联通的用户在手机与手机之间互相发送短信息，但中国移动与中国联通的用户之间不能互相发送信息。另一部分是通过互联网把信息发送给手机用户。到2001年6月底，中国移动电话用户数达到11676.1万，不管是中国移动注册用户还是中国联通注册用户都开通了短信息服务，其中也包括神州行用户和如意通用户也都开通了短信息服务。从用户基数来看，中国SMS市场的用户数量是非常庞大的，而且以每月300万以上的速度在增加，可见未来的发展前景是比较好的。

从中国目前SMS市场来看，用户通过手机发送一条短信息需要向服务商支付0.1元（神州行用户每条信息为0.15元），用户接收短信息不收费，费用计入用户每月的新业务费，由电信营业厅或银行代收。中国移动推出的"移动梦网"业务，采取与ICP、ISP、互联网公司等服务商合作的方式，由中国移动提供短信息服务平台，合作伙伴通过中国移动的平台为客户提供短信息服务。

在目前国内SMS市场中，即时信息服务提供商腾讯占有较大的市场份额，其OICQ注册用户已超过8364万，腾讯公司与中国移动合作推了移动OICQ服务，在较短的时间内就把服务范围覆盖到近4000万的移动用户和寻呼用户。搜狐、新浪、网易、掌门网、广东泰信等也与中国移动有合作，通过门户网站为客户提供SMS，其中形式和内容都比较丰富，非常的适合目前用户对SMS的要求，在不到一年的时间里，"移动梦网"的业务量占到了整个SMS市场的近20%的份额。

综合考查中国SMS市场我们会发现，目前SMS市场可以分三部分：第一部分是中国移动和中国联通两家移动运营商的移动用户通过手机发送的短信息，这是目前SMS市场的主要组成部分；第二部分是中国移动的"移动梦网"用户通过互联网发送的短信息，虽然业务开展时间不长，但业务量增长迅速，也是SMS市场的重要组成部分；第三部分是以OICQ为代表的即时信息服务提供商，目前处在市场的开拓期，没有形成成熟的市场，但可以预见将来会成为基于互联网提供SMS服务的主力军。

二、市场前景分析

从SMS在中国的产生到现在，在较短的时间内就得到了迅速的成长，并可以预见未来SMS市场的前景是非常具有前途的行业。从SMS市场前景的来分析，我们把SMS市场分为两部分，一部分是个人用户市场，另一部分是企业用户市场。

从整个市场的发展来看，用户对SMS的需求出现巨大增长的原因主要表现在几个方面：发送短信息没有通话费，可以为用户节省大部分的通信费用；信息可以保存在手机中，可以随时查阅；信息内容丰富且具有新意；不受对方是否开机的限制，即使对方关机，在开机后也能即时看到信息；收发SMS的终端设备呈现多样化，手机、呼机、掌上电脑、PDA等产品基本都具有接收和发送短信息的功能；服务商的为提高网络的利用能力，增加利润而提供新的服务，促进了SMS的发展。

我们从个人用户市场来看国内SMS的发展前景，目前中国移动电话用户数达到11676.1万；OICQ用户达到8364万；寻呼机、掌上电脑、PDA产品的用户数量也非常的庞大，这些产品除PDA部分产品不具备上网功能外，基本都具有上网功能；寻呼机尽管在国内没有开通双向寻呼功能，但具备接收短信息的能力。由此可见，中国个人用户的数量是非常庞大的，而且目前用户对SMS的接受程度和消费能力都较强。

我们从企业用户市场来分析SMS市场的市场发展前景，较个人用户不同的是企业用户发送信息的目的和方式有所不同。企业用户使用短信息服务主要是用户来发布新的产品和服务，以广告宣传为目的；公司内部管理目前使用短信服务的可能性还较小，在某些特殊行业或特殊范围内可能用上。企业用户的发送方式主要采用群发，而不会像个人用户那样采用单对单的发送方式，企业对即时信息服务的需求主要集中在企业内部信息的交流和沟通上，在工作流的管理方面使用是企业目前最希望的方式。中国目前的1000多万个的中小企业用户，虽然企业用户使用SMS的范围有限，但发送量非常大，而且用户的数量也非常的大，因此，企业用户也对SMS有较大的需求量。

三、竞争环境

目前SMS市场的竞争主要包括几个方面：运营商主要是中国移动和中国联通两家；SMS服务商形成规模主要有中国移动、OICQ、搜狐、新浪、网易、掌门网、广东泰信等10家，但开通SMS服务的有70多家公司；除运营商和服务商之外，还有就是SMS的软件提供商，为他们提供网关或为用户提供客户端软件，目前这样的软件公司数量也较大，而且竞争非常激烈。

1. 运营商的竞争

在SMS市场的竞争中，运营商的角色只有两个，即中国移动和中国联通两家移动通信业务服务商。到2000年6月30日止，中国移动占移动用户总数的73.7%，中国联通占移动用户总数的26.3%。运营商的竞争主要集中在对用户的争夺，对SMS是基础于话音业务的"新业务"，通过新业务的开展可以吸引新的用户，也有利于增加单个用户的使用价值。对于中国联通来说，最大的任务是扩大自己的网络覆盖范围，对于SMS服务来说，网络覆盖范围对于短信息服务至关重要；而中国移动的优势则越为明显，从用户的数量和网络覆盖范围都比较中国联通有优势。

2. SMS服务商的竞争

在SMS市场中，服务商主要是ICP和ISP，通过与中国移动或中国联通的合作，使用他们的网络平台为客户提供SMS服务，然后采取业务分成的合作模式。

SMS服务商的竞争主要表现在服务内容的丰富性、个性化、快捷、方便等方面，为用户提供形式多样、内容丰富的短信服务。因此，各家服务商的网络或是平台是相同的，彼此的差别就在于服务的内容和服务品质上，竞争的焦点也体现在这两个方面。此外，各家服务商注册用户和数量也是彼此竞争的关键。

3. 软件提供商的竞争

软件提供商的竞争主要分为平台软件与客户端软件两部分，平台软件基本都是国外公司或是国外公司与国内公司合作开发的产品，客户端软件提供商则非常多。据不完全统计，国内提供SMS客户端软件的公司大概有近200家，但大部的公司还没有形成较大的规模，还有待近一步的提高产品的性能，增加新的功能，以满足客户的需求，应该说这一领域的竞争是比较激烈的。

我们从移动运营商、SMS服务商、软件提供商三个角度分析了市场的竞争状况，由此可以看到，虽然SMS服务在国内发展的时间不长，但其增长趋势和市场潜力已经被众多的商家看好，目前市场竞争竞争激烈程度也足以说明这一点。

四、未来发展趋势研究

SMS服务在国内开始是随着GSM在中国的发展而逐步产生的，但广泛地被用户接受并使用则是最近两年的事。移动用户目前基本都是话音方面的消费，用户除此之外的服务需求对移动运营商是非常重要的，在中国目前开通WAP服务或是无线接入服务，对于服务商和用户都没有太实际性的好处，尤其是在通话费较高的情况，让用户花费大量的钱去无线接入互联网是不现实的。

因此，在未来的一段时间里，SMS在中国移动和中国联通的业务比重会迅速增长，移动用户对SMS的需求也会越来越大，个人用户的迅速增长的同时，企业用户也将参与进来，进一步地扩大市场的规模，成为一个新的具有增长潜力的领域。

中国移动、中国联通提供基本网络和平台支持，运营商与ISP、ICP等服务商合作，为用户提供SMS业务，加上像手机、掌上电脑、PDA、寻呼机等功能强大的终端设备，形成一个新的服务链，为客户提供综合性服务，尤其是像广东泰信公司最近推出的网机，把ISP、ICP、SMS服务很好集中到他们开发的产品中，为用户提供综合性、一体化的服务，对用户极具吸引力。

二、市场调查报告的写作要求

1．实事求是

坚持实事求是地进行市场调查，这是写好市场调查报告的可靠保证。要亲自参与调查，这样才能保证所得到的资料准确无误。在报告中引用的调查资料必须翔实可靠，对于重要的数据要进行反复核实与测算，保证做到准确无误。与此同时，选取材料时，要做到全面客观，不能只选取有利于自身的材料，避免片面性，否则会造成决策的失误。

2．突出重点

市场调查的内容极为广泛，而且其涉及的问题也较多。在整理资料和撰写报告的时候，要根据主旨的需要来剪裁和取舍材料。调查报告要突出重点，通常以回答一两个重要问题为宜，切忌面面俱到。

3．注意时效

市场调查所取得的情况要及时又准确地传递，依据过时的信息，决策者就没有办法做出准确的预测和决策，有时甚至适得其反。因此，在文中要写明调查时间。

4．材料与观点要保持一致

在撰写市场调查报告的时候，最忌讳的就是材料的堆砌和数字的罗列，其内容要做到既有材料又有观点，而且材料与观点相互印证，切忌材料与观点脱节，更要防止两者相抵触。

5．正确把握文体性质和表达方式

市场调查报告兼具说明文、记叙文以及议论文的特点，在写作的时候要偏重于选用较为全面、系统、完整的事实和数据叙述说明问题，并且运用议论的表达方式提出措施与建议。市场调查报告的语言要准确、简练和朴实。

市场预测报告

一、市场预测报告概述

1. 市场预测报告的概念

市场预测报告是在市场调查的基础上，运用科学的方法，对未来一定范围的市场供需状况和经济发展趋势做出预计和测算的书面报告。

2. 市场预测报告的特点

市场预测报告的特点主要有以下几个：

（1）预见性

市场预测报告具有预测、推测或测算的特点。市场预测报告的性质就是对市场未来的发展趋势做出预见性的判断，它是在深入分析市场历史和现状的基础上的合理判断，目的是将市场需求的不确定性极小化，使预测结果和未来的实际情况的偏差概率达到最小化。

（2）科学性

市场预测无论是宏观预测还是微观预测，其在内容上必须占据充分翔实的资料，并运用科学的预测理论和预测方法，以周密的调查研究为基础，充分搜集各种真实可靠的数据资料，找出预测对象的客观运行规律，得出合乎实际的结论，从而有效地指导人们的实践。因此，市场预测报告必须具有科学性。

（3）针对性

市场预测的内容十分广泛，每一次市场调查和预测，只能针对某一具体的经济活动或某一产品的发展前景。因此，市场预测报告的针对性很强。选定的预测对象越明确，市场预测报告的现实指导意义就越大。

（4）时效性

市场预测总是限定在一定的时间内，因此具有很强的时效性。市场预测报告也只是在一定的时间内发挥作用，显现出及时迅速的特点。

3. 市场预测报告的格式

市场预测报告由标题、正文和结尾组成。

（1）标题

市场预测报告的标题根据内容、范围、时间而定，格式较为多样，并不固定。但是，大致可以分为三类：

①公文式。是由"预测区域+时限+对象+文种"组成，例如《××市1998年技术市场预测》。

②文章式。是在标题中点明报告的主要内容，例如《全国服装衣物预测》。

③新闻式。是在正标题之外，再加上副标题或者眉题等，例如《繁荣·稳定·上升——2012年××市场走向》。

（2）正文

正文由前言，主体，结论和建议组成。

①前言。前言就是正文的开头，通常用最简洁的语言来概括市场现状或交代预测目的，为主体部分进行铺垫。有时也可以省略前言，直接将其内容放到主体中进行说明。

②主体。主体是市场预测报告的重点，要在陈述基本情况的前提下，对掌握的材料或数据等进行分析和预测。在分析的时候要抓住问题的矛盾或者特点，尤其要注意以下几点：

首先，分析市场需求量与各因素的依存关系。

其次，分析生产、供应、营销三者之间的关系。

再次，分析当前市场消费者需求结构的变化。

最后，要分析其他因素的变化对市场的影响。

只有有理有据地将问题分析透彻了，才能减少在预测中的盲目性，提高准确性，最终得出的结论才会符合客观规律。

③结论和建议。这是正文的结束部分。结论就是预测结果，它建立在主体部分扎实分析的基础上；建议就是在预测结果的基础上，提出切合实际的设想供领导决策参考。

（3）结尾

即落款，主要是写出预测单位的名称与日期。市场预测报告的作者既可以写单位名称，也可以写个人的名字；其具体位置可以写在标题下方，也可以写在正文后右下方。

4. **市场预测报告的分类**

市场预测报告可以根据不同的标准进行分类。

①按照产品层次的不同，可以分为：单项产品市场预测报告，例如服装种类的西装、牛仔裤等；同类产品市场预测报告，例如食品种类的同类产品；独

享产品市场预测报告，例如服装类中妇女服装、童装等。

②按照空间层次的不同，可以分为世界市场预测报告、全国性市场预测报告、地区性市场预测报告和当地市场预测报告。

③按时间层次不同，可以分为：短期市场预测报告，例如以季度、月、旬为时限；近期市场预测报告，例如以年度、半年为时限；中期市场预测报告，通常时限在三年至五年之间；长期市场报告，通常时限在五年以及五年以上。

④按照预测方法的不同，可以分为定量预测报告和定性预测报告。

定量预测报告是根据掌握的数据，应用数据统计方法，研究和推测市场发展状况及其结构关系，分析产生、销售和市场需求内在联系和变化过程而写的书面报告，多用于长期的预测。

定性预测报告是主要通过对市场各种因素的调查研究，分析综合，用直观和判断的方法预测市场需求的性质和经济对策而写成的书面报告，定性预测又称专家调查法，多用于短期预测。

【范例】

海南楼市量价齐跌下半年或将继续回落

王晖余 郑玮娜

今年4月份国家实施一系列房地产调控政策以来，海南房地产观望气氛浓厚，成交价格和成交量大幅下降，海南房地产开发投资、施工面积、商品住房销售面积等主要指标的增速呈平稳回落态势。高档价格楼盘的有价无市、中低价位楼盘降价销售火热凸显投资和投机性购房得到抑制，普通购房者的刚性需求仍比较旺盛。有关专家表示，随着下半年房地产宏观调控政策效应的释放，海南省房地产市场回调趋势或将进一步强化。

成交量及成交价格均大幅下滑开发投资各项指标回落

7月15日，海南著名旅游地产开发商金手指地产宣布，"金手指地产7月15日起让利促销，旗下两大主力楼盘海口高尔夫温泉小镇和兴隆温泉高尔夫公寓全线八折优惠。市场抄底价火热发售"。

据金手指地产置业顾问介绍，降价的楼盘原均价13200元，降价后按揭八折，一次性付款在八折的基础上再打9.5折，均价降至一万元左右。金手指地产成为国家一系列房地产调控政策出台后，海南第一家全线降价发售的大型品牌房地产企业，在海南房地产市场引起广泛关注。

业内人士表示，大型房地产商的全线降价的举动表明，随着房地产宏观调控政策效应的释放，开发商和购房者经过几个月的博弈，海南房价已出现浓重观望气氛后的松动迹象，同时也显现出开发商对下半年市场的谨慎态度。

从统计数据来看，海南房地产的销售量和成交价格均大幅下滑。今年1月和2月受全国市场普遍走高和《国务院关于推进i海南国际旅游岛建设发展若干意见》的双重影响，海南省商品房销售出现量价急剧上升局面。3月份以后，随着中央和海南省调控房地产市场的一系列政策效应逐步显现，海南省商品房市场销售明显回落。

据海南省住房和城乡建设厅统计，2月份海南成交平均房价为14087元，达到历史最高点，随后成交价格逐步回落，尤其在4月份国家连续出台一系列房地产调控政策后，下降趋势更为明显。据统计，今年3至6月份海南成交平均房价分别为12280、11932、8483、8208元/平方米，6月份房价比2月份下降了41%左右。

同时，海南房地产开发投资、施工面积、商品住房销售面积等主要指标的增速呈平稳回落态势。据统计，3、4、5月份，海南省商品住房销售面积分别为62.77万平方米、56.72万平方米、22.9万平方米，环比增幅分别为-19.05%、-9.64%、-57.95%；1~6月，海南省房地产开发投资完成205.33亿元，同比增长78.9%，但增幅逐步回落。房地产开发投资资金来源供给576.71亿元，同比增长157.6%。海南省商品房施工面积2093.97万平方米，同比增长38.4%，其中本年新开工面积596.25万平方米，同比增长52.1%。商品房竣工面积123.37万平方米，同比增长0.3%，增幅回落明显。

高档楼盘有价无市中低价位楼盘仍有吸引力

与2月份相比，6月份降幅达41%的海南楼市成交价格在消费者看来并不明显，尤其是海景房等高档楼盘，价格依然坚挺，呈现有价无市的状况。

海南省住房和城乡建设厅房地产市场监管处副处长杨亚明解释说，今年初，海南高档楼盘火热销售大幅拉升了成交价格，调控政策出台后，高档楼盘存量已基本释放完毕，目前销售的主要是中低价位的楼盘，这导致出现成交价格大幅下降，但购房者直观感受价格下降并不明显的现象。

记者走访三亚多处高端楼盘发现，三亚目前属于楼市销售淡季，各楼盘销售处门庭冷落，但销售价格却依然坚挺，大多数楼盘只针对一次性付款的购房者推出小幅折扣优惠方式。

据三亚"半山半岛"置业顾问介绍，该楼盘近来价格仍然保持在均价49000元/平方米高价位。只对一次性付清的购房者有1%至2%的优惠政策。

记者在三亚"山屿湖"售楼处了解到，该楼盘不仅未降价，反而有所上涨，均价为34500元/平方米。据置业顾问介绍，该楼盘销售价格有所上浮主要原因是该楼盘目前已经销售完楼盘的90%，剩下的楼盘完全可以消化掉。"目前，我们的楼盘只接受一次性付清的购房者，不接受按揭方式付款。"销售人员说。

海口市"滨江帝景"楼盘的销售主管介绍，"滨江帝景"二期于6月中下旬开盘后，每平方米均价为9000元左右，此次总共推出220多套房源，目前每周只有个位数的销售量，与项目一期去年12月20日开盘、500多套在两个月内全部售完的火爆情况不可同日而语，"虽然比预期要差，但整体还是比较可以的"。

与之形成对比的是，海口市一些中低价位的楼盘却受到追捧。7月30日，邻近"滨江帝景"的大型楼盘"佳元·江畔人家"一期以6680元/平方米的价格开盘，本次开盘共推出230多套房源，却吸引千余名购房者进场抢购，开盘当天房源基本售罄。据了解，江畔人家7月初拟定的开盘价为7500元/平方米，最终确定的开盘价直降约11%。

市场或将继续回调经济增长有压力

有关专家认为，下半年即便回到开发商期待的海南房地产市场传统旺季，销售量和价格仍不太可能出现井喷的状况。随着房地产调控政策效应的释放，海南房价有可能进一步回落。

海南策源投资顾问有限公司总经理程永海认为，国家的房地产宏观调控政策在很大程度上打击了游资炒房的现象，这有利于市场的有序发展，个别项目价格疯狂地上涨后下跌成为必然。

程永海认为，房地产市场是周期性的市场，受国家政策影响很大，企业有合理的利润就可以了，不能在市场好的时候拼命涨价或捂盘，也不能在市场不好的时候驻足不前，这样才能比较好地踩准市场的周期性节奏。

海南省委党校原副校长廖逊认为，目前海南房地产市场成交价格的下滑是海南房价松动的迹象，还仅仅是个开始，"海南房地产市场的总体行情还是看跌，随着中央各项调控政策的进一步释放，第四季度房价有可能真正下跌"。

海南富信房地产开发有限公司副总经理罗凤颜认为，今年2月份海南房地产消耗了过多的成交量和价格，目前成交量和成交价格大幅下滑是市场的真实反映，比较接近理性的市场。

海南省住房和城乡建设厅副厅长蔡仁杰表示，随着房地产调控政策效应的继续释放，预计下半年海南省房地产市场成交量仍将继续低迷，房价将略有回落，相关税收收入与上半年相比增幅将明显下降。如果中央继续保持宏观调控政策不变，预计下半年海南省房地产市场回调的趋势将进一步强化，房价将出现一定幅度的回落。

海南省副省长姜斯宪表示，国务院及相关部委密集出台了一系列针对房地产市场的调控政策，这一政策取向将会延续，全国房地产市场量价回落的态势有可能延续。预计海南省下半年商品住房交易量可能低于去年下半年水平，部分开发商的投资力度也会由于市场或资金而有所放缓。

（2010年8月13日《经济参考报》）

二、市场预测报告的写作要求

1．目标明确

要想写好市场预测报告，要有一个具体的预测对象和明确的预测目标。与此同时，程序也要清楚，要确定预测的目标、内容和期限，然后才能进行调查研究，整理数据，得出结论。

2．准备充分

在进行市场预测报告写作的时候，要准备充分。预测是一种有明确目的的预见性活动，因此要组织专门人员，安排专项活动经费，确定预测项目。做好充分的准备工作，预测才能成功。

3．语言要准确

在撰写市场预测报告的时候，不需要华丽的辞藻，只要求语言的准确。并以精确的专用预测名词、术语、数据以及概括性词语，反映客观实际，清晰明白地把市场预测的内容表述出来。

4．恰当引用数据

在撰写市场预测报告的时候，要引用有关数据来增强说服力。在具体写作时，还是有一些问题需要注意：

第一，要对收集的数据进行有条件的选择，不能随意地堆砌数据。

第二，数据必须准确可靠、实事求是。

第三，引用的数据要能够说明一定的问题。

三、与市场预测报告有关的问题

1．市场预测报告与市场调查报告的异同

（1）相同点

两者都与市场状况密切相关，都会运用到调查与分析的方法。

（2）不同点

第一，侧重点不同。

市场调查报告主要侧重于对市场的过去和现状进行客观反映与分析；市场预测报告的侧重点则在于对市场未来状况进行分析和预测。

第二，要求不同。

市场调查报告要求有关材料必须准确和客观；市场预测报告则是在市场调查的基础上，对未来市场状况进行推断与预测，因此其材料具有一定的主观性和不确定性。

2．市场预测报告与计划的异同

（1）相同点

两者都与尚未发生的事情有关，同时也离不开对过去、现状的了解和对今后发展的判断和安排。

（2）不同点

计划是对未来一段时间的工作、生产等做出安排，具有一定的指令性，计划一旦制订出来，就要按照其认真去做；市场预测报告是在一定的条件下，预测未来市场的营销以及消费者心理会发生什么变化，并将所得结果提供给有关企业或领导作为决策的参考。

可行性研究报告

一、可行性研究报告概述

1．可行性研究报告的概念

可行性研究，就是指在某一建设或科研项目决策前，通过实地调查研究，进行全面系统的分析，估计成功率大小、经济效益和社会学效益，严密论证其是否具有实施上的可行性、技术上的合理性和经济上的合算性，为项目决策提供科学依据的一种决策过程和手段。

可行性研究报告，又被称为可行性分析报告，是对拟开发或拟实施项目进行周密调查、分析，进而论证该项目的可行性和效益性的书面报告。从实质上讲，可行性研究报告是反映可行性研究的内容和结果的书面材料。

可行性研究是一门运用多种科学成果和先进方法，以保证建设项目能获得最佳经济效果的综合性学科。

可行性研究的主要任务是研究和判断项目建议书中提供的资料是否正确，并以此确定是否可以投资。

如果认为是可以投资的，那么就必须对拟建项目的其他问题进行较为深入的调查、研究与论证；对与项目有关的经济上的可行性和合理性，以及项目本身所能产生的社会效益给予恰当的评价；还要对项目本身选择多种技术经济方案进行深入分析、论证，从中选出最佳的方案。

2．可行性研究报告的特点

（1）真实性

真实、准确的材料是掌握实际情况、分析项目是否可行的现实基础，是其进行决策的重要依据，因此它所有的材料都要真实可靠，否则就会变成"不可行"或造成重大的决策失误。

（2）预测性

可行性研究报告中的分析、论证是在方案实施之前进行的，它主要运用预测的方法，通过对过去的探讨，对目前的研究，而推知对未来的了解。

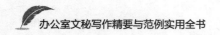

（3）论辩性

可行性研究报告需要对拟建项目的合理性与可行性进行分析论证，因而具有很强的辩论性。

这种辩论是技术资料和数据能够说明的，具有很强的说服力，而且还是采用理论与事实、宏观与微观、长远与现实、政治与经济等相结合的辩论手段，多角度、多层次地进行论证某一拟建项目的可行性。

（4）综合性

可行性研究是一种多学科、跨部门、跨行业、多层次的综合性研究，它必须在广泛调查研究和充分占有资料的基础上，利用先进的计算技术，对研究对象进行分析与论证。而可行性研究报告作为可行性研究的书面形式，也具有综合性的特点。

3. 可行性研究报告的格式

可行性研究报告通常由标题、正文和落款组成。

（1）标题

可行性研究报告的标题通常有两种写作形式：一种是一般式标题，另一种是变通式标题。

一般式标题，通常由"项目主办单位+项目名称+文种"组成，例如《咸阳市旅游开发项目可行性研究》。

变通式标题的写法相对灵活和自由，但是要求主旨明确、突出，例如《三峡工程宜早日建成》。

（2）正文

可行性研究报告的正文主要是由以下几个方面组成的：

①前言。前言主要包括建设项目提出的背景、依据、投资的条件和经济意义，并说明可行性研究的范围、要求、现有的基础和研究目的等。

②拟建项目的规模和发展规划分析。这部分主要包括产品的名称、性能、用途和价格分析、国内外需求分析、产品国际化问题及销售方式、内外销售比例、发展前景分析等。

③技术研究。这是可行性研究的基本内容，主要包括资源和物资供应以及公用设施、厂址的选择、设计方案、技工劳动力的统计与训练、环境保护和拟建项目的实施计划。

④资金概算及来源。这方面主要包括合资各方的投资比例、资本构成以及资金投入计划。通常而言，拟建项目的资金来源有四种，即政府拨款、银行接单、单位自筹和集资。要对其来源、筹措方式、资金到位的时间与数量、资金

偿还、流动资金的利用等进行分析。

⑤经济效益分析。经济效益分析就是分析拟建项目投资的收支和盈亏情况。

拟建项目投资的目的在于取得好的经济效益。即使上述四个方面的分析是可行的，但是经济效益分析的结果却是亏损的，那么这个拟建项目仍是不可行的，就会被取消。

所以可行性研究报告在写作的时候，要重视对经济效益的分析，力求充分、客观和周密。

因此，对于经济效益的分析要从销售计划、管理计划、总投资额、年终损益、现金收支、资产负债情况、投资盈利分析、盈亏分析、风险分析这些方面进行。

⑥社会效益分析。拟建项目的开办，在对经济效益分析的同时，还要分析社会效益，主要是分析该建设项目会对社会产生什么影响。

⑦结论。结论是可行性研究报告在主体部分进行分析论证后所做的结论或综合评述的意见。

结论是一份可行性研究报告的目的，经济决策项目或拟建目的是否可行，最后要看可行性研究报告的结论。

（3）落款

在正文的右下方标注报告单位的名称或报告人的姓名以及日期，也可写在标题的下方。

4．可行性报告的分类

依据不同的分类标准，可行性研究报告可以分为不同的种类：

①按照固定资产能否再生产的不同，可以分为基本建设项目可行性研究报告以及更新改造措施项目可行性研究报告。

②按照项目建设的性质的不同，可以分为新建项目可行性研究报告、扩建项目可行性研究报告、改建项目可行性研究报告以及恢复建设项目可行性研究报告。

③按照项目的产业性质的不同，可以分为工业项目可行性研究报告和非工业项目可行性研究报告。

④按照项目的规模大小的不同，可以分为一般小型可行性研究报告、中型可行性研究报告以及大型可行性研究报告。

⑤按照决策阶段的不同，可以分为机会可行性研究报告、初步可行性研究报告和详细可行性研究报告。

【范例】

学生成绩管理系统可行性分析报告

一、引言

（一）编写目的

为了提供一个有价值的方向，便于项目团队成员更好地了解项目情况，使项目工作开展的各个过程有价值，因此以文件化的形式，记录软件开发中将要面临的问题及其解决方案进行初步设计及合理安排。明确开发风险及其所带来的经济效益，以便计划开展和确保项目开发成功。

（二）项目背景

随着科学技术的不断提高，计算机科学日渐成熟，其强大的功能已为人们所深刻认识，它已进入人类社会的各个领域并发挥着越来越重要的作用。作为计算机应用的一部分，使用计算机对学生成绩管理信息进行管理，具有手工管理所无法比拟的优点。例如，检索迅速、查找方便、可靠性高、存储量高、保密性好、寿命长、成本低等。这些优点能够极大地提高学生档案管理的效率，也是企业科学化、正规化管理，与世界接轨的重要条件。因此，开发大学成绩管理系统很有必要。

学生成绩管理网站是一个学校不可缺少的重要部分，它的内容对于学校的决策者和管理者来说都至关重要，所以学生成绩管理系统应该为用户提供充足的信息和快捷的查询手段。同时，学生成绩管理是各大学的主要日常管理工作之一，涉及校、系、师、生的诸多方面，随着教学体制的不断改革，尤其是学分制、选课制的展开和深入，学生成绩日常管理工作及保存管理日趋繁重、复杂。高校都迫切需要研制开发一款属于自己的功能强大、操作简单、具有人性化的学生成绩管理网站。

（三）参考文献

1. 张海藩编著 《软件工程导论》 第五版 清华大学出版社

2. 王珊、萨师煊编著 《数据库系统概论》 第四版 高等教育出版社

3. 秦敬祥、文东编著 《ASP.NET程序设计基础与项目实训》 中国人民大学出版社

二、可行性研究的前提

（一）要求

1. 功能：本网站应该实现学生成绩信息的管理与查询，具体包括学生信息查询，如姓名、院系、专业、学号、班级、所学课程成绩、学年、学分、学

期及该门课程的考试类型、课程类型、成绩总学分、总绩点和平均绩点等；还可以对以上信息进行修改、删除和添加。另外，还要做到可以对学生成绩信息的查询和维护。对于老师需要做到信息查询，如姓名、院系、教师号、所带班级、所教课程，能够修改个人信息与密码，能够查询并给所教学生打分。

2. 性能：查询效率尽可能做到精准，信息维护功能做到简单易用，不需过多对人员的培训。

3. 输入：对于查询功能，应做到可以单条件和组合条件输入；对于维护功能，要有输入、修改学生信息和成绩的功能。

4. 输出：能按要求在显示器上显示所需内容并能打印成有条理的表格，没有多余的内容，也没有重复的现象。

5. 安全与保密：对于不同权限用户，设置不同权限，对重要数据可以考虑加密存储。考虑到数据保存，条件允许的情况下可以让系统定时自动保存，省去手工保存的繁杂程序。

6. 本模块由系统主界面调入，实现学生成绩管理子功能。

7. 完成期限：2个月。

8. 基本处理流程：见最后一页。

（二）目标

学生成绩管理网站针对的学校学生情况对学生各学年的成绩进行有效的管理。能够快速的查询出学生的各科成绩以及所在班级等各种用途。相应的需求有：

在实现所需功能的基础上，尽可能减少所需人员数量，对设备的利用达到最大，减少不必要费用支出。

大大改善数据处理速度，能够尽快输入和输出数据。

能够存储一定数量的学生信息，并方便有效地进行相应的数据操作和管理，这主要包括：学生信息的录入、删除及修改，学生各科成绩的多关键字检索查询。

能够对一定数量的读者进行相应的信息存储与管理，这其中包括：查询学生信息的登记、删除及修改，学生资料的统计与查询。

能够提供一定的安全机制，提供数据信息授权访问，防止随意删改，同时提供信息备份的服务。

使网站更加容易管理和维护，不需对过多人员培训，提高工作效率。

（三）条件假定和限制

所建议系统的运行寿命的最小值为5年。

所用数据库为SQL2005。

所需硬件条件为服务器工作站，终端为PC机。

进行系统方案选择比较的时间最多用7天。

经济来源为个人集资。

所有技术资料都由提出方保管，合同制定确定违约责任。

运行环境在IE6，火狐等浏览器上都可以运行。

可利用的信息和资源由学生决定，某些特殊情况需学校特殊处理。

系统投入使用的最晚时间为××××年××月××日。

（四）进行可行性研究的方法

以学生的角度与校领导及相关管理人员商议，以便选出最合适的可行性研究方案，网站可运行在IE6、火狐等浏览器上浏览。在运行时可以直观地浏览、查询和掌握学生的成绩，同时能够了解学生的基本信息所在系部、班级、宿舍的具体地址。结束了人工统计的耗时长、工作量大、错误率高的缺点。具体操作如下：

1. 将可行性研究按一定的方法分解成相对简单的工作。

2. 将分解后的各项工作，分别交给合适的人或计算机去做。

3. 按照一定的规则组织人机协同工作。

4. 应用先进技术提高单项工作速度。

5. 使单项工作尽可能并行作业。

三、对现有系统的分析

现有系统人工工作量较大，容易出错，查询也有所不便。

1. 组织机构调查

学生成绩管理系统现有成绩管理人员2名，负责审核、统计每学期不及格学生的信息，对要留级的、退学的学生进行核查，确保教师录入成绩的准确性，防止学生修改成绩；任课教师若干名，负责录入学生成绩；辅导员有若干名，负责对班级成绩进行汇总，以方便班级管理与分析。

2. 业务流程调查：

经初步调查，教务处对学生成绩管理的业务流程如下：

（1）学生对本年度或者以往学年度的成绩进行查询（按个人成绩查询，按班级成绩查询及总成绩的排名）。

（2）成绩管理人员审核教师录入的成绩，并统计不合格的学生，打印补考单，方便学生进行尽早地复习，准备补考。

（3）任课教师对班级单科成绩的录入。

通过调查了解到用户对系统有如下要求：学生能够通过本系统及时地查询考试完后的各门学科成绩。成绩管理员及时打印补考名单，任课教师及时地录入单科成绩单。输入方面的要求是如果操作失误应能具有提示及撤销的功能。输出的信息应能直观反映给用户。

3. 工作负荷

现有系统需人工输入课程名称，且不能一次存储多项成绩，也不能同时存储多个学生的成绩，操作量大，容易出错，不能多项关键字查询学生信息，操作复杂。

4. 费用开支

由于系统老旧、操作复杂易出错，所以需大量的人员来管理，费用花费很大。以及运行的不稳定性，需要经常更新硬件。

5. 设备和人员

需要大量的人员来管理，维护其数据，出错率较高，出现很多冗余信息。设备较老旧，不能满足该系统基本需求，所以经常超负荷工作，容易导致损坏。

6. 局限性

对人力资源进行大量的浪费，而且安全性不是很高。处理时间赶不上需要，响应时间较长，数据存储能力不足，处理功能不够，该系统在最初的开发研究中就出现了很多不足，引发的以上的局限性已并非可以用简单维护来解决，这样只会增加经济负担和人员浪费，所以需重新开发该系统。

四、经济可行性分析

（一）投资

1. 基建投资

×××元

2. 其他一次性支出

×××元

3. 经常性支出

每月×××元

（二）效益

1. 一次性收益

×××元

2. 经常性收益

每月×××元

3. 收益／投资比

a/b

4. 投资回收周期

×个月

五、可选择的其他方案

（一）直接购买，需要价格要低于自己开发的投资，但是维护和维修都要请人，五年加在一起，不如自己开发划算。

（二）对原版本进行改进，目前版本过于粗陋，漏洞比较多，外界侵入比较方便，特别是安全指数特别低，而要打这些补丁，其花费的人力、物力及财力并不比重新开发一个要节省。因为本系统是一个并不庞大的工程，所以重新开发比较有价值。

1. 方案一

（1）拟建系统的目标

开发网站的目标如下：

提高成绩管理系统的管理质量；增强资源共享；减少人力和设备费用；加快信息的查询速度和准确性；提供统计分析功能；便于进行系统分析和教学评估；系统规划及初步方案。

学生成绩管理系统建成后可以直接在网上服务，学生可以方便对自己的学习成绩进行查询，可以对自己的基本信息进行适当修改。本网站最终可配一台网络服务器挂到教务处服务器上。

（2）系统的实施方案

本网站客户采用xp、windows操作系统用IE6、火狐等浏览器均可浏览，服务器采用windows7操作系统，前端开发语言使用C#，使用SQLSERVER 2005数据库管理系统。

本系统大约需要2个月的时间。

（3）投资方案

此网站由大学本科生自己完成，电脑基本上都有且可用，故拨入基本的费用即可。

（4）人员培训及补充方案

操作简单，基本上都有一定的基础，故人员培训此项可省略。

2. 方案二

（1）拟建系统的目标

开发系统的目标如下：提高成绩管理系统的管理质量；增强资源共享；减少人力和设备费用；加快信息的查询速度和准确性；提供统计分析功能；便于进行系统分析和教学评估。

（2）系统规划及初步方案

学生成绩管理系统人员直接将结果下发给各院系。本系统终端拟采用酷睿2双核处理器，320GB硬盘，2G内存，14英寸的显示器，一个光驱，一个鼠标，一台打印机。

（3）系统的实施方案

本系统客户采用。Windows98操作系统，前端开发语言使用JAVA，使用MY SQY数据库管理系统。

本系统大约需要2个月的时间。

（4）投资方案

此系统一次拨款××××元。

（5）人员培训及补充方案

人机界面友好，操作简单，基本上都有一定的基础，故人员培训此项可省略。

六、几种方案的比较分析

（一）方案一

1. 技术上的可行

目前已经成功地开发出许多信息管理系统，信息技术和计算机软硬件发展已经完全可以满足本系统的技术要求，本方案要求较高，安全性和可靠性较强，但通过前面的综合分析，可以知道从技术上是可行的。

2. 经济上的可行性

本方案由于采用网络方式，因此投入比较多，但此系统建成后，可以实现资源共享，支持选课制，可以直接进行信息的查询以及修改。本系统运行后可以节省不少人员，因此可以带来一些经济效益。另外，可以省去打印分析的时间，直接用系统进行分析就可以看到最直接的结果。使用此系统还可以减少人为的失误，准确方便，还可带来其他方面的经济效益。

3. 系统运行可行性分析

本系统使用之后，组织机构上肯定有一定的变动，但这都是局部的，不会影响整个组织。此为网络系统，可以通过安装防火墙连接到校园网。由于本软件界面友好、易学易用、方便，对现有人员基本不用进行培训。所以，具有系统的运行可行性。

（二）方案二

1. 技术可行性

本方案技术要求不高，系统的安全性可行性要求也不高，从技术上来说完全可行。

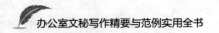

2. 经济可行性

由于本方案是单机作业，不具有网络资源共享，学生不方便直接进行信息的查询与修改，因此，适用范围小，发挥的作用小，只是使用计算机代替手工工作。此系统建成后，不支持选课与查询修改信息的功能，但是可以省去人力，也可以带来一些经济效益，从经济上来说是可行的。

3. 运行可行性

本软件简单，易学易用，不需要对专业人员进行培训，因此系统具有运行可行性。

七、社会因素方面的可行性

1. 法律方面的可行性

所有技术资料都由提出方保管，合同制定确定违约责任。

2. 用户使用方面的可行性

使用本软件人员要求有一定计算机基础。

八、总结

本系统可以马上开始实施，并尽可能做到提前完成。从人力资源优化角度来说，可以充分利用学校已有人力资源。从开发成本角度来说，将支出成本降到最低。所以，在三个可选择的方案中推荐此方案为最佳方案。

二、可行性研究报告的写作要求

可行性研究报告对投资建设项目的必要性、技术的可靠性、建设条件的可能性和经济的合理性进行考察、分析、论证，为投资决策和部门审批提供依据。因此，对于其写作有以下几个要求：

（1）从实际出发，实事求是

可行性研究的质量直接关系到项目能否成立以及项目实施的成败。因此，在整个可行性研究的过程中，要对客观条件进行实地考察、分析论证，不能任意夸大或者缩小事实，要以精益求精的科学态度对待研究中出现的各种问题。在撰写可行性研究报告时，要从实际出发，实事求是，在论证的时候要注意研究内容的全面性、完整性和准确性，报告中涉及的各种数据和有关内容必须绝对真实可靠。

（2）内容全面具体，论证充分有力

撰写可行性研究报告要进行大量的数据核算和理论与事实的论证。因此，要讲究科学性，所用的资料数据要准确无误。要按照系统性原则，把项目分解为若干部分，并且按照步骤进行分析论证，做到既有精细的分析研究，又有综合的论证和评定，最终得出项目是否可行的结论。

（3）行文条理清晰，格式规范

可行性研究报告与其他经济文书的写作一样，具有相对的固定模式，在写作时必须严格遵守。要根据项目的具体内容和行文要求，合理安排写作结构，力求做到结构严谨、逻辑严密，表述简洁有序、条理清晰。

三、与可行性研究报告有关的问题

1. 可行性研究报告的作用

可行性研究报告将研究成果用文字表现出来，为领导的决策提供依据和参考，也可以作为今后展开某项经济工作的蓝本。通常来说，可行性研究报告具有以下几点作用：

①为经济部门和企业领导提供建设项目的决策依据。

②为回答上级主管部门和有关部门的问题提供重要依据。

③为编制经济计划、安排任务指示提供可靠的依据。

④为落实经费，向银行贷款或向国家有关部门申请拨款提供依据。

⑤为与拟建项目的有关部门和单位签订协议提供依据。

2. 可行性研究报告的主要内容

尽管不同的可行性研究报告其研究的内容侧重点差异较大，但是通常应该包括以下几个方面的内容：

（1）投资的必要性

主要是根据市场调查及预测的结果，以及有关的产业政策等因素，论证项目投资建设的必要性。

（2）技术的可行性

主要从项目实施的角度进行论证，设计合理的技术方案，并进行比较和评价。

（3）财务的可行性

主要是从项目实施的技术角度进行论证，要设计合理的财务方案，从企业理财的角度进行资本预算，评价项目的财务盈利能力。

（4）组织的可行性

制订合理的项目实施进度计划、设计合理的组织机构、选择经验丰富的管理人员、组建良好的协作关系、制订合适的培训计划等，以保证项目顺利实施。

（5）经济可行性

主要是从资源配置的角度来衡量项目的价值，评价项目在实现区域经济发

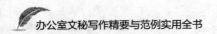

展目标、有效配置经济资源、增加供应、创造就业、改善环境、提高人民生活等方面的效益。

（6）社会可行性

主要是分析项目对社会的影响，主要包括政治体制、方针政策、经济结构、法律道德以及社会的稳定性。

（7）风险因素及对策

主要是对项目的市场风险、技术风险、财务风险、组织风险、法律风险、经济以及社会风险等因素进行评价，进而制订有效规避风险的对策，为项目全过程的风险管理提供依据。

经济活动分析报告

一、经济活动分析报告概述

1. 经济活动分析报告的概念

经济活动分析，是指借助企业经济核算（主要是统计、会计）提供的资料，对企业生产经营活动中人力、物力和财力的配备和使用情况进行分析研究，对企业取得的生产经营成果和经济效益进行分析研究，以不断寻求有效地利用人力、物力和财力，合理地安排生产和经营活动，提高经济效益的途径。

经济活动分析报告，是将经济活动分析的过程与结果以书面报告的形式呈现出来，并根据自身掌握的情况对本部门和本企业的经济活动状况进行科学的分析，做出正确的评估，以指导经营管理，提高经济效益。

2. 经济活动分析报告的特点

经济活动分析报告通常具有以下几个特点：

（1）分析性

经济活动分析报告不仅要对各种数据进行定量、定性、定时的分析，以便找出相互之间的关系，还要对各个方面进行深入的分析和比较，这样才能综合地反映出一段时间以来此行业的形势，以及各企业的经营活动情况。因此，分析性也是经济活动分析报告的主要特点。

（2）说明性

报告中必须对所涉及的经济现象、特征、指标、数据等进行详细说明，解释经济活动的变化规律，为管理者提供决策的依据。

（3）总结性

经济活动分析报告是对一段时间内区域经济活动或企业经济活动状况的分析，是对特定阶段经济活动得失的总结，经营者和决策者能够从中吸取经验和教训。

3. 经济活动分析报告的格式

经济活动分析报告没有固定格式，结构安排也相对比较灵活，由经济活动分析的目的和需要决定。经济活动分析报告通常由标题、正文、署名及日期构成。

（1）标题

标题的写作通常有两种形式：一种是公文式，即"单位+时间+分析内容+文种"，例如《××商场2010年1月份销售情况分析》；另一种是论点式，即用分析报告提出的意见和观点作标题，通常会加一个副标题，例如《加速流动资金周转——对企业结算方式的分析》。

（2）正文

正文可分为导语、主体和结尾。

①导语。它是分析报告的开头部分，这一部分往往针对分析的问题，或简要介绍被分析对象经济活动的基本情况，如评价产销形势、计划指标及指标完成情况，或交代分析的目的、起因，或指出存在的问题等。应开门见山、直截了当地叙述主要问题，尽快引入主体部分。

②主体。主体部分集中反映经济活动的分析过程及结果，经济活动分析报告的核心部分，是对前言中提出的问题或经济指标完成情况运用资料和数据所做的具体分析。其在结构上的表现为"基本情况——原因分析——对策建议"的关系。

基本情况：一般采用对比、分解、综合的方法，运用大量数据说明经济指标的完成和变化情况及其存在的问题，展示经济活动的基本情况。有时还可列出表格并叙述说明。

原因分析：要从分析的对象和目的出发，对经济活动的具体情况予以具体细致的分析，找出主客观影响因素，并对其经济效益做出客观评价。在分析中，既要分析成绩取得的原因，总结经验，又要善于揭示矛盾，分析问题产生的症结；既要重视客观因素的分析，也不能忽视主观因素的分析。

对策建议：应以主体部分为基础，抓住要害，有针对性地提出切实可行的建议或措施，观点要鲜明，切忌模棱两可，意见要中肯，措施要有的放矢。

③结尾。大多数的经济活动分析报告都在写完对策建议后自然作结，行文干净利落。也有一些经济活动分析报告有独立的结尾，其内容或是总结回顾以照应前言，或是预测前景以展望未来，或是补充说明，使内容更加全面。无论哪种写法，都要简短精粹、切合需要。

（3）署名及日期

在正文右下方签署提出报告的单位名称或作者个人姓名，并说明写作日期。如标题已标示单位或个人姓名时，只写日期即可。

4. 经济活动分析报告的分类

（1）综合分析报告

综合分析报告又称为全面分析报告或系统分析报告，是把某一经济部门或企业在一个时期的经济活动进行全面、系统分析后所做出的书面报告。综合分析报告是通过对生产和经营的资金、费用、成本、利润等进行全面的评估、分析后，对某一时期生产和经营的总体状况进行检查和总结。

【范例】

××企业××年度经济活动分析报告

概述：××年经济指标全面完成情况。（附表）

简述本年度公司经营情况。

××年公司实现主营业务收入××万元，完成年度预算的××%，较上年同期增长××%；实现净利润××万元，每股收益××元，完成年度预算的××%，较上年同期增长××%；实现净资产收益率××%，完成年度预算的××%，较上年同期增长××%。

（以下所有指标要求与预算和上年同期比较，未涉及的项目不作要求。）

一、主要经济指标完成情况

1. 公司主营业务收入完成情况。与公司去年同期比较，完成公司全年预算数。如：××年公司实现主营业务收入×××万元，完成全年预算××%，比去年同期增加××万元，增长××%。

预算完成分析；销售增长分析；企业收入构成分析（主营业务收入和其他业务收入，现销收入和赊销收入，主营业务构成，地区收入构成）；影响收入的价格因素与销售量因素分析；详细分析经营情况。

2. 利润指标完成情况分析。与公司去年同期比较及完成公司全年预算情况，分析其变动影响因素。主要分析主营业务利润和净利润上升或下降的原因，分析各主要产品盈利能力。

预算完成分析；利润增长分析；利润构成分析（各项利润构成，主营业务利润构成，地区利润构成）；各项利润分析（净利润，利润总额，营业利润，主营业务利润）；会计调整因素影响。

3. 主营业务成本分析。与公司去年同期比较及完成公司全年预算数，进行分析说明其增减因素及影响程度，找出问题关键所在。

预算完成情况分析；主营业务成本降低额；主营业务成本降低率；各主要产品主营业务成本降低额和降低率，以及它们对全部产品主营业务成本降低率的影响；主要产品单位销售成本分析。

主营业务成本降低额＝本年实际成本—按本年实际销售量计算的上年实际成本

主营业务成本降低率＝主营业务成本降低额÷按本年实际销售量计算的上年实际成本

4. 其间费用分析。营业费用、管理费用和财务费用分析，找出增加及节余的主客观影响因素。人力资源费、科研经费、办公费、招待费、差旅费等是否突破预算，如何控制，抓住重点和异常问题，重点分析。

二、公司财务状况分析

1. 企业财务状况全面分析。资产总额、负债总额、所有者权益总额变动分析，说明原因。

2. 资产分析。资产结构与变动分析（流动资产、长期投资、固定资产、无形资产等占总资产的比重及其变动）；资产结构优化分析。

3. 流动资产分析。流动资产增减变动分析；流动资产结构及变动分析。

应收账款分析。重点说明本年应收账款变动原因及采取的措施；坏账准备分析。

存货分析。存货规模与变动情况分析；存货结构和变动情况分析；存货计价和计提存货跌价准备对利润的影响。

4. 投资分析。长期投资分析；短期投资分析。

5. 负债分析。负债结构变动及其对负债成本的影响分析；流动负债结构及变动分析；长期负债结构及变动趋势分析。

6. 税金分析。已交税金；应交税金。

7. 股东权益分析。所有者权益结构及变动分析；资产保值增值能力分析。

三、现金流量分析（重点分析）

1. 现金流量总体分析。预算完成情况；与上年相比变动情况，分析原因；现金流量结构分析。

2. 经营活动现金流量分析。与预算和上年相比，分析原因；结构及变动分析；当期销售回款、应收款清欠分析；分产品和地区回款分析；原材料采购付款率分析。

3. 投资活动现金流量分析。投资收益、投资前景分析。

4．筹资活动现金流量分析。筹资方式、筹资结构、筹资成本是否合理，筹资能力分析。

四、盈利能力分析（重点分析）

通过盈利能力有关指标反映和衡量企业经营业绩，通过盈利能力分析发现经营管理中存在的问题。

1．主营业务利润率

主营业务利润率＝（主营业务利润÷主营业务收入）×100%

2．销售净利率

销售净利率＝（净利润÷销售收入）×100%

3．净资产收益率

净资产收益率＝（净利润÷平均净资产）×100%

有条件可进行杜邦分析，深入分析盈利能力变化的原因

净资产收益率＝销售净利率×资产周转率×权益乘数

权益乘数＝1÷（1—资产负债率）

4．总资产收益率

总资产收益率＝（净利润÷平均总资产）×100%

5．销售现金比率

销售现金比率＝（经营现金净流量÷销售收入）×100%

6．综合分析、评介，要求结合企业具体经营情况，具体分析。

五、偿债能力分析

1．流动比率

流动比率＝流动资产÷流动负债

2．速动比率

速动比率＝速动资产÷流动负债

3．资产负债率

资产负债率＝负债总额÷资产总额

4．现金流动负债比

现金流动负债比＝经营现金净流量÷流动负债

5．现金负债总额比

现金债务总额比＝经营现金净流量÷债务总额

六、资产管理能力分析（重点分析）

1．应收账款周转率，应收账款周转天数

应收账款周转率＝销售收入÷平均应收账款

应收账款周转天数=360÷应收账款周转率=（平均应收账款×360）÷销售收入

2. 存货周转率，存货周转天数

存货周转率=销货成本÷平均存货

存货周转天数=360÷存货周转率=（平均存货×360）÷销货成本

七、发展能力评价（考查，一般要求）

1. 资产增长率和资本积累率

资产增长率=（本年资产增加额÷上年资产总额）×100%

资本积累率=（本年所有者权益增加额÷年初所有者权益）×100%

2. 销售增长率

销售增长率=（本年销售增长额÷上年销售总额）×100%

3. 收益增长率

主营业务利润增长率=（本年主营业务利润增长额÷上年主营业务利润）×100%

净利润增长率=（本年净利润增长额÷上年净利润）×100%

4. 可持续增长率（不作要求）

可持续增长率是指不增发新股并保持目前经营效率和财务政策条件下公司销售所能增长的最大比率。

可持续增长率=股东权益增长率

=（本期净利润×本期收益留存率）÷期初股东权益

= 期初权益资本净利率×本期收益留存率

= 销售净利率×总资产周转率×收益留存率×期初权益期末总资产乘数

八、经营管理目标完成情况及主要成绩总结

根据年初各单位签订的经营管理目标，一一对比，说明完成情况并分析原因。

在全面反映企业总体财务状况的基础上，主要对企业经营管理中取得的成绩及原因进行说明。

九、重大事项说明

1. 公司10万元以上非生产用固定资产的购置。

2. 重要资产转让及其出售情况。

3. 重大诉讼、仲裁事项。

4. 公司收购兼并、资产重组事项。

5. 对公司有重大影响的国家政策变化。

6. 或有事项、承诺事项，重大合同（担保、抵押等）事项。

7. 重大投资、融资活动。

十、关联交易

关联关系方，关联交易内容，关联交易金额，与关联关系方结算情况。

十一、风险评价（一般要求）

1. 行业风险。分析行业盈利水平与盈利潜力及潜在风险。通过行业风险分析，明确企业自身地位及应采取的竞争战略，包括低成本竞争策略和产品差异策略。

2. 市场风险。市场风险指市场上的不确定因素而导致利润变动的风险。影响企业市场风险的因素主要有：市场供求、市场竞争、通货膨胀、利率变动等。

3. 经营风险。经营风险指经营上的不确定因素而导致利润变动的风险。影响企业经营风险的因素主要有：产品需求、产品售价、产品成本、固定成本的比重和企业调整价格的能力。

4. 财务风险。财务风险是指全部资本中债务资本比率的变化带来的风险。

十二、存在的问题分析（重点分析）

在全面财务分析的基础上，对影响财务状况、经营成果和现金流量的因素分析说明。抓住关键问题，分析原因。

十三、采取的措施和建议（重点）

针对经营管理中存在的问题和潜在的风险，提出解决的措施和建设性的建议。

十四、经营预测分析

根据市场变化和企业经营趋势，说明公司拟采取的经营策略和计划，预测第二年度企业经营业绩和财务状况。对企业未来发展及价值状况进行分析与评价。

（2）专题分析报告

即对经济工作中的某一重要或关键问题，做专题、重点分析。这种分析报告，着重对某一关键性的问题进行专门分析，以便决策者和管理人员能够加深对这一问题的了解。这种分析报告的内容较为集中，通常是一事一议，形式灵活，为及时解决问题提供有力的依据。

【范例】

2012上半年我国纺织行业运行形势分析

2012年以来，受国际市场需求减弱，国内市场需求增长趋缓，国内外棉差价过大等因素影响，我国纺织行业运行呈现下滑态势，生产增速明显下降，出口数量有所减少，企业效益出现下滑，产业链前端（棉纺、化纤）亏损加重。预计今年下半年纺织行业运行形势难以明显改善。

一、1～5月纺织工业运行情况

（一）生产低速增长，增速较快回落。1—5月，全国规模以上纺织企业累计实现工业总产值21449亿元，同比增长11.8%，增速较上年同期下降18.3个百分点；产销率为97.3%，较上年同期略有下降。1—5月，纱产量同比增长14.1%，增速较上年同期提高4.0个百分点；化纤产量同比增长15.1%，增速较上年同期下降0.3个百分点；布产量同比增长11.6%，增速较上年同期下降4.1个百分点；服装产量同比增长7.2%，增速较上年同期下降4.7个百分点。

（二）出口保持增长，内需增速下降。1—5月，我国纺织品服装出口906亿美元，同比增长2.1%，低于全国商品累计出口8.7%的增速，其中纺织品出口同比增长1.4%，服装出口同比增长2.5%。全国限额以上企业（单位）商品零售额中，服装鞋帽、针纺织品零售额同比增长16.2%，增速比上年同期低7.3个百分点。

（三）投资增速趋缓，中西部地区投资占比继续提高。1—5月，我国纺织工业累计完成500万元以上项目固定资产投资2610亿元，同比增长18.5%，增速较上年同期下降17.7个百分点，低于同期全社会固定资产投资增速1.6个百分点；新开工项目5759个，同比减少2.9%。1—5月，中部地区投资额同比增长21.5%，占全国的比重达29.4%，占比较上年同期提高0.7个百分点；西部地区投资额同比增长28.4%，占全国的比重达7.8%，占比较上年同期提高0.6个百分点。

（四）利润持续下降，企业亏损面扩大。1—5月，规模以上纺织企业累计实现利润总额917亿元，同比下降2.4%，增速比上年同期低40.5个百分点；规模以上企业亏损面达18.6%，较上年同期高5.4个百分点；亏损企业亏损额较上年同期增长128.5%，增速较上年同期提高122个百分点。其中，化纤行业利润较上年同期大幅下降了50.1%，棉纺纱加工业利润同比下降了5.9%。

二、当前影响纺织行业运行的主要问题

（一）市场需求不足。目前，国内外宏观经济整体处于下行态势。欧洲主权债务危机影响仍在蔓延，国际金融危机的后续影响还在继续显现，国际市场持续低迷且前景存在较大不确定性。美国2011年纺织品服装全球进口额比上年增长了8.6%，而今年1—4月仅增长了3.4%。欧盟需求下降明显，1—5月，我国对欧盟出口下降11.2%。国内市场受物价高位、市场信心不足等因素影响，也呈现出增速放缓趋势。

（二）国内外棉差价持续扩大。去年四季度以来，国内外棉价差不断拉大。截至7月5日，国内外棉价差约为4500元/吨左右。持续加大的国内外棉价差，严重削弱了我国纺织工业的国际竞争力。1—5月棉纱出口数量同比下降9%，棉纱进口同比增长78%，纯棉坯布进口同比增长133%，棉制品出口额同比下降3.4%。中国棉纺协会跟踪的棉纺织企业亏损面达到40%，3万锭以下纺纱企业减产、停产面接近50%。新疆是以棉纺初级产品生产为主的地区，目前纺织企业亏损面达到65%左右，全行业销售收入下降了25%，全行业亏损超过3亿元。

（三）国际市场竞争加剧。受我国综合要素成本提高，周边国家纺织竞争力提升等影响，国际市场部分采购订单流向东南亚国家，我国在主要发达国家的纺织服装产品市场份额有所下降。据美国海关数据显示，1—4月，美国从我国进口的纺织品服装总额占其从全球进口同类产品的比重为36.1%，较2011年下降了4.04个百分点；据日本海关数据显示，1—4月，日本从我国进口的纺织品服装总额占其从全球进口同类产品的比重为73%，较2011年下降了1.95个百分点。而同期，印度、越南、孟加拉等国在美、日市场的份额均有所上升。

（四）融资成本居高不下。1—5月，规模以上纺织企业利息支出同比提高28.6%，比同期主营业务收入增速高18.4个百分点，而上年同期，利息支出增速仅比主营业务收入增速高6.8个百分点。在生产、销售增速大幅放缓的情况下，大量的利息支出，成为制约纺织企业发展的又一瓶颈。

三、下半年走势判断

从全球形势看，国际经济形势仍不乐观，政治局势存在不稳定因素，局部区域动荡频繁，国际需求低迷态势仍将延续；从行业发展环境看，用工等生产成本持续提高、融资难等问题短期内难以彻底改善，国内外棉价差仍在拉大，纺织行业发展环境依然严峻。从国内经济形势看，继存准率和利率双双下调后，更多"稳增长"的措施有望出台，可能促进我国国内经济形势企稳向好，成为行业运行趋势向好的重要支撑。

总体看，下半年纺织企业仍会处于比较困难的境地，纺织品服装出口将持续低位增长，行业整体效益增速将较上年大幅下滑，企业亏损面和亏损企业亏损额都将有所扩大，更多的中、小、微型企业将面临淘汰出局的风险。

（3）进度分析报告

进度分析报告是对生产或经营的进度进行分析后所做的书面报告。此类报告是对一定时期或阶段的生产或经营进度、计划指标、财务收支等进行分析，以了解经济活动的进展情况，发现新问题、新情况，以便及时调整计划、进度，并采取相应的对策。

【范例】

××工程进度滞后原因分析及赶工措施

××市××工程原定施工进度计划自2010年6月开工至2012年2月竣工，总工期20个月。按原进度计划，截至2011年3月，本工程应处于主体结构施工阶段。目前施工现场实际完成了土方开挖、基坑支护、砂石换填（合同外增加）、部分管桩施工等工程量，实际进度已经滞后计划进度6个月左右。现对工程进度滞后原因进行分析并提出相关赶工措施。

一、进度滞后原因分析

1. 工程前期管桩偏位造成工期延误

2010年7月，在工程前期管桩施工中发现了已施工的管桩出现偏位问题，我们及时组织了省内相关地质专家以及勘察、设计、监理、施工单位人员召开了多次专项会议，会议一致认为场地土地基承载力不足是造成管桩偏移较大的主要原因。我们认为，施工方在管桩施工前未制定可行的场地硬化施工方案就盲目施工，造成了管桩偏位，因此延误工期约2个月。同时，按专家会议精神，需对场地土进行换填，增加工程量并相应增加工期约一个月。

2. 前期施工方基坑支护、土方开挖施工进展缓慢，同时受雨雪天气影响，延误工期一个多月。

3. 施工进度计划编制不合理

施工方编制的施工进度计划过于理想化，未考虑2011年春节假期停工约一个月时间。2011年春节后，工地又迟迟不动，延误工期约半个月。

4. 管桩检测单位配合不及时

管桩检测单位受我们委托计划对现场五根桩进行承载力检测，从开始检测直至结束，其自身设备损坏、安排不合理等原因，直接影响了下一步管桩的施工，此处延误工期约10天。同时，目前已检测的三根桩承载力均达不到要求，而前期检测的三根桩承载力均符合要求，按常理不应出现如此大的偏差，故前期检测的三根桩数据的准确性很值得怀疑。如果按现在已检测的三根桩承载力检测结果进行取值，则需要重新调整设计，估计将影响工期约一个月。

二、赶工措施

1. 增加劳动力：根据本工程的工程量，适量增加钢筋工、木工、瓦工、水电工工种的人数，合理安排，防止窝工，在技术可靠，质量安全保证的基础上，以最经济的方式达到工程的各项管理目标。

2. 原材料及时供应：提前采购，落实货源，保证及时供应。

3. 加大投入周转材料的数量：依据主体结构工程施工每段楼层结构的模板、支撑及其相应的配件需要量结合每月计划完成层数，加大投入模板、木方、钢管、扣件的数量，缩短周转周期。

4. 夜间施工措施：申办夜间施工许可证，夜间施工不超过有关部门所规定的时间标准。保证夜间施工有足够的照明，并安排专门电工跟班，随时排除电线路及机械故障，尽量减少噪声。合理安排夜间施工的工序，实行两班制连续施工。

5. 雨季施工措施：受雨天天气因素影响时，采取在施工现场搭设防雨篷，雨衣、水鞋等措施，增加安全防护措施，确保雨季安全施工。

6. 合理组织平行施工：合理安排施工工序，实行平行作业。如对主体工程进行分段验收，主体施工与墙体砌筑可同时进行；在装修阶段，室外附属管道工程与装修工程同步进行。

二、经济活动分析报告的写作要求

1. 分析深入、具体

写分析报告，要深入细致地进行分析。经济现象错综复杂，要想真正把握其演变的规律，就必须进行深入的分析。通过对各种经济指标的了解、对照、计算来发现问题、剖析矛盾，从而对经济活动有一个正确评价。经济活动常用的分析方法有对比分析法、因素分析法、动态分析法等。无论使用何种方法，都要做到说明问题条理清楚，分析问题切中要害，评价判断恰如其分。

2. 抓住主要矛盾，解决重点问题

经济活动分析涉及面广，但撰写分析报告无法做到面面俱到。因此，在撰写分析报告的时候，就要从分析报告的目的出发，围绕中心，抓住主要矛盾，深入分析，解决重点问题。这样才能提出切实可行的建议和办法。

3. 重视运用第一手资料

撰写经济活动分析报告离不开资料，而资料不仅包括计划资料、会计核算资料，还包括深入实际、调查研究后获得的第一手资料。在写作过程中，要重视第一手资料的运用，搞清楚经济活动的全过程，有的放矢地进行分析。

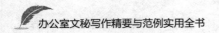

4．叙述简明，有说服力

撰写经济活动分析报告，叙述问题要简明扼要，观点明确，建议可行，具有较强的说服力。只有这样，才能对实际工作起到指导作用。

三、与经济活动分析报告有关的问题

1．经济活动分析报告的作用

经济活动分析报告在实质上是经济活动分析发挥作用的媒介，其作用最终体现为经济活动分析的作用，概括起来主要有以下几点：

（1）能及时总结经验，提高管理水平

经济活动分析报告，能让经济部门和企业对过去或现在的经济活动有一个全面、正确的了解。这样不仅便于及时掌握经济动态，还能从中总结成功的经验及原因，吸取教训，提高管理水平，有利于企业提高管理水平和经济效益。开展经济活动分析，能使企业在研究分析经济效益问题的同时，发现企业在管理上的不足，然后对管理制度和措施有所改善，这样就能使管理水平有较大的提高。

（2）了解经济情况，做出正确决策

通过经济活动分析报告，能让决策者认清经济规律，帮助企业了解生产经营的情况，进而按经济规律来制订切实可行的生产经营计划，这样能有效减少盲目性和随意性。同时，为经济管理部门和企业决策者了解有关经济活动情况提供了依据，使他们能够及时准确地做出决策，能够有效地引导和规范经济活动。

（3）掌握规律，实现经济效益

经济活动分析报告，能调动经济管理人员的工作积极性，挖掘自身潜力，能使他们及时肯定成绩、发现问题，进而降低成本消耗，改善管理，提高经济效益，实现经济效益的增长。

2．经济活动分析报告与市场预测报告的不同

经济活动分析报告与市场预测报告相比较，两者有一定的相同之处，即都要对经济现象进行分析，都能指导经济工作。

不过，它们之间也有不同之处：

（1）内容的表现形式不同

经济活动分析报告主要侧重于分析，即对经济指标、数据等进行分析，以改善经济管理；市场预测报告主要侧重于预测，即通过对经济活动客观规律的阐述，对未来的经济趋势进行预测。

（2）成文时间不同

经济活动分析报告，是对正在进行的经济活动情况进行分析，总结经验，揭示矛盾，及时调整经济活动，往往是写于事后的；市场预测报告，是对未来的经济活动进行预测，是写于事前的。

第五章
社交类文书写作

概述

一、社交礼仪文书的概念与特点

1. 社交礼仪文书的概念

社交礼仪文书是人们在工作和生活中进行文明社会交往，密切人际关系的重要工具，是用来沟通信息、表达意愿、增进感情的实用性文体。

随着社会生活的发展，人与人之间的交往变得越来越频繁，而且交际的方式也变得多样。根据一定的工作与生活需要，在不同的场合，针对不同的交往对象，运用适当的社交文字去处理各种关系，就成为社会生活的重要内容与必然要求。无论是机关、企事业单位还是社会团体和个人，此类的社交文字已经被广泛地运用。身为文秘工作者，出于工作需要，要善于处理与协调复杂的工作交往以及人际交往，这不仅是一项十分重要的职能，还是自身良好素质的体现。

2.社交礼仪文书的特点

（1）礼仪性

社交文书本身就是社交活动的产物，而社交礼仪活动本身具有"礼尚往来"的"双边"关系，因此社交文书具有礼仪性的特点。社交礼仪是我国民族文化长期积淀的结果，社交礼仪文书的礼仪性是社交文明的重要标志。社交礼仪文书的礼仪性主要体现在称谓、措辞以及语气等各个方面，并且针对不同的场合，不同的对象要讲究适应性以及得体性。

（2）规范性

社交礼仪文书都具有较为固定的体式，但是这种体式的规范性并不像公务文书那样严格，因为在其长期的社交活动中，已经约定俗成，形成了各种特定的体式。例如，应该怎样称呼，怎样开头，怎样结尾等，都具有规定。因此，社交礼仪文书具有规范性。

（3）实用性

社交礼仪文书是为了某种交往的需要而撰写的，因此每份社交文书都有明确的写作目的，而且其内容也大多与某件事、某项活动或者某个人的生活际遇有关，并产生交往联络的实际效果。无论是聘请邀约，还是致谢慰问，都需要通过社交礼仪文书进行传达。因此，社交礼仪文书具有广泛的实际应用价值。

二、社交礼仪文书的种类

社交礼仪文书按照内容和性质的不同，大体可以分为以下几类：

（1）庆贺类

主要是用于吉庆祝贺，例如祝词、贺电、贺信、祝酒词等。

（2）祭吊类

主要用于悼念缅怀，例如悼词、讣告、唁电、祭文等。

（3）邀聘类

主要用于邀约聘请，例如请柬、聘书、邀请信等。

（4）慰谢类

主要用于慰问致谢，例如慰问信、感谢信、答谢词等。

（5）迎送类

主要用于迎来送往，例如欢迎词、欢送词等。

三、社交礼仪文书的作用

社交礼仪文书的作用，主要体现在以下几个方面：

1. 交流感情

人际交往大都是感情的联系沟通，社交文书就是交流感情的文字样式。无论是何种感情都是需要倾吐和表达的，人们可以通过社交文书构架起一座情感沟通的桥梁。在别人生日的时候发一封贺信，在节日的时候给他人发一张贺卡，给在病榻上的人发一封慰问信，都能让人感到慰藉，还能加深彼此的感情。由此可见，社交礼仪文书能够交流感情的作用是十分明显的。

2. 促进文明

社交礼仪文书注重礼仪，它是精神文明的体现。在撰写社交礼仪文书时需要运用礼貌性用语，让人们懂得"得礼为是，失礼为非"。这有助于提高人们交往中的文明程度，同时也能促进人们自觉提高文化修养与精神素质，从而形成全社会以礼相待的良好风气。社交礼仪文书是礼仪文明的体现，不仅能够促进人们精神境界的提高，还能促进社会的文明发展。

3. 传递信息

在社交活动中，通过社交文书将活动的相关信息传递给有关人士或者有关方面。这种传递方式，通常包括寄发信电、传播媒介等。这样人们就能得到关于活动的内容与要求，而消息的接收者也能及时地对信息做出反馈。

4. 协调关系

社交礼仪文书能够让人们的人际关系和工作关系变得更为融洽协调，还有利于消除彼此之间的误解与隔阂。无论是在工作中还是在生活中，人们都需要被尊重，同时也需要尊重他人。社交礼仪文书这种协调关系的作用，正是在相互尊重的基础上得以发挥的。

四、社交礼仪文书的写作要求

1. 态度诚恳，感情真挚

人际交往重在真诚，社交礼仪文书的表情达意贵在真诚，要使对方感到可以以心相交，可以托付和信赖。要讲礼貌，不能应付，善言辞而不做作。切忌言不由衷、虚浮矫情。

2. 语言简明得体

社交礼仪文书的篇幅通常不会很长，在撰写的时候要讲求简洁明确。社交礼仪文书要求把有关交往事项与作者的意愿精简地表述出来。同时，要视不同的对象、不同的场合运用适当的语言。措辞得体、语言简明是社交文书语言表达的特点和要求。

3. 内容单一具体

社交礼仪文书的内容必须是单向性的，活动项目、时间、地点、交往的对象以及作者的意愿等，都必须具体详细地述说清楚。不能繁杂模糊，使人找不到信息的要领，或者造成信息的误传。

4. 格式规范

无论是何种社交文书的结构布局都要有一定的体式，开头的称谓、结尾的礼貌用语、落款等，不仅要表述得准确得当，还要各归其位。全文布局形式要恰当，行文要合度。有些文种的布局还要求美观大方。

庆贺词

交往双方如果遇到了喜庆的事情，那么就需要用庆贺词来向对方表示道喜或祝贺。大至国事庆贺，小至个人的迁升，都需要通过庆贺词来表示自己对对方美好的祝愿之情。

一、贺信

1. 贺信的概念

贺信是行政机关、企事业单位、社会团体或个人向其他集体或个人表示祝贺的专用书信。贺信是由祝词演变来的，而今天的贺信已经成为表彰、赞扬、庆贺对方在某方面做出贡献的常用形式，还具有慰问和赞扬的功能。

贺信的内容广泛，可以是个人婚嫁、祝寿等喜事，也可以是重大的会议或重要的纪念活动。重要的贺信往往会对广大群众产生鼓舞和教育作用。

2. 贺信的写作格式

贺信的格式主要分为标题、称谓、正文、结尾以及落款。

标题	由文种单独构成，通常在第一行正中书写"贺信"二字。如果是需要张贴的贺信，那么一般是用整开的大红纸书写，标题一定要写得大方、美观。
称谓	顶格写明被祝贺单位或个人的名称或姓名，在称呼后要加冒号。
正文	1. 开头 在概括说明缘由和背景的基础上，向对方表示自己最诚挚的祝贺。常用的句式为"欣闻你们在……取得了……（成绩或成果），为此，我们谨向你们表示最真挚的祝福""在您××岁诞辰之际，请接受我们诚挚的祝贺和问候"。 2. 主体 针对重大活动的贺信，要着重概括阐明会议、仪式以及活动举行的重大意义。 针对荣誉、成果的贺信，要高度赞扬对方取得的功绩以及做出的贡献，并且要对其进行高度评价。 针对祝寿的贺信，要充分地肯定对方的功绩、贡献，从而高度评价对方的可贵品质和卓越贡献。

续表

结尾	要对对方给予热情的鼓励、表达良好的祝愿以及提出殷切的希望，或者预祝会议或者活动能够圆满成功，还可鼓励对方再接再厉，取得更好的成绩等。 通常情况下，全文会使用书信的惯用语"此致敬礼"结束全文。
落款	包括署名和日期。主要是写明发文的单位或个人的名称、姓名，然后署上成文时间。

3. 贺信的分类

（1）上级给下级的贺信

可以是节日祝贺，也可以是对工作成绩表示祝贺等。这类贺词，最后都要提出希望和要求。

（2）下级给上级的贺信

这类贺词一般是对全局性的工作成绩表示祝贺，还要表明下级对完成有关任务的信心和决心。

（3）平级单位之间的贺信

一般是就对方单位所取得的工作成就表示祝贺，还可以表明向对方学习的谦虚态度，以及保持和发展双方关系的良好愿望。

（4）国家之间的贺信

当有外交关系的国家新首脑就职或者友好国家有重大喜事时，一般要致贺词，这既是礼节上的需要，也是谋求双方共同发展、维护双方共同利益的方式。

（5）个人之间的贺信

用于亲朋好友在重要节日、重大喜事中互相祝贺、慰勉、鼓励，或者祝贺某人在工作、学习中取得了好成绩，以分享快乐。

【范例】

贺 信

读者杂志社：

我们怀着十分欣喜与敬佩的心情通知您，贵刊成功入选刚刚结束的"中国期刊奖"暨"第二届全国百种重点社科期刊"评选活动。在此，向贵刊表示衷心的祝贺与诚挚的敬意。

处于世纪之交的"中国期刊奖"暨"第二届全国百种重点社科期刊"的评选，是本世纪最后一次对全国期刊界的检阅，承先启后，继往开来，预示着新世纪中国期刊业进一步繁荣、腾飞的灿烂前景。吮吸着悠久历史的芬芳，化育着时代奋进的精神，祝愿贵刊早日成长为中国期刊之林的一棵参天大树。

中国出版杂志社敬贺

××××年××月××日

4．贺信的写作要求

（1）明确主题，突出中心

在撰写贺信的时候，要紧紧抓住祝贺的事件，通过优美的文辞表现出中心，以此真正表现出热烈祝贺的心情，让人感到鼓舞和力量。

（2）内容切实

在撰写贺信的时候，内容要真实、切合实际。要对对方的行为或者事件进行恰当的评价，切忌言过其实。

（3）行文规范

在撰写贺信的时候，要注意行文的规范性，称谓要恰当得体，语言要精练，篇幅以短小精悍为宜。

（4）情感真挚

在撰写贺信的时候，要体现出自己最真诚的祝福，这是加强彼此之间联系、增强交流的重要手段。所以，贺信要写得感情饱满、充沛、真挚。

二、祝词

1．祝词的概念

祝词又被称为贺词、祝贺词。它常被用于重大的节日、重要的会议、宴请招待等群体性的场合，用以表示良好的祝愿，是一种公关礼仪性的应用文体。其祝贺对象具有广泛性，但是也有少数向个人祝贺的。

祝词的适用范围广泛，例如国际交往，国内各种场合的集会、宴会、喜庆活动等，客人应邀来访或者参加活动，主人表示欢迎或欢送等情况，都会通过祝词来表达各自的祝愿之情。

灵活地运用祝词能够促进不同国家之间、党政组织之间的友好往来，可以沟通单位之间、部门之间的联系，在公关活动中起到联络感情、增进联系、促进交流和加强合作的作用。

2．祝词的写作格式

标题	在第一行正中的位置，通常有两种写法：一是直接写"祝词"二字；二是写出具体祝贺的内容，例如"×××市长在×市××晚宴上的祝词"。
称谓	顶格写明被祝贺单位或个人的名称或姓名，在称呼后要加冒号。
正文	1.开头 写贺词的缘由和祝贺语，在面对不同的对象、场合时，要选用不同的祝贺词。例如"致以节日的问候""向你取得硕士学位表示衷心的祝贺"等。 2.主体 这是祝词的重点，主要写明为什么祝贺、祝贺什么以及祝贺的意义等。
结尾	主要是写一些祝贺的话，表达自己的愿望，例如"预祝大会圆满成功""祝节日愉快"等。

【范例】

建设公司成立四十周年贺词

中国石化集团第十建设公司：

值此贵公司成立四十周年之际，谨致以最热烈的祝贺！并向贵公司各位领导、全体职工及家属致以最诚挚的问候！

40年非凡历程，40年春华秋实！作为中国石油化工集团公司直属的大型综合性施工企业，贵公司锐意创新，积极进取，取得了巨大成就。特别是在独山子天利实业20万吨石油萘项目的建设中，贵公司践行"质量、工期、服务"的一贯宗旨，精心施工，保质保量，再创佳绩，为施工生产的顺利进行提供了有力保证。在此，我公司向贵公司表示真诚的感谢与深深的敬意。

最后，祝贵公司继往开来，大展宏图，再创辉煌，并衷心希望我们精诚合作、携手共进，为中国石油工业建设做出更大的贡献。

3．祝词的写作要求

（1）感情真挚、热烈

祝词是对人或对事的美好祝愿，因此在字里行间都应当洋溢着热情，文章应富有感染性和鼓舞性。

（2）语言富有文采

祝词力求打动听众，引发共鸣。在撰写祝词的时候，可以适当地运用一些修辞手法、名言警句等，这样不仅可以使整个祝词热情洋溢、洒脱奔放，还能体现出祝词的深度。但是语言风格要根据不同的场合和对象而变化，或是含蓄内敛，或是热情奔放。

（3）行文短小精悍

祝词在撰写的时候，应当力求简短充实，使用最简洁的语句表达出最丰富的意思以及最美好的祝愿。在写作的时候，要时刻围绕庆祝、祝愿这一主旨来写，尽量不要提一些题外话。

4．祝词与贺词的异同

相同点：祝词与贺词有时会被合称为祝贺词，两者都是泛指对人、对事表示祝贺的言辞和文章。两者都富有强烈的感情色彩，并且针对性、场合性都很强。因此，祝词与贺词在某些场合是能够互用的，例如"祝寿"也可以说"贺寿"。

不同点：尽管两者有时能够互用，但是彼此之间还是存在着细微的差异。祝词成文时，祝贺对象所做的事情尚未成功，有表述祝愿和希望的意思；贺词成文时，祝贺对象的事情通常已经成功，有表示庆贺、道喜的意思。

除此之外，贺词的适用范围比祝词广泛。

祭吊词

祭吊亡人是我国的民俗，我国古代常常会为亡人立碑志哀、作文纪念，留下了情长辞切的祭吊文。而现代祭吊文则继承了这种民俗传统，或记述死者的生平事迹，对其精神品德进行表彰，或对死者的一生进行客观评价。

一、悼词

1．悼词的概念

悼词有广义与狭义之分。广义的悼词是指一切怀念死者的悼念性的文章。狭义的悼词就是指在追悼会上祭读的对死者表示哀悼的文章。通常狭义的悼词包括三方面的内容：首先，对亡者的去世进行概述；其次，追述死者的主要经历、任职及重要事迹与良好的思想品德；最后，表达追悼者的哀思以及化悲痛为力量的心志。悼词不仅可以在追悼会上宣读，还可以在报刊上发表。

2．悼词的写作格式

悼词主要由标题、称谓、正文和结束语组成。

标题	通常在第一行正中的位置，以文种做标题，有时也会在文种前注明悼念仪式的名称，例如"××同志追悼会上的悼词"。
称谓	顶格写明单位或个人的名称或姓名，在称呼后要加冒号。
正文	1．开头 以悼念性的话语开头，渲染沉痛、哀思的氛围。 2．主体 对亡者的生平经历和业绩进行概括的叙述和评价。其内容主要包括亡者的籍贯、出生时间、工作经历、历任职务、主要业绩、品德和贡献等。 3．结尾 说明死者的离去给人们和社会带来的损失，号召生者继承其遗志，以实际行动纪念死者。
结束语	通常是以再次表示对死者的沉痛悼念之语作结束，在正文后另起一行空两格书写。

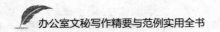

3．悼词的分类

①按照用途的不同，可以分为宣读体悼词和书面体悼词。

宣读体悼词，专用于追悼大会，由一定身份的人进行宣读。它是对在场参加追悼的同志讲话，而不是对死者讲话。悼词表达出全体在场的人对死者的敬意与哀思，同时勉励群众化悲痛为力量。宣读体悼词以记叙或议论死者的生平功绩为主，而不以个人抒情为主。另外，宣读体悼词受追悼大会本身的时间、地点、条件的限制，在形式上相对来说也较为稳定。

书面体悼词，内容广泛，包括所有的向死者表示哀悼、缅怀与敬意的情文并茂的文章，这类文章大都发表在报纸杂志上。这种文章通过对死者过去的事迹的回忆，展现死者的品质和精神，虽志在怀念，但却落脚在死者的精神对活着的人的鼓舞和激励上。

②按照表现手段的不同，可以分为记叙类悼词、议论类悼词和抒情类悼词。

记叙类悼词，以记叙死者的生平事迹为主，并适当地结合抒情或议论。这是现代悼词最常见的类型。朴实的记叙文体，字里行间却充满着对死者的哀悼和怀念之情。宣读体悼词和书面体悼词均可以采用这种形式。如朱自清的《哀韦杰三君》。

议论类悼词，以议论为主，抒情、叙事为辅的悼词。这类悼词重在评价死者对社会的贡献，议论类悼词能够和现实生活紧密结合，是社会意义较强的一种哀悼文体。如恩格斯的《在马克思墓前的讲话》。

抒情类悼词，这类悼词以抒发对死者的悼念之情为主，并适当地结合叙事或议论。抒情类悼词经常以抒情散文的形式出现，文学色彩浓厚，能在情感上打动人。它与一般抒情散文的不同在于悼词的情感不同于普通的情感。它崇高而真挚，质朴而自然。如郭沫若的《罗曼·罗兰悼词》。

【范例】

罗曼·罗兰悼词

罗曼·罗兰先生，你是一位人生的成功者，你现在虽然休息了，可你是永远存在着的。你不仅是法兰西民族的夸耀，欧罗巴的夸耀，而且是全世界、全人类的夸耀。你的一生，在精神生产上的多方面的努力，对于人类的贡献非常的宏大，人类是会永远纪念着你的。你将和历史上各个民族各个时代的伟大的灵魂们，像太空中的星群一样，永远在我们人类的头上照耀。

罗曼·罗兰先生，在二十年前你的杰作《约翰·克利斯朵夫》初次介绍到中国来的时候，你曾经向我们中国作家说过这样的话："我不认识欧洲和亚洲，我只知道世界上有两种民族——一种是上升，一种是下降。上升的民族是忍耐、热烈、恒久而勇敢地趋向光明的人们——趋向一切的光明：学问、美、人类爱、公众进步；而在另一方面的下降的民族是压迫的势力，是黑暗、愚昧、懒惰、迷信和野蛮。"你说，只有上升的民族是你的朋友，你的同志，你的弟兄。你说，你的祖国是自由的人类。这些话对于我们中国的文艺工作者是给予了多么正确的指示，多么有力的鼓励呀！

在今天的世界，正是这两种民族斗争着生死存亡的时候。你所说的上升的民族就是我们代表正义、人道的民主阵线，你所说的下降的民族就是构成轴心势力的法西斯蒂。一边是赴汤蹈火，视死如归，牺牲自己的一切以解救人类的困厄；另一边是奴役，饥饿，活埋，杀人工场，毒气车，庞大的集中营，一个鬼哭神号的活地狱。但今天，上升的不断地上升，下降的不断地下降，光明终竟快要把黑暗征服了。我们要使全人类都不断地上升，全世界成为自由人类的共同祖国。

罗曼·罗兰先生，你伟大的法兰西民族的儿子，当你看到法兰西民族又恢复了她的光荣的自由，而你自己在这时候终结了你七十九年的人生旅程，在你那肃穆的容颜上，怕必然表露出了一抹更加肃穆的微笑的吧？但当你想到你的朋友，你的同志，你的兄弟的好些民族，依然还呻吟在法西斯蒂的控制下边没有得到自由，在和死亡、饥饿、奴役、恐怖作决死的斗争，在你那肃穆的容颜上，怕也必然表露出了一抹更加肃穆的悲愤的吧？

但是，罗曼·罗兰先生，伟大的人类爱的使徒，你请安息吧。上升的要不断地自求上升，下降的要不断地使它下降，我们要以一切为了人类解放而英勇地战斗着的民族为模范，我们要不避任何的艰险、凶暴的压迫势力、法西斯蒂、现世界的魔鬼，搏斗！我们中国是绝对不会灭亡的，人类是必然要得到解放的，法西斯魔鬼们是必然要消灭的！

罗曼·罗兰先生，你请安息吧。我们中国的文艺工作者们，更一定要以你为模范，要像你一样，把"背后的桥梁"完全斩断，不断地前进，决不回头；要像你一样，始终走着民主的大道，把自己的根须深深插进黑土里面去，从人民大众吸收充分的营养，再从黑土里面生长出来。我们一定要依照你的宝贵指示："每天早上，我们都得把新的工作担当起来，把前一天开始的斗争继续下去。……对于错误，对于不公正，对于死，我们必须不断地力争，为着更大的

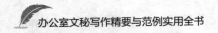

更大的胜利。"

一九四五年三月二十一日

（引自《沫若文集》第十三卷）

4．悼词的写作要求

悼词一般是在追悼会上，由死者生前所在单位的主要领导人或者身份恰当的人当众宣读。追悼会后视情况并按照有关规定，有的可以在报纸上发表或存档。在撰写悼词的时候有以下几点是需要注意的：

（1）悼词的撰写必须是死者生前所在的单位或组织

一般情况下悼词都是由死者生前所在的单位或组织进行撰写，同时也可以征求其生前工作过的单位或组织的意见，有时也可以征求其遗属的意见，但最后审定还是由组织集体讨论或上报主管领导批准确认。因此，从某种程度上来说，悼词是单位或组织对死者一生的总结和概括。在大多数情况下，悼词一经审定和公布，就不会再做改变。

（2）实事求是

在撰写悼词的时候，要做到尊重历史、褒扬得当。每个人的一生都经历过成就和失误，有顺境也有逆境，因此外界对其评价往往褒贬不一，要从实际出发，认真筛选材料，仔细斟酌。

按照中国的传统，人既然已经去世，在悼词中也不宜再讲其错误和缺点，不过其中的褒贬之词应当从实际出发，实事求是。

（3）悼词的撰写要符合死者身份

在撰写的过程中，要注意选取死者一生最具代表性的经历，力求突出其优点，但是不需要面面俱到。注意篇幅要简短，记叙有详有略。

（4）语言质朴

在撰写悼词的时候，语言的使用要质朴和严肃，要注意避免使用带有消极、迷信色彩的词语。

二、讣告

1．讣告的概念

讣告，就是将死者去世的消息告知死者生前的亲友或其单位。讣告，又被称为讣文、讣闻。讣告通常是由死者的单位、家属或治丧委员会发出的。

讣告可以张贴、发送，也可以通过新闻媒体传播。通常情况下，讣告应在遗体告别仪式之前发送出去，越早越好，这样方便被告知的对象做好必要的安排和准备工作。

2．讣告的写作格式

讣告主要是由标题、正文和落款组成。

标题	标题写"讣告"二字，或冠以逝者名字"×××讣告"，字体应大于正文。宜用楷、隶书体。
正文	1．开头 写明逝者姓名、身份、民族、因何逝世、逝世的日期、逝世的地点、终年岁数。 2．正文 接着简介逝者生平。主要写其生前重要事迹、具有代表性的经历。 3．结尾 正文最后写通知吊唁以及开追悼会的时间和地点。
落款	署明发讣告的个人、团体名称及发讣告的时间。

3．讣告的分类

常用的讣告主要分为一般讣告、新闻式讣告以及公告式讣告。

（1）一般讣告

这种讣告主要是用于普通的人物去世，有时也可以用在重要人物去世的场合。此类讣告篇幅短小，内容极为简单，主要目的就是为了通知死者的亲友及有关单位。讣告的发布形式主要为张贴，也有部分寄送。其在讣告中适用范围极为广泛。

（2）新闻式讣告

这种讣告主要是用于有一定声望和影响的知名人士的逝世，其发表形式主要是通过新闻媒体公布，告知社会各界。

（3）公告式讣告

此种形式的讣告是讣告中最为隆重、庄严的一种形式，一般用于党和国家主要领导人或者在社会上具有崇高的地位或声誉的知名人士。

【范例】

鲁迅先生讣告

鲁迅（周树人）先生于一九三六年十月十九日上午五时二十五分病卒于

上海寓所，享年五十六岁。即日移置万国殡仪馆，于二十日上午十时至下午五时为各界瞻仰遗容的时间。依先生的遗言"不得因为丧事收受任何人的一文钱"，除祭奠和表示哀悼的挽词、花圈等以外，谢绝一切金钱上的赠送。

仅此讣闻。

鲁迅先生治丧委员会

蔡元培　内山完造

宋庆龄　A.史沫特莱

沈钧儒　萧三　曹靖华

4. 讣告的写作要求

①讣告必须在遗体告别仪式之前发出，以便死者亲友与有关方面人士及时地做出必要的准备，如送花圈、挽联等。

②讣告只能使用黄、白两色纸，长辈之丧用白色，幼辈之丧用黄色。

③讣告必须使用黑色，四周加黑框，以示哀悼。

④讣告的语言要求准确、简练、沉痛、严肃。

邀聘词

为了能够更好地开展工作或进行某项活动，邀请或聘请有关人员参与，就用邀聘文书。使用邀聘文书，一是出于礼仪方面的需要，表示对被邀聘者的尊重和敬意；二是出于工作的实际需要，表示正式、郑重，比口头邀聘更具有确定性。

一、请柬

1．请柬的概念

请柬又被称为请帖、柬帖，主要适用于邀请客人参加有关的会议、晚会、典礼、仪式或各种喜庆、纪念活动。请柬的应用十分广泛，可以用于庆祝会、纪念会、联欢会、招待会、宴会等很多活动，可以以单位、团体以及个人的身份发请柬。

请柬具有以下的特点：

（1）文字性

请柬与一般的通知是有区别的。通知既可以通过书面形式呈现出来，也可以通过口头进行传达；请柬只能是通过书面的形式呈现。

（2）礼仪性

从请柬的制作形式到内容表述上面，无一不体现出了请柬的礼仪性。

（3）证明性

请柬是被邀请人参与活动的一种参与资格证明。

2．请柬的写作格式

请柬主要是由标题、称谓、正文、尾语以及落款组成。

标题	通常使用红底烫金字，写"请柬"两个字，同时还可以用花纹图案对其进行装饰，总之要力求美观庄重。
称谓	顶格写明被邀请的单位或个人的名称或姓名，在称呼后要加冒号。有些称谓会写在正文之后，用"此致××先生/女士"的字样。

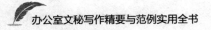

续表

正文	主要写明有关活动的内容、时间以及地点。
尾语	通常是以期盼性的敬语作结尾的，一般是在正文后另起一行空两格书写。多为"敬请光临""敬请莅临指导"等，不宜出现"望准时出席"等强制性的要求词语。
落款	署明邀请单位或个人的名称或姓名，随后署上日期。如果是单位主动邀请的，那么还要加盖单位的公章。

请柬在使用的时候，一定要注意使用的场合，场合必须要庄重，而且请柬不宜乱发。请柬在撰写的时候一定要注意措辞，典雅得体是基本的要求，其内容的表述一定要准确清楚，格式要规范。

【范例】

请　柬

×××先生：

　　××公司定于××年×月×日在××大厦举办商贸洽谈会，敬请光临。

××××公司

××××年×月×日

二、聘书

1. 聘书的概念

聘书是聘请书的简称。它是用于聘请某些有专业特长或名望权威的人完成某项任务或担任某种职务时的书信文体书。聘书在应用写作中起着重要的作用。

聘书在这些年来使用得很多，招聘制作为现今用人制度的主要形式为聘请书的使用提供了广阔的市场。聘书在人们的生活中起到了重要的作用。

（1）加强协作的纽带

聘书把人才和用人单位很好地联系了起来。一个单位在承担了某项任务后，或在开展某项工作的时候，为了请到一些本单位缺乏的人才时，就需要用聘书。聘书不仅使个人同用人单位联系起来，还加强了不同单位之间的合作，使之可以互通有无，互相支援，聘书就这样起了不可替代的纽带作用。

（2）加强应聘者的责任感、荣誉感

应聘者接到聘书也就等于必须为自己所聘的职务、工作负有责任，会尽力做好自己的工作。聘书的形式加强了受聘人的责任感。同时，聘书的授予促进了人才的交流，可以较充分地发挥受聘人的聪明才智。

（3）表示郑重其事、信任和守约

2. 聘书的写作格式

聘书主要由标题、称谓、正文、结语和落款组成。

标题	通常在第一行正中的位置，写"聘书"或"聘请书"字样，有的聘书也可以不写标题。已印制好的聘书标题常用烫金或大写的"聘书"或"聘请书"字样。
称谓	聘请书上被聘者的姓名称呼可以在开头顶格写，然后再加冒号；也可以在正文中写明受聘人的姓名称呼。常见的印制好的聘书则大都在第一行空两格写"兹聘请××"。
正文	首先，交代聘请的原因和其后的工作岗位或所要担任的职务。 其次，写明聘任期限。如"聘期两年""聘期自××××年×月×日至××××年×月×日"。 再次，聘任待遇。聘任待遇可直接写在聘书之上，也可另附详尽的聘约或公函写明具体的待遇，这要视情况而定。 另外，正文还要写上对被聘者的希望。这一点一般可以写在聘书上，但也可以不写，而通过其他的途径使受聘人切实明白自己的职责。
结语	聘书的结尾一般写上表示敬意和祝颂的结束用语。如"此致敬礼""此聘"等。
落款	落款要署上发文单位名称或单位领导的姓名、职务，并署上发文日期，同时要加盖公章。

【范例】

聘请书

×××同志：

为加强学生管理，提高教学质量，现聘请你担任××级××班班主任。望工作中深入细致，做好学生的思想政治工作，积极创建文明班级，为党的教育事业做出贡献。

此聘

×××>学校

××××年×月×日

3．聘书的写作要求

①聘书内容要全面。为什么要聘请、聘请谁、从事什么工作、聘期多长、有什么要求等，这些都需要在聘书中表达清楚，以避免无法应聘或盲目应聘现象的出现。

②在撰写聘书的时候，要言简意赅，注意文字简洁，只要将具体部分交代清楚即可。

③聘书通常都是以单位的名义发送的，只有在加盖了单位的公章之后才能生效。在撰写完聘书之后，要记得加盖公章。

慰谢词

凡是用来表示慰问、感谢或表扬的都属于慰谢类文章，通常都是通过书信体的形式表现出来，也有的是用电文形式来传递的，这类信电能够起到安慰鼓励、振奋精神、团结共进的作用。

一、慰问信

1. 慰问信的概念

慰问信是表示向对方（一般是同级、上级对下级单位、个人）关怀、慰问的信函。它是有关机关或者个人，以组织或个人的名义在他人处于特殊的情况下（如战争、自然灾害、事故），或在节假日，向对方表示问候、关心的应用文。慰问信包括两种：一种是表示同情安慰，另一种是在节日表示问候。

慰问信具有问候性和鼓励性的特点，它能使人感到亲切温暖，精神上也能得到慰藉，激励人们的斗志，使其发愤图强。慰问信的写作要有真情实意，这样接受慰问的一方才能感受到慰问者的亲切，心灵才能得到抚慰。

2. 慰问信的格式

慰问信主要是由标题、称谓以及正文组成的。

标题	在第一行正中的位置，写"慰问信"或"×××致×××的慰问信"字样。前者通常用于个人之间的慰问，不用全称；后者一般用于集体慰问。
称谓	被慰问的单位或个人的名称。
正文	1. 开头 说明致信缘由以及有关背景，并表示慰问之意。 2. 主体 概述有关事实。将被慰问者的主要事迹、贡献以及思想品德等进行简要的述说和表扬。这部分要注意针对不同的对象，有的放矢，有感而发，一定要写得情真意切，切忌说一些虚假的客套话。 3. 结尾 主要是表示决心和祝愿，或者再次表示深切的慰问之情等。

3．慰问信的分类

从慰问的对象内容的不同，慰问信可分三种类型：

（1）节日慰问

这是上级对下级，机关单位对支援群众进行的节日问候，对他们以前工作的肯定和赞扬，并祝福他们在今后的工作、学习和生活中，做出更大的成绩。

【范例】

慰问信

亲爱的各位同事：

值此一年一度的中秋、国庆佳节来临之际，我们谨代表公司董事长、总经理以及公司本部全体职员，向节日期间仍坚守岗位、辛勤工作和生产的同事们，致以崇高的敬意和亲切的问候——祝中秋、国庆佳节快乐！

秋天，是收获的季节；收获，离不开您辛勤的劳动和晶莹的汗水。一年来，您务实进取、敬业奉献，有力地推动了公司事业健康、迅速发展。新的时期，新的机遇和挑战提出了新的要求，更需要您的智慧和不断地努力奉献。希望公司全体同仁更加团结一致，继续发扬优良的传统作风，为我们共同的目标努力奋斗！

月已圆，人欢聚，同举杯，共欢庆！家乡明月爱无限，他乡皓月也多情！今宵欢歌遍万里，美好祝福竞相传！

忠诚祝福所有的嘉信人：快乐！幸福！平安！

（2）灾难慰问

主要是用于向在自然灾害中遭受重大损失的地区和群众表示安慰与激励，也可以用于向个人遇到的疾病或不幸表示同情与安抚。

【范例】

慰问信

亲爱的灾区同胞们：

大家好，6月份以来的强降雨，给江西带来了严重洪涝灾害。我们抚州遭受了50年一遇的特大洪灾。6月21日至23日，肆虐的抚河水先后两次撕裂了抚河唱凯大堤，罗针、唱凯等镇顿成一片汪洋、百里泽国，你们的家园被淹，良田被毁，遭受了巨大的损失。灾情发生后，党中央、国务院及我省各级领导高度关注此事，迅即指挥和调动各级政府机关人员、公安干警、特警、交警、民兵预备役等多种社会力量，投入到抢险救灾、安置灾民的工作之中。

6月23日清晨，省委书记苏荣同志紧急约见我校党委书记许从年、校长刘庆成等领导，亲自部署妥善安置灾民的工作。当日，我校立即部署，迅速行动：

学校立即成立了临时党委和安置灾民工作领导小组，各级领导率先垂范，亲临一线；千余名教职员工放下手头工作，全身心地投入到安置灾民的工作之中；万名学生冒雨离校返家，留下了自己的生活用品和情深意切的祝愿；几千名毕业生更是来不及和同窗好友话别，来不及和师长互致临别赠言，甚至来不及在离别前深情告别自己的母校；我们的国防生、志愿者更是义无反顾地投身于救援服务工作。

很快，我们为灾民安置准备了近万张床位；很快，我们组建起了灾民后勤服务保障系统；很快，我们策划好了灾民安置期间的心理疏导、文化娱乐和技能培训等系列活动。随着你们入住校园，全新的受灾同胞安置工作模式迅速启动，我校各级领导和师生员工全员参与，力争让遭受巨大自然灾害的你们，在我们学校有如居家室的感觉。我们欣喜地倾听到，在大灾大难的悲情中，响起了孩子们稚嫩的歌声，在亲人离散家园破损的愁苦中，响起在露天电影场的会心笑声。整个校园洋溢着尊老爱幼、互相顾照、军民同心、师生同义的主旋律。

亲爱的灾区同胞们，目前，唱凯决堤溃口已被成功堵上，随着灾区消杀防疫等工作的顺利完成，乡亲们就要离开我校，重返你们日思夜想的家园。共同度过的时光虽然短暂，但这次的经历让我们共同体会到了"洪水无情，人间有爱"的真谛。

我们坚信，有党中央、国务院和各级党委政府的深切关怀，有社会各界的广泛支持，有你们自己的勤劳勇敢、顽强拼搏，你们一定能够渡过难关，战胜灾难，重建美好家园！

我们衷心祝愿灾区同胞们的明天更加美好，未来的生活更加甜蜜、幸福！

×××× 大学党委

×××× 大学

（3）业绩慰问

主要是用于向国家或集体付出劳动、做出贡献、取得成绩的单位与个人表示慰劳与祝贺。

【范例】

慰问信

尊敬的抗战老战士、老同志：

今年是中国人民抗日战争胜利××周年。八年抗战，中国人民进行了艰苦卓绝的斗争，付出了巨大的民族牺牲，彻底打败了日本侵略者，为中国共产党团结带领各族人民实现民族独立和人民解放，建立新中国奠定了重要基础。在抗战时期，你们和千万个优秀的中华儿女一起，不怕艰难困苦，不怕流血牺牲，前赴后继，共赴国难，为抗日战争的胜利贡献出了自己的青春和力量，谱写了一曲曲荡气回肠的爱国主义之歌。新中国成立以后，你们积极投入火热的水利建设之中，把抗战时期形成的好品德、好作风和好传统带到水利单位，为水利事业的改革与发展倾注了大量心血，做出了不可磨灭的贡献。对此，党和人民永远不会忘记你们，永远铭记你们的历史功绩。

当前，在党中央、国务院的领导下，水利系统广大干部职工认真贯彻落实党的××大、××届三中全会和四中全会精神，树立和落实科学发展观，努力推进水资源的节约、保护和合理利用，促进人与自然和谐相处，以水资源的可持续利用保障经济社会的可持续发展。衷心希望你们一如既往地关心和支持水利事业，继续为水利事业献计献策，用抗战精神感染和激励广大水利干部职工在水利工作中不断创造新的业绩。

最后，衷心祝愿你们阖家幸福，健康长寿！

中华人民共和国水利部

20××年8月19日

4. 慰问信的写作要求

①要根据所慰问的不同对象，确定信的内容。对在国家建设或公司发展中做出重大贡献的集体和个人，应侧重于赞颂他们的巨大成绩；对遭到暂时困难的集体和个人，则应侧重于向他们表示关怀和支持。

②字里行间要充满感情，充分体现关心和温暖，使受慰问者在精神上得到安慰和鼓励，增强克服困难的勇气和继续前进的信心。慰问信的抒情性较强，语言亲切、生动。

二、感谢信

1. 感谢信的概念

感谢信是一种礼仪文书，用于商务活动中的许多非协议的合同中，一方受惠于另一方，应及时地表达谢意，使对方在付出劳动后得到心理上的收益，它是一种不可少的公关手段。感谢信是集体单位或个人对关心、帮助、支持本单位或个人表示衷心感谢的函件。

通常而言，被谢者对谢者有着某种惠益或精神上的安慰与鼓励，谢者向对方致以感激之情，所以感谢信一般也具有表扬的意义。感谢信的适用范围广泛，单位与单位之间、单位与个人之间、个人与个人之间，只要有一方得到对方的支持与帮助，都可以用感谢信向对方致谢。感谢信除了直接寄给被谢者之外，还可以公开张贴于被谢人单位、直接发表在报纸杂志或者通过电视广播宣传。

2. 感谢信的格式

感谢信大致可以分为标题、抬头、正文、结尾以及落款。

标题	通常在第一行正中的位置，写"感谢信"或"致×××的感谢信"
抬头	顶格写被感谢者的姓名。
正文	首先，说明感谢原因；其次，要赞颂与评价对方的优良的思想品质或者高尚的精神面貌；最后，表达向对方学习的态度或者决心。
结尾	主要是写表示感激的敬语，惯用语多用"此致敬礼"或"致以崇高的敬礼"等。
落款	写感谢单位或者感谢者的名称或姓名，并署明日期。

【范例】

致幼儿园老师的感谢信

尊敬的启蒙幼儿园领导和老师：

你们好！

我是×××的妈妈，×××两岁半入园，在启蒙幼儿园已经生活学习四年了，在这四年的时间里，荣幸地接受过李老师、马老师、刘老师、董老师、金老师等几位老师的教育。在她们辛勤的培养与关怀下，孩子一天天长大，我真切地感受着孩子的点滴变化，高兴之余，对各位老师更是深深感激。

×××刚入园时年龄小，身体素质不好，每天哭闹着不肯去幼儿园，老师们就给了他更多关爱和体贴，有时要抱着他上课，给他喂饭。记得有一次×××拉在了棉裤上，李老师不嫌脏，不仅给他擦干净身体，换了干净的衣服，还把脏衣服洗得干干净净，让我们感到无比温暖。孩子老爱生病，老师常常要多关注他，经常跟家长沟通，想着给孩子喂药，鼓励孩子多吃饭、多锻炼……因为经常请假，孩子跟不上学习的进度，老师就耐心地辅导，让他跟上其他小朋友的步伐。在老师的不断关爱下，孩子爱上了启蒙幼儿园，天天早上主动按时起床，自己收拾好，高高兴兴去幼儿园。孩子的身体素质也大大提高，不怎么生病了，学习劲头也足了。孩子就经常给我讲幼儿园的生活，交到了哪个好朋友、老师教他们哪些知识了，我深切感受到孩子对幼儿园的喜爱。一次孩子还对我说："妈妈，我感觉，老师就和你一样。"听了这句话，我更感激老师们了。老师们不仅在生活上关心孩子，对孩子的学习也很认真，学习的生字都是一个一个耐心纠正字音、笔画、结构。现在孩子到什么地方都会主动跟别人打招呼，非常有礼貌；在家会主动干家务，讲卫生；写字很认真，作业写得工工整整。

学前教育是孩子一生中接受的最为重要的教育，作为家长，我们从心底感谢老师们对孩子成长所付出的辛劳和汗水，祝福老师们工作顺利、身体健康！祝小朋友们节日快乐！

2013年5月29日

3．感谢信的写作要求

①内容要真实，评誉要恰当。感谢信的内容必须真实，确有其事，不可夸大溢美。感谢信以感谢为主，兼有表扬，所以表达谢意时要真诚，说到做到。评誉对方时要恰当，不能过于拔高，以免给人一种失真的印象。

②用语要适度，叙事要精练。感谢信的内容以主要事迹为主，详略得当，篇幅不能太长，所谓话不在多，点到为止。感谢信的用语要求是精练、简洁，遣词造句要把握好度，不可过分雕饰，否则会给人一种不真实、虚伪的感觉。

迎送词

迎送词是表示欢迎、欢送或答谢的文辞。它们都用于具有宾主关系的交往场合，而且大多数都是在特定的仪式上进行当众演说的词稿。

一、欢迎词与欢送词

1．欢迎词与欢送词的概念

欢迎词，是指客人光临时，主人为表示热烈欢迎，在座谈会、宴会、酒会等场合发表的热情友好的讲话；欢送词是客人应邀参加了活动，主人为表达对客人的欢送之意，在一些会议或重大庆典活动、参观访问等结束时的讲话。

欢迎词和欢送词的主要内容都是为了表达相互合作关系，增进宾主双方的情谊。要情深辞切，视不同对象选用适当的词句传情达意，既要表达出对对方的尊重，同时又不能有生疏之感。

2．欢迎词与欢送词的写作格式

欢迎词与欢送词都是由标题和正文组成的。

标题	通常在第一行正中的位置，写"欢迎词"或"欢送词"。如果是正式发表的，标题则由"致辞人姓名+迎送会的名称+讲话"的格式构成，例如《×××在欢迎×××的招待会上的讲话》
正文	1．开头 主要写称谓，通常是参加迎送会的全体人员，也可以尊称被迎送者和泛称与会者相结合。 2．主体 主要是表示欢欣热烈的迎送情谊，然后表述来宾来访的意义、作用或相互合作的成果，表述对友好交往的珍惜之意。这部分是致辞的中心部分。 3．结语 通常是祝愿或致谢的话语，通常是以宾客为致达对象，也有连及全体与会人员的情况。 通常情况下，无论是欢迎词还是欢送词都不需要落款署名，只有公开发表的，才会在标题或者落款处写上致辞者的姓名和日期。

【范例】

欢送词

尊敬的××××先生：

再过半小时，您就要起程回国了。我代表×××集团公司，并受×××副部长之托，向您及您率领的代表团全体成员表示最热烈的欢送！

我十分高兴地看到，近一个星期以来，我们双方本着互惠互利的原则，经过多次会谈，达成了四个实质性协议，取得了令人满意的成果。在此，我们对您在洽谈中表现出的诚意和合作态度，深表感谢！我衷心地希望您和您的同事们今后一如既往，为进一步发展我们双方的经济贸易往来而不懈努力！

我们期待着您和您的同事们明年再来这里访问。

谨致最良好的祝愿！

×××集团公司总经理×××

××年××月××日

二、答谢词

答谢词，是指特定的公共礼仪场合，主人致欢迎辞或欢送词后，客人所发表的对主人的热情接待表示谢意的讲话。答谢词也指客人在举行必要的答谢活动中所发表的感谢主人的盛情款待的讲话。

答谢词通常分为两类：一类是在交往活动开始时，在主人致欢迎词之后，宾客对主人的热情欢迎表示答谢；另一类是在交往活动结束后，宾客对主人的盛情款待表示感谢，还具有一定的辞别性。

答谢词主要是宾客就自己所受到的礼遇、对主人在某些方面的积极合作表示感谢，对交往活动结果表示满意与赞赏。答谢词表示出一种辞行惜别之情，具有浓厚的抒情个性，以表达宾客的心情。

答谢词的结构与欢迎词、欢送词大致相同，在此就不做过多的表述。

【范例】

答谢词

朋友们，先生们，女士们：

我们就要离开你们美丽的国土和你们诚挚而多情的人民。在短短的一个月中，我们获得了许多宝贵的东西，其中最重要的是友情。我们将带着你们的喜悦和胜利，欢乐和友情，回到我的家乡去。在临行之前，我们纵有千言万语，也难表达我们心中的不尽之意，我们只能将它化为两个字：谢谢！

×× 年 ×× 月 ×× 日

介绍信

一、介绍信概述

1．介绍信的概念

介绍信是机关、团体、企事业单位的工作人员与其他单位或个人联系工作时使用的一种专用书信，具有公开的性质。

此外，还有一种用于非正式场合的私人介绍信。私人介绍信和一般书信一样，写作目的也是为了联系或者办理相关事宜。不过，它只用于熟悉的人之间，随意性比较强。

介绍信具有介绍和证明的双重作用。使用介绍信，可以使对方了解来人的身份和目的，以便来人得到对方的信任和支持。除此之外，介绍信还有联系双方的作用。

2．介绍信的格式

介绍信通常由标题、收信对象名称、正文、敬语、署名、日期及有效期限组成。

标题	在第一行居中的位置用较大的字体写"介绍信"三个字。
收信对象名称	收信对象如果是个人，就写明姓名、职务；如果收信对象是团体或企事业单位，就要写明其全称。收信对象通常要顶格写，后加冒号。
正文	写明被介绍者的姓名、身份以及人数。在写人数的时候，数字一定要用大写。 特别要注意的是，在撰写介绍信的时候，一定要注明被介绍人的职务、级别，这样便于收信对象进行接待。同时还要写清楚接洽的事项以及对收信对象的要求。 正文要通过精简的语言表述出最丰富的含义。 结尾处通常使用"请接洽"等惯用语进行结尾。
敬语	写法与一般书信无二。

署名及 日期	在正文的右下方写明出具介绍信单位的全称并加盖公章，日期要写在署名的下方。
有效期限	此处的有效期限指介绍信的有效时间。

通常而言，那些印刷成文的不需要留存根的介绍信，只需要在空白处填写内容即可。但是对于那些印刷成文并且需要留存根的介绍信，通常由存根、间缝和介绍信组成，这种介绍信按照格式进行填写即可。

要注意，如果出现介绍信的存根部分是由本单位保存的情况，就不需要署名。因此，在"署名和日期"这一栏，只需要填写日期即可，可以不用署名。

3. 介绍信的分类

介绍信可以分为三种：

第一种是用公文纸书写成的介绍信。

第二种是印刷成文，但是不保留存根的介绍信。

第三种是印刷成文且保留存根的介绍信。

【范例】

介绍信

×××单位（管理档案处的全称）：

兹有×××（人名）的档案属于贵单位管理，现因本公司招聘×××（人名）到本公司任职，签订正式劳动合同××（数字）年，从××（日期）起生效，在此期间，本公司（×××）（公司名）将负责管理该员工的档案，负责该员工与档案有关的各项事宜。（注：本公司为××××，具有保存档案资质。）特此申请批准提档。

此致

×××××公司（盖公章）

××××年×月×日

二、介绍信的写作要求

1. 坚持实事求是的原则

优点格式要突出，缺点不避讳，最好是用成就和事实替代华而不实的修饰语，表述要恰如其分。

2. 态度诚恳，措辞得当

用语应委婉而不隐晦，自信而不自大。

3. 针对性强

一封介绍信只能用于一个单位，不能开满天飞的介绍信。

4. 篇幅不宜过长，言简意赅

在有限的篇幅中突出重点，同时文字要顺畅，字迹要工整。

证明信

一、证明信概述

1．证明信的概念

证明信是以行政机关、社会团体、企事业单位或个人的名义凭借确凿的证据证明某人的身份、经历或某件事情的真实情况时所使用的一种专用书信。证明信又被称为证明。

证明信可分为组织证明信和个人证明信，前者又可分为普通书写证明信和印刷证明信。

证明信中被证明人的身份、经历以及被证明时间的情况都必须是真实的，如果是假证明，那么由此引发的后果全部由出具证明一方负责。

2．证明信的特点

证明信具有以下两个特点：

（1）凭证性

证明信的作用在于证明，是持有者用来证明自己身份、经历或某事真实性的一种凭证，因此凭证性是证明信的特点之一。

（2）格式性

证明信是一种专用书信，尽管有的证明信形式不同，但它的写法同书信的写法基本一致。在写作的时候，大都是采用书信体的格式。

3．证明信的格式

证明信通常由标题、称呼、正文、敬语、署名及日期组成。

标题	标题有两种写法： 1．只注明文种，在第一行居中的位置用较大的字体写"证明信"三个字。 2．事由+文种
称呼	另起一行，顶格写收信单位名称或收信人姓名之后加冒号。

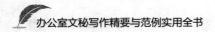

续表

正文	根据对方的表现或要求进行撰写，在正文后通常会使用惯用语"特此证明"作为结束语。"特此证明"作为结束语可以紧接正文，也可以另起一行。
敬语	写法与一般书信一致，有时可省略。
署名及日期	在正文的右下方写明出具证明信单位的全称并加盖公章，如果是个人出具的证明信，则要写上个人的姓名并加盖个人的印章。日期要写在署名的下方。

【范例】

证明信

我厂工程师×××同志，技术员×××同志，前往湖北、广东、海南等省，检查并修理我厂出产的××牌热水器，希有关单位给予帮助。

特此证明。

××省××市×××厂（盖公章）

××××年×月×日

二、证明信的写作要求

1. 实事求是

在撰写证明信的时候，要做到实事求是，一切从实际出发，内容确保真实。

2. 语气恰当

在撰写证明信的时候，用词要把握好分寸，在写作的过程中切不可有夸大事实的成分，同时也不能隐瞒真实情况，美化修饰。要使用肯定的语气写清楚真实情况。

3. 语言简练、准确

在撰写证明信的时候，要仔细斟酌，然后再进行撰写，要注意用语的准确性，避免歧义的出现。

4. 加盖公章

在撰写证明信的时候，一定要盖章，这样不仅是为了表示撰写人对此负责，还能作为存根，以备查考。

推荐信

一、推荐信概述

1．推荐信的概念

推荐信是党政机关、社会团体以及企事业单位向有关单位部门举荐人才时，使用的具有介绍功能的专用书信。推荐信又被称为推荐书。

在生活中，以个人名义为求职者向有关部门所写的推荐书信，也被称为推荐书，但是从严格意义上来讲，其实质是引荐性的，与推荐信有本质的区别，因此需要特别注意。

2．推荐信的特点

推荐信通常具有以下几个特点：

（1）明确性

明确性指的是目的的明确性。

推荐信的目的主要在于为对方举荐人选，并且使自己推荐的人员能被对方采纳。

（2）特定性

特定性指的是内容的特定性。

推荐信要对被推荐人的情况进行重点、详细的介绍，除了介绍被推荐人的基本履历之外，还应当就对方所需人才的要求，对被推荐人进行有针对性的介绍。

（3）客观性

客观性指的是推荐意见具有客观性。

在向领导或用人单位举荐人才的时候，要建立在实事求是的基础上，所介绍的被推荐人的情况必须是真实的、准确的、客观的。不能夸大优点，掩饰缺点，要做到客观、公正。

3．推荐信的格式

推荐信主要由标题、称呼、正文以及落款组成。

标题	通常情况下以文种命名，直接在第一行正中的位置写"推荐信"三个字。
称呼	另起一行，顶格写收信单位名称或收信人姓名之后加冒号。
正文	1. 开头 写明推荐缘由以及推荐依据。 2. 主体 首先，要写明被推荐人的基本信息，包括姓名、性别、年龄、籍贯、出生年月、民族、学历、政治面貌、职务等情况；其次，要写明被推荐人的表现和业绩，主要包括政治表现和业务情况两方面的内容；最后，根据对方的表现或要求进行撰写。 3. 结尾 再次表达希望能办成此事的愿望，并向对方致以感激祝福之情。
落款	在正文右下方署上推荐的单位名称或推荐者的姓名，以及成文日期。

【范例】

推荐信

××地区×公司：

　　我公司×××同志因个人原因辞去担任的公司职务，准备到贵地发展，本着实事求是的精神，对该同志在我公司的表现和能力郑重推荐如下：

　　×××同志××××年于××大学××××专业本科毕业，于××××年到我公司工作，先后在××岗位担任××等职务。

　　××××同志进入我公司以来，表现突出积极，学习认真刻苦，钻研进取，工作成绩优异，具有较强的政治和业务素质。善于发现问题和解决问题，具有较强的独立工作能力，工作中能够做到理论联系实际，并善于与同事合作，乐于助人。

　　×××同志有丰富基层工作经验，长期从事专业工作，具有较强的管理能力和综合协调能力。经过多年的学习和锻炼，×××同志已经成为一名符合时代发展要求、综合素质较高的复合型人才，有热情有能力适应各种工作的挑战。

　　作为×××同志的原单位，我们郑重推荐该同志到贵单位工作，希望予以认真考虑为盼。

　　此致

敬礼

原企业名称（盖公章）
××××年×月×日

二、推荐信的写作要求

1. 实事求是

撰写推荐书的人员要认真负责，实事求是地介绍被推荐人的情况，不能将自己的情感带到推荐书里，更不能擅自以单位或者组织的名义制发推荐信。

2. 介绍要对口

在举荐人才的时候，要考虑到用人单位的需要，然后根据其需要来撰写被举荐人的表现和业绩。

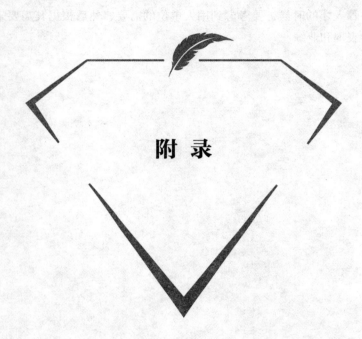

附 录

中华人民共和国国家标准(GB/T 15834–2011)

标点符号用法

1 范围

本标准规定了现代汉语标点符号的用法。

本标准适用于汉语的书面语（包括汉语和外语混合排版时的汉语部分）。

2 术语和定义

下列术语和定义适用于本文件。

2.1

标点符号 punctuation

辅助文字记录语言的符号，是书面语的有机组成部分，用来表示语句的停顿、语气以及标示某些成分（主要是词语）的特定性质和作用。

注：数学符号、货币符号、校勘符号、辞书符号、注音符号等特殊领域的专门符号不属于标点符号。

2.2

句子 sentence

前后都有较大停顿、带有一定的语气和语调、表达相对完整意义的语言单位。

2.3

复句 complex sentence

由两个或多个在意义上有密切关系的分句组成的语言单位，包括简单复句（内部只有一层语义关系）和多重复句（内部包含多层语义关系）。

2.4

分句 clause

复句内两个或多个前后有停顿，表达相对完整意义，不带有句末语气和语调，有的前面可添加关联词语的语言单位。

2.5

语段 expression

指语言片段，是对各种语言单位（如词、短语、句子、复句等）不做特别区分时的统称。

3 标点符号的种类

3.1 点号

点号的作用是点断，主要表示停顿和语气。分为句末点号和句内点号。

3.1.1 句末点号

用于句末的点号，表示句末停顿和句子的语气。包括句号、问号、叹号。

3.1.2 句内点号

用于句内的点号，表示句内各种不同性质的停顿。包括逗号、顿号、分号、冒号。

3.2 标号

标号的作用是标明，主要标示某些成分（主要是词语）的特定性质和作用。包括引号、括号、破折号、省略号、着重号、连接号、间隔号、书名号、专名号、分隔号。

4 标点符号的定义、形式和用法

4.1 句号

4.1.1 定义

句末点号的一种，主要表示句子的陈述语气。

4.1.2 形式

句号的形式是"。"。

4.1.3 基本用法

4.1.3.1 用于句子末尾，表示陈述语气。使用句号主要根据语段前后有较大停顿，带有陈述语气和语调，并不取决于句子的长短。

示例1：北京是中华人民共和国的首都。

示例2：（甲，咱们走着去吧？）乙：好。

4.1.3.2 有时也可表示较缓和的祈使语气和感叹语气。

示例1：请您稍等一下。

示例2：我不由地感到，这些普通劳动者也同样是很值得尊敬的。

4.2 问号

4.2.1 定义

句末点号的一种，主要表示句子的疑问语气。

4.2.2 形式

问号的形式是"？"。

4.2.3 基本用法

4.2.3.1 用于句子末尾，表示疑问语气（包括反问、设问等疑问类型）。使用问号主要根据语段前后有较大停顿，带有疑问语气和语调，并不取决于句子的长短。

示例1：你怎么还不回家去呢？

示例2：难道这些普通的战士不值得歌颂吗？

示例3：（一个外国人，不远万里来到中国，帮助中国的抗日战争。）这是什么精神？这是国际主义的精神。

4.2.3.2 选择问句中，通常只在最后一个选项的末尾用问号，各个选项之间一般用逗号隔开。当选项较短且选项之间几乎没有停顿时，选项之间可不用逗号。当选项较多或较长，或有意突出每个选项的独立性时，也可每个选项之后都用问号。

示例1：诗中记述的这场战争究竟是真实的历史描述，还是诗人的虚构？

示例2：这是巧合还是有意安排？

示例3：要一个什么样的结尾：现实主义的？传统的？大团圆的？荒诞的？民族形式的？有象征意义的？

示例4：（他看着我的作品称赞了我。）但到底是称赞我什么：是有几处画得好？

还是什么都敢画？抑或只是一种对于失败者的无可奈何的安慰？我不得而知。

示例5：这一切都是由客观的条件造成的？还是由行为的惯性造成的？

4.2.3.3 在多个问句连用或表达疑问语气加重时，可叠用问号。通常应先单用，再叠用，最多叠用三个问号。在没有异常强烈的情感表达需要时不宜叠用问号。

示例：这就是你的做法吗？你这个总经理是怎么当的？？你怎么敢这样欺骗消费者？？？

4.2.3.4 问号也有标号的用法，即用于句内，表示存疑或不详。

示例1：马致远（1250？—1321），大都人，元代戏曲家、散曲家。

示例2：钟嵘（？—518），颍川长社人，南朝梁代文学批评家。

示例3：出现这样的文字错误，说明作者（编者？校者？）很不认真。

4.3 叹号

4.3.1 定义

句末点号的一种，主要表示句子的感叹语气。

4.3.2 形式

叹号的形式是"！"。

4.3.3 基本用法

4.3.3.1 用于句子末尾，主要表示感叹语气，有时也可表示强烈的祈使语气、反问语气等。使用叹号主要根据语段前后有较大停顿，带有感叹语气和语调或带有强烈的祈使、反问语气和语调，并不取决于句子的长短。

示例1：才一年不见，这孩子都长这么高啦！

示例2：你给我住嘴！

示例3：谁知道他今天是怎么搞的！

4.3.3.2 用于拟声词后，表示声音短促或突然。

示例1：咔嚓！一道闪电划破了夜空。

示例2：咚！咚咚！突然传来一阵急促的敲门声。

4.3.3.3 表示声音巨大或声音不断加大时，可叠用叹号；表达强烈语气时，也可叠用叹号，最多叠用三个叹号。在没有异常强烈的情感表达需要时不宜叠用叹号。

示例1：轰！！在这天崩地塌的声音中，女娲猛然醒来。

示例2：我要揭露！我要控诉！！我要以死抗争！！！

4.3.3.4 当句子包含疑问、感叹两种语气且都比较强烈时（如带有强烈感情的反问句和带有惊愕语气的疑问句），可在问号后再加叹号（问号、叹号各一）。

示例1：这么点困难就能把我们吓倒吗？！

示例2：他连这些最起码的常识都不懂，还敢说自己是高科技人才？！

4.4　逗号

4.4.1　定义

句内点号的一种，表示句子或语段内部的一般性停顿。

4.4.2　形式

逗号的形式是“，”。

4.4.3　基本用法

4.4.3.1 复句内各分句之间的停顿，除了有时用分号（见4.6.3.1），一般都用逗号。

示例1：不是人们的意识决定人们的存在，而是人们的社会存在决定人们的意识。

示例2：学历史使人更明智，学文学使人更聪慧，学数学使人更精细，学考古使人更深沉。

示例3：要是不相信我们的理论能反映现实，要是不相信我们的世界有内在和谐，那就不可能有科学。

4.4.3.2 用于下列各种语法位置：

a）较长的主语之后。

示例1：苏州园林建筑各种门窗的精美设计和雕镂功夫，都令人叹为观止。

b）句首的状语之后。

示例2：在苍茫的大海上，狂风卷集着乌云。

c）较长的宾语之前。

示例3：有的考古工作者认为，南方古猿生存于上新世至更新世的初期和中期。

d）带句内语气词的主语（或其他成分）之后，或带句内语气词的并列成分之间。

示例4： 他呢，倒是很乐观地、全神贯注地干起来了。

示例5：（那是个没有月亮的夜晚。）可是整个村子——白房顶啦，白树木啦，雪堆啦，全看得见。

e） 较长的主语中间、谓语中间和宾语中间。

示例6： 母亲沉痛的诉说，以及亲眼看到的实事，都启发了我幼年时期追求真理的思想。

示例7： 那姑娘头戴一顶草帽，身穿一条绿色的裙子，腰间还系着一根橙色的腰带。

示例8： 必须懂得，对于文化传统，既不能不分青红皂白统统抛弃，也不能不管精华糟粕全盘继承。

f） 前置的谓语之后或后置的状语、定语之前。

示例9： 真美啊，这条蜿蜒的林间小路。

示例10： 她吃力地站了起来，慢慢地。

示例11： 我只是一个人，孤孤单单的。

4.4.3.3 用于下列各种停顿处：

a） 复指成分或插说成分前后。

示例1： 老张，就是原来的办公室主任，上星期已经调走了。

示例2： 车，不用说，当然是头等。

b） 语气缓和的感叹语、称谓语或呼唤语之后。

示例3： 哎哟，这儿，快给我揉揉。

示例4： 大娘，您到哪儿去啊？

示例5： 喂，你是哪个单位的？

c） 某些序次语（"第"字头、"其"字头及"首先"类序次语）之后。

示例6： 为什么许多人都有长不大的感觉呢？原因有三：第一，父母总认为自己比孩子成熟；第二，父母总要以自己的标准来衡量孩子；第三，父母出于爱心而总不想让孩子在成长的过程中走弯路。

示例7：《玄秘塔碑》所以成为书法的范本，不外乎以下几方面的因素：其一，具有楷书点画、构体的典范性；其二，承上启下，成为唐楷的极致；其三，字如其人，爱人及字，柳公权高尚的书品、人品为后人所崇仰。

示例8： 下面从三个方面讲讲语言的污染问题：首先，是特殊语言环境中的语言污染问题；其次，是滥用缩略语引起的语言污染问题；再次，是空话和废话引起的语言污染问题。

4.5 顿号

4.5.1 定义

句内点号的一种，表示语段中并列词语之间或某些序次语之后的停顿。

4.5.2 形式

顿号的形式是"、"。

4.5.3 基本用法

4.5.3.1 用于并列词语之间。

示例1：这里有自由、民主、平等、开放的风气和氛围。

示例2：造型科学、技艺精湛、气韵生动，是盛唐石雕的特色。

4.5.3.2 用于需要停顿的重复词语之间。

示例：他几次三番、几次三番地辩解着。

4.5.3.3 用于某些序次语（不带括号的汉字数字或"天干地支"类序次语）之后。

示例1：我准备讲两个问题：一、逻辑学是什么？二、怎样学好逻辑学？

示例2：风格的具体内容主要有以下四点：甲、题材；乙、用字；丙、表达；丁、色彩。

4.5.3.4 相邻或相近两数字连用表示概数通常不用顿号。若相邻两数字连用为缩略形式，宜用顿号。

示例1：飞机在6000米高空水平飞行时，只能看到两侧八九公里和前方一二十公里范围内的地面。

示例2：这种凶猛的动物常常三五成群地外出觅食和活动。

示例3：农业是国民经济的基础，也是二、三产业的基础。

4.5.3.5 标有引号的并列成分之间、标有书名号的并列成分之间通常不用顿号。若有其他成分插在并列的引号之间或并列的书名号之间（如引语或书名号之后还有括注），宜用顿号。

示例1："日""月"构成"明"字。

示例2：店里挂着"顾客就是上帝""质量就是生命"等横幅。

示例3：《红楼梦》《三国演义》《西游记》《水浒传》，是我国长篇小说的四大名著。

示例4：李白的"白发三千丈"（《秋浦歌》）、"朝如青丝暮成雪"（《将进酒》）都是脍炙人口的诗句。

示例5：办公室里订有《人民日报》（海外版）、《光明日报》和《时代周刊》等报刊。

4.6 分号

4.6.1 定义

句内点号的一种，表示复句内部并列关系分句之间的停顿，以及非并列关系的多重复句中第一层分句之间的停顿。

4.6.2 形式

分号的形式是"；"。

4.6.3 基本用法

4.6.3.1 表示复句内部并列关系的分句（尤其当分句内部还有逗号时）之间的停顿。

示例1：语言文字的学习，就理解方面说，是得到一种知识；就运用方面说，是养成一种习惯。

示例2：内容有分量，尽管文章短小，也是有分量的；内容没有分量，即使写得再长也没有用。

4.6.3.2 表示非并列关系的多重复句中第一层分句（主要是选择、转折等关系）之间的停顿。

示例1：人还没看见，已经先听见歌声了；或者人已经转过山头望不见了，歌声还余音袅袅。

示例2：尽管人民革命的力量在开始时总是弱小的，所以总是受压的；但是由于革命的力量代表历史发展的方向，因此本质上又是不可战胜的。

示例3：不管一个人如何伟大，也总是生活在一定的环境和条件下；因此，个人的见解总难免带有某种局限性。

示例4：昨天夜里下了一场雨，以为可以凉快些；谁知没有凉快下来，反而更热了。

4.6.3.3 用于分项列举的各项之间。

示例：特聘教授的岗位职责为：一、讲授本学科的主干基础课程；二、主持本学科的重大科研项目；三、领导本学科的学术队伍建设；四、带领本学科赶超或保持世界先进水平。

4.7　冒号

4.7.1　定义

句内点号的一种，表示语段中提示下文或总结上文的停顿。

4.7.2　形式

冒号的形式是"："。

4.7.3　基本用法

4.7.3.1　用于总说性或提示性词语（如"说""例如""证明"等）之后，表示提示下文。

示例1：北京紫禁城有四座城门：午门、神武门、东华门和西华门。

示例2：她高兴地说："咱们去好好庆祝一下吧！"

示例3：小王笑着点了点头："我就是这么想的。"

示例4：这一事实证明：人能创造环境，环境同样也能创造人。

4.7.3.2　表示总结上文。

示例：张华上了大学，李萍进了技校，我当了工人：我们都有美好的前途。

4.7.3.3　用在需要说明的词语之后，表示注释和说明。

示例1：（本市将举办首届大型书市。）主办单位：市文化局；承办单位：市图书进出口公司；时间：8月15日—20日；地点：市体育馆观众休息厅。

示例2：（做阅读理解题有两个办法。）办法之一：先读题干，再读原文，带着问题有针对性地读课文。办法之二：直接读原文，读完再做题，减少先入为主的干扰。

4.7.3.4　用于书信、讲话稿中称谓语或称呼语之后。

示例1：广平先生：……

示例2：同志们、朋友们：……

4.7.3.5　一个句子内部一般不应套用冒号。在列举式或条文式表述中，如不得不套用冒号时，宜另起段落来显示各个层次。

示例：第十条　遗产按照下列顺序继承：

第一顺序：配偶、子女、父母。

第二顺序：兄弟姐妹、祖父母、外祖父母。

4.8 引号

4.8.1 定义

标号的一种，标示语段中直接引用的内容或需要特别指出的成分。

4.8.2 形式

引号的形式有双引号""""和单引号"''"两种。左侧的为前引号，右侧的为后引号。

4.8.3 基本用法

4.8.3.1 标示语段中直接引用的内容。

示例：李白诗中就有"白发三千丈"这样极尽夸张的语句。

4.8.3.2 标示需要着重论述或强调的内容。

示例：这里所谓的"文"，并不是指文字，而是指文采。

4.8.3.3 标示语段中具有特殊含义而需要特别指出的成分，如别称、简称、反语等。

示例1：电视被称作"第九艺术"。

示例2：人类学上常把古人化石统称为尼安德特人，简称"尼人"。

示例3：有几个"慈祥"的老板把捡来的菜叶用盐浸浸就算作工友的菜肴。

4.8.3.4 当引号中还需要使用引号时，外面一层用双引号，里面一层用单引号。

示例：他问："老师，'七月流火'是什么意思？"

4.8.3.5 独立成段的引文如果只有一段，段首和段尾都用引号；不止一段时，每段开头仅用前引号，只在最后一段末尾用后引号。

示例：我曾在报纸上看到有人这样谈幸福：

"幸福是知道自己喜欢什么和不喜欢什么。……

"幸福是知道自己擅长什么和不擅长什么。……

"幸福是在正确的时间做了正确的选择。……"

4.8.3.6 在书写带月、日的事件、节日或其他特定意义的短语（含简称）时，通常只标引其中的月和日；需要突出和强调该事件或节日本身时，也可连同事件或节日一起标引。

示例1："5·12"汶川大地震

示例2："五四"以来的话剧，是我国戏剧中的新形式。

示例3：纪念"五四运动"90周年

4.9　括号

4.9.1　定义

标号的一种，标示语段中的注释内容、补充说明或其他特定意义的语句。

4.9.2　形式

括号的主要形式是圆括号"（　）"，其他形式还有方括号"[　]"、六角括号"〔　〕"和方头括号"【　】"等。

4.9.3　基本用法

4.9.3.1　标示下列各种情况，均用圆括号：

a）　标示注释内容或补充说明。

示例1：我校拥有特级教师（含已退休的）17人。

示例2：我们不但善于破坏一个旧世界，我们还将善于建设一个新世界！（热烈鼓掌）

b）　标示订正或补加的文字。

示例3：信纸上用稚嫩的字体写着："阿夷（姨），你好！"

示例4：该建筑公司负责的建设工程全部达到优良工程（的标准）。

c）　标示序次语。

示例5：语言有三个要素：（1）声音；（2）结构；（3）意义。

示例6：思想有三个条件：（一）事理；（二）心理；（三）伦理。

d）　标示引语的出处。

示例7：他说得好："未画之前，不立一格；既画之后，不留一格。"（《板桥集·题画》）

e）　标示汉语拼音注音。

示例8："的（de）"这个字在现代汉语中最常用。

4.9.3.2　标示作者国籍或所属朝代时，可用方括号或六角括号。

示例1：[英]赫胥黎《进化论与伦理学》

示例2：[唐]杜甫著

4.9.3.3　报刊标示电讯、报道的开头，可用方头括号。

示例：【新华社南京消息】

4.9.3.4　标示公文发文字号中的发文年份时，可用六角括号。

示例：国发〔2011〕3号文件

4.9.3.5 标示被注释的词语时，可用六角括号或方头括号。

示例1：〔奇观〕奇伟的景象。

示例2：【爱因斯坦】物理学家。生于德国，1933年因受纳粹政权迫害，移居美国。

4.9.3.6 除科技书刊中的数学、逻辑公式外，所有括号（特别是同一形式的括号）应尽量避免套用。必须套用括号时，宜采用不同的括号形式配合使用。

示例：〔茸(róng)毛〕很细很细的毛。

4.10 破折号

4.10.1 定义

标号的一种，标示语段中某些成分的注释、补充说明或语音、意义的变化。

4.10.2 形式

破折号的形式是"——"。

4.10.3 基本用法

4.10.3.1 标示注释内容或补充说明（也可用括号，见4.9.3.1）。

示例1：一个矮小而结实的日本中年人——内山老板走了过来。

示例2：我一直坚持读书，想借此唤起弟妹对生活的希望——无论环境多么困难。

4.10.3.2 标示插入语（也可用逗号，见4.4.3.3）。

示例：这简直就是——说得不客气点——无耻的勾当！

4.10.3.3 标示总结上文或提示下文（也可用冒号，见4.7.3.1、4.7.3.2）。

示例1：坚强，纯洁，严于律己，客观公正——这一切都难得地集中在一个人身上。

示例2：孤家开始娓娓道来——

数年前的一个寒冬，……

4.10.3.4 标示话题的转换。

示例："好香的干菜，——听到风声了吗？"赵七爷低声说道。

4.10.3.5 标示声音的延长。

示例："嘎——"传过来一声水禽被惊动的鸣叫。

4.10.3.6 标示话语的中断或间隔。

示例1："班长他牺——"小马话没说完就大哭起来。

示例2："亲爱的妈妈，你不知道我多爱您。——还有你，我的孩子！"

4.10.3.7 标示引出对话。

示例：——你长大后想成为科学家吗？

——当然想了！

4.10.3.8 标示事项列举分承。

示例：根据研究对象的不同，环境物理学分为以下五个分支学科：

——环境声学；

——环境光学；

——环境热学；

——环境电磁学；

——环境空气动力学。

4.10.3.9 用于副标题之前。

示例：飞向太平洋

——我国新型号运载火箭发射目击记

4.10.3.10 用于引文、注文后，标示作者、出处或注释者。

示例1：先天下之忧而忧，后天下之乐而乐。

——范仲淹

示例2：乐浪海中有倭人，分为百余国。

——《汉书》

示例3：很多人写好信后把信笺折成方胜形，我看大可不必。（方胜，指古代妇女戴的方形首饰，用彩绸等制作，由两个斜方部分叠合而——编者注）

4.11 省略号

4.11.1 定义

标号的一种，标示语段中某些内容的省略及意义的断续等。

4.11.2 形式

省略号的形式是"……"。

4.11.3 基本用法

4.11.3.1 标示引文的省略。

示例：我们齐声朗诵起来："……俱往矣，数风流人物，还看今朝。"

4.11.3.2 标示列举或重复词语的省略。

示例1：对政治的敏感，对生活的敏感，对性格的敏感，……这都是作家必须要有的素质。

示列2：他气得连声说："好，好……算我没说。"

4.11.3.3　标示语意未尽。

示例1：在人迹罕至的深山密林里，假如突然看见一缕炊烟，……

示例2：你这样干，未免太……！

4.11.3.4　标示说话时断断续续。

示例：她磕磕巴巴地说："可是……太太……我不知道……你一定是认错了。"

4.11.3.5　标示对话中的沉默不语。

示例："还没结婚吧？"

"……"他飞红了脸，更加忸怩起来。

4.11.3.6　标示特定的成分虚缺。

示例：只要……就……

4.11.3.7　在标示诗行、段落的省略时，可连用两个省略号（即相当于十二连点）。

示例1：从隔壁房间传来缓缓而抑扬顿挫的吟咏声——

床前明月光，疑是地上霜。

…………

示例2：该刊根据工作质量、上稿数量、参与程度等方面的表现，评选出了高校十佳记者站. 还根据发稿数量、提供新闻线索情况以及对刊物的关注度等，评选出了十佳通讯员。

…………

4.12　着重号

4.12.1　定义

标号的一种，标示语段中某些重要的或需要指明的文字。

4.12.2　形式

着重号的形式是"．"标注在相应文字的下方。

4.12.3　基本用法

4.12.3.1　标示语段中重要的文字。

示例1：诗人需要表现，而不是证明。

示例2：下面对本文的理解，不正确的一项是：……

4.12.3.2 标两语段中需要指明的文字。

示例：下边加点的字，除了在词中的读法外，还有哪些读法？

着急　　子弹　　强调

4.13　连接号

4.13.1　定义

标号的一种，标示某些相关联成分之间的连接。

4.13.2　形式

连接号的形式有短横线"–"、一字线"—"和浪纹线"~"三种。

4.13.3　基本用法

4.13.3.1　标示下列各种情况，均用短横线：

a）化合物的名称或表格、插图的编号。

示例1：3–戊酮为无色液体，对眼及皮肤有强烈刺激性。

示例2：参见下页表2–8、表2–9。

b）连接号码，包括门牌号码、电话号码，以及用阿拉伯数字表示年月日等。

示例3：安宁里东路26号院3–2–11室

示例4：联系电话：010–88842603

示例5：2011–02–15

c）在复合名词中起连接作用。

示例6：吐鲁番–哈密盆地

d）某些产品的名称和型号。

示例7：WZ–10直升机具有复杂天气和夜间作战的能力。

e）汉语拼音、外来语内部的分合。

示例8：shuōshuō–xiàoxiào（说说笑笑）

示例9：盎格鲁–撒克逊人

示例10：让–雅克·卢梭（"让–雅克"为双名）

示例11：皮埃尔·孟戴斯–弗朗斯（"孟戴斯–弗朗斯"为复姓）

4.13.3.2　标示下列各种情况，一般用一字线，有时也可用浪纹线：

a）标示相关项目（如时间、地域等）的起止。

示例1：沈括(1031—1095)，宋朝人。

示例2：2011年2月3日—10日

示例3：北京—上海特别旅客快车

b） 标示数值范围（由阿拉伯数字或汉字数字构成）的起止。

示例4：25～30g

示例5：第五～八课

4.14 间隔号

4.14.1 定义

标号的一种，标示某些相关联成分之间的分界。

4.14.2形式

间隔号的形式是"·"。

4.14 基本用法

4.14.3.1 标示外国人名或少数民族人名内部的分界。

示例1：克里丝蒂娜·罗塞蒂

示例2：阿依古丽 ·买买提

4.14.3.2 标示书名与篇（章、卷）名之间的分界。

示例：《淮南子·本经训》

4.14.3.3 标示词牌、曲牌、诗体名等和题名之间的分界。

示例1：《沁园春·雪》

示例2：《天净沙·秋思》

示例3：《七律·冬云》

4.14.3.4 用在构成标题或栏目名称的并列词语之间。

示例：《天·地·人》

4.14.3.5 以月、日为标志的事件或节日，用汉字数字表示时，只在一、十一和十二月后用间隔号；当直接用阿拉伯数字表示时，月、日之间均用间隔号（半角字符）。

示例1："九一八"事变　　　　"五四"运动

示例2："一·二八"事变　　　　"一二·九"运动

示例3："3·15"消费者权益日　　"9·11"恐怖袭击事件

4.15　书名号

4.15.1　定义

标号的一种，标示语段中出现的各种作品的名称。

4.15.2　形式

书名号的形式有双书名号"《　》"和单书名号"〈　〉"两种。

4.15.3　基本用法

4.15.3.1　标示书名、卷名、篇名、刊物名、报纸名、文件名等。

示例1：《红楼梦》（书名）

示例2：《史记·项羽本纪》（卷名）

示例3：《论臂峰塔的倒掉》（篇名）

示例4：《每周关注》（刊物名）

示例5：《人民日报》（报纸名）

示例6：《全国农村工作会议纪要》（文件名）

4.15.3.2　标示电影、电视、音乐、诗歌、雕塑等各类用文字、声音、图像等表现的作品的名称。

示例1：《渔光曲》（电影名）

示例2：《追梦录》（电视剧名）

示例3：《勿忘我》（歌曲名）

示例4：《沁园春·雪》（诗词名）

示例5：《东方欲晓》（雕塑名）

示例6：《光与影》（电视节目名）

示例7：《社会广角镜》（栏目名）

示例8：《庄子研究文献数据库》（光盘名）

示例9：《植物生理学系列挂图》（图片名）

4.15.3.3　标示全中文或中文在名称中占主导地位的软件名。

示例：科研人员正在研制《电脑卫士》杀毒软件。

4.15.3.4　标示作品名的简称。

示例：我读了《念青唐古拉山脉纪行》一文（以下简称《念》），收获很大。

4.15.3.5　当书名号中还需要书名号时，里面一层用单书名号，外面一层用双书名号。

示例：《教育部关于提请审议<高等教育自学考试试行办法>的报告》

4.16 专名号

4.16.1 定义

标号的一种，标示古籍和某些文史类著作中出现的特定类专有名词。

4.16.2 形式

专名号的形式是一条直线，标注在相应文字的下方。

4.16.3 基本用法

4.16.3.1 标示古籍、古籍引文或某些文史类著作中出现的专有名词，主要包括人名、地名、国名、民族名、朝代名、年号、宗教名、官署名、组织名等。

示例1：孙坚人马被刘表率军围得水泄不通。（人名）

示例2：于是聚集冀、青、幽、并四州兵马七十多万准备决一死战。（地名）

示例3：当时乌孙及西域各国都向汉派遣了使节。（国名、朝代名）

示例4：从咸宁二年到太康十年，匈奴、鲜卑、乌桓等族人徙居塞内。（年号、民族名）

4.16.3.2 现代汉语文本中的上述专有名词，以及古籍和现代文本中的单位名、官职名、事件名、会议名、书名等不应使用专名号。必须使用标号标示时，宜使用其他相应标号（如引号、书名号等）。

4.17 分隔号

4.17.1 定义

标号的一种，标示诗行、节拍及某些相关文字的分隔。

4.17.2 形式

分隔号的形式是"／"。

4.17.3 基本用法

4.17.3.1 诗歌接排时分隔诗行（也可使用逗号和分号，见4.4.3.1/4.6.3.1）。

示例：春眠不觉晓／处处闻啼鸟／夜来风雨声／花落知多少。

4.17.3.2 标示诗文中的音节节拍。

示例：横眉／冷对／千夫指，俯首／甘为／孺子牛。

4.17.3.3 分隔供选择或可转换的两项，表示"或"。

示例：动词短语中除了作为主体成分的述语动词之外，还包括述语动词所带的宾语和／或补语。

4.17.3.4 分隔组成一对的两项，表示"和"。

示例1：13／14次特别快车

示例2：羽毛球女双决赛中国组合杜婧／于洋两局完胜韩国名将李孝贞／李敬元。

4.17.3.5 分隔层级或类别。

示例：我国的行政区划分为：省（直辖市、自治区）／省辖市（地级市）／县（县级市、区、自治州）／乡（镇）／村（居委会）。

5　标点符号的位置和书写形式

5.1　横排文稿标点符号的位置和书写形式

5.1.1　句号、逗号、顿号、分号、冒号均置于相应文字之后，占一个字位置，居左下，不出现在一行之首。

5.1.2　问号、叹号均置于相应文字之后，占一个字位置，居左，不出现在一行之首。两个问号（或叹号）叠用时，占一个字位置；三个问号（或叹号）叠用时，占两个字位置；问号和叹号连用时，占一个字位置。

5.1.3　引号、括号、书名号中的两部分标在相应项目的两端，各占一个字位置。其中前一半不出现在一行之末，后一半不出现在一行之首。

5.1.4　破折号标在相应项目之间，占两个字位置，上下居中，不能中间断开分处上行之末和下行之首。

5.1.5　省略号占两个字位置，两个省略号连用时占四个字位置并须单独占一行。省略号不能中间断开分处上行之末和下行之首。

5.1.6　连接号中的短横线比汉字"一"略短，占半个字位置；一字线比汉字"一"略长，占一个字位置；浪纹线占一个字位置。连接号上下居中，不出现在一行之首。

5.1.7　间隔号标在需要隔开的项目之间，占半个字位置，上下居中，不出现在一行之首。

5.1.8　着重号和专名号标在相应文字的下边。

5.1.9　分隔号占半个字位置，不出现在一行之首或一行之末。

5.1.10　标点符号排在一行末尾时，若为全角字符则应占半角字符的宽度（即半个字位置），以使视觉效果更美观。

5.1.11　在实际编辑出版工作中，为排版美观、方便阅读等需要，或为避免某一小节最后一个汉字转行或出现在另外一页开头等情况（浪费版面及视觉效果差），可适当压缩标点符号所占用的空间。

5.2　竖排文稿标点符号的位置和书写形式

5.2.1　句号、问号、叹号、逗号、顿号、分号和冒号均置于相应文字之下偏右。

5.2.2　破折号、省略号、连接号、间隔号和分隔号置于相应文字之下居中，上下方向排列。

5.2.3　引号改用双引号"﹁""﹂"和单引号"﹁""﹂"，括号改用"︵""︶"，标在相应项目的上下。

5.2.4　竖排文稿中使用浪线式书名号"﹏﹏"，标在相应文字的左侧。

5.2.5　着重号标在相应文字的右侧，专名号标在相应文字的左侧。

5.2.6　横排文稿中关于某些标点不能居行首或行末的要求，同样适用于竖排文稿。